SCHĀHNĀME

Das persische
Königsbuch

SCHĀHNĀME

Das persische
Königsbuch

*Herausgegeben
von
Volkmar Enderlein
und
Werner Sundermann*

Miniaturen und Texte
der Berliner Handschrift
von 1605

Gustav Kiepenheuer
Verlag
Leipzig und Weimar

Herausgegeben
und mit einer Einleitung von Volkmar Enderlein
und Werner Sundermann
Aus dem Persischen übertragen
von Werner Sundermann

©1988 Gustav Kiepenheuer Verlag Leipzig und Weimar

ISBN 3-378-00254-9

Erste Auflage
Lizenz Nr. 396/265/39/88   LSV 8164
Gesamtherstellung: Druckerei Fortschritt Erfurt
Schrift: Garamond
Gestaltung: Hans-Joachim Schauß
Printed in the German Democratic Republic
Bestell-Nr. 812 226 9
09800

Firdausī
und das Schāhnāme

›Unvergeßlich bleibt mir ein Erlebnis. Es war im Monat Ramadan, in dem nach dem täglichen Fasten nachts ein reges Leben einsetzte. Ich durfte in Begleitung eines Bruders meiner Amme einen kleinen Spaziergang durch die Straßen unternehmen, und oft, ohne daß meine Eltern davon wußten, besuchten wir eins der Kaffeehäuser Teherans, das in einem großen Garten stand. Gaslampen erleuchteten die Gegend taghell und stimmten mich besonders feierlich. Solch ein helles Licht hatten wir zu Hause, da wir meist bei Petroleumlampen arbeiteten, nicht. Die Menschen saßen auf Teppichen oder auf Steinbänken. Sie tranken Tee und rauchten Wasserpfeifen. Hier und da saßen in einer Ecke im Dunkeln die Opiumraucher. Alles war ruhig, nur das Klirren der Tassen und Untertassen sowie die Stimme des Erzählers, der im Garten auf und ab ging, hin und wieder in die Hände klatschte und lebhaft gestikulierte, durchbrachen das Schweigen. Die Menschen gafften mit offenem Munde den Erzähler an und waren entzückt vom Klang seiner Stimme, vom Glanz seiner Augen, von den Bewegungen seiner Hände. Jedesmal, wenn er seinen langen, schönen Stock unter die Achseln steckte und seine Hände frei wurden, wußte man, daß etwas Besonderes kommen würde. Er erzählte von dem Helden Rustam, von seinen Abenteuern, dem Kampf gegen die Ungeheuer und wie der gutmütige Held unwissentlich seinen eigenen Sohn Sohrab tötete. An dem Abend, an dem Sohrabs Tod geschildert wurde, mußten wir für alles, was wir bestellten, mehr bezahlen. Jedesmal, wenn der Meister fühlte, daß er den Faden verloren hatte, bat er die Menge, ein Lob auf den Propheten auszusprechen, um für sich Zeit zu gewinnen. Im Chor zitierten die Gäste einen arabischen Spruch zum Lobe des Propheten und seiner Anhänger, und dann wurde alles wieder still. Wenn der Erzähler zu der spannendsten Stelle seiner Geschichte gekommen war, wenn die Menge ungeduldig und atemlos der Lösung der Verwicklungen entgegenfieberte, machte er halt und bat um Almosen. Alle möglichen Münzen, kleine Messing- und Silberstücke flogen durch die Luft und fielen klirrend auf den Boden. Dieser Meistererzähler war nicht nur Rezitator, der Auswendiggelerntes deklamierte, nein, er war ein Dichter; er mußte selber die passenden Worte improvisieren. Er war Dichter, Rezitator und Schauspieler zugleich.‹

So hat der persische Schriftsteller Bozorg Alavi in Teheran die traditionelle Nacherzählung von Geschichten aus dem Schāhnāme-Epos in seiner Kindheit gehört, und die Lebhaftigkeit, mit der er sich auch nach Jahrzehnten an diese Erlebnisse in seinem Buch ›Das Land der Rosen und der Nachtigallen‹ erinnert, enthüllt uns mehr als die persönlichen literarischen Neigungen eines seiner Heimat und ihrer alten Kultur verbundenen modernen Dichters. Sie läßt erkennen, wie hoch das iranische Volk die Erzählungen des Schāhnāme bis heute schätzt, wie vertraut ihm seine Abenteuer sind und wie mühelos sich die Menschen mit dem Idealbild ihrer Helden gleichzusetzen oder gleichzustimmen wissen.[1]

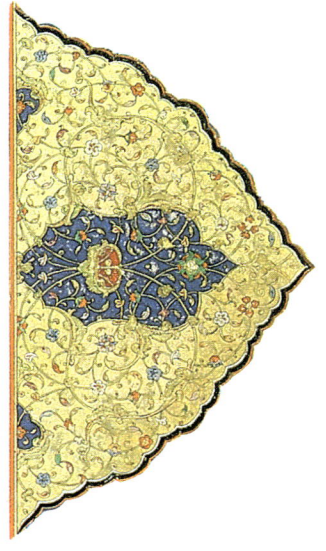

Die traditionelle iranische Erzählkunst in neuester Zeit

Firdausī und sein Werk

Als Firdausī um das Jahr 975/976 daranging, dem reichen Schatz an Volksüberlieferungen, Sagen und Geschichten des vorislamischen Iran die Gestalt eines Epos zu verleihen, durfte er der wohlwollenden Förderung vornehmer Gönner und Mäzene sicher sein. Hatte doch die unmittelbare Herrschaft der arabischen Eroberer eine iranische Adelsschicht überdauert, die ihre Ahnen auf die Zeit vor dem Siegeszug des Islam zurückführte. Dem Gebot der Eroberer hatte sich der Adel gebeugt und deren Religion angenommen, doch betrachtete er die alten Überlieferungen seines Landes nicht als Zeugnisse heidnischer Verblendung. Und diese Traditionen verklärten die Zeit, da Iran unter der Herrschaft der Sassaniden ein kraftvolles, selbständiges und geeintes Reich war, die Taten seiner Herrscher und ihrer glanzvollen Ahnen und Vorgänger. Zuspruch und auch materiellen Beistand fand Firdausī bei begüterten Herren seiner Heimatstadt Tūs (an der Nordostgrenze des heutigen Iran gelegen), und es wäre zu erwarten gewesen, daß der Dichter sein vollendetes Werk niemand geringerem als seinem Landesherren, dem in Buchara residierenden Emir des Samanidengeschlechts, widmen würde, auf fürstlichen Lohn und die rasche Verbreitung seines Ruhmes hoffend. Die Zeitläufe haben dies verhindert. Tatsache jedoch bleibt, daß herkömmlicherweise in den Ländern des Islam die Dichtkunst für den Hof bestimmt war. Wenn sie später auch freiere Entfaltungsmöglichkeiten fand, so war dies doch noch nicht zu Firdausīs Zeiten so. Das herkulische Werk, dem er sich widmete, die Spanne Lebenszeit, die es erforderte, die Masse gelehrten Wissens, die einzubringen war, und nicht zuletzt die zu einem guten Teil routinierte Vertrautheit mit den Feinheiten der poetischen Kunst, all dies machte die Arbeit des Dichters nahezu abhängig von der Förderung eines Mäzens, auch wenn zu all dem die schöpferische Kraft und Imagination eines Genius kam.

Mehr als dreißig Jahre arbeitete Firdausī an seinem großen Epos. Im Jahre 1010 war es vollendet. Aber inzwischen waren politische Veränderungen eingetreten, die Firdausī um schnellen Lohn und Ruhm brachten.

Im Jahre 999 hatte Abda l-Malik, der letzte samanidische Emir, ein gewaltsames Ende gefunden, und die südliche Hälfte seines Reiches fiel in die Hände Mahmūds von Ghazna. Mahmūd war ein Fremder im Lande, der zudem noch türkisch sprach, und mit den alten iranischen Traditionen verband ihn wenig. Seine Ahnen konnte er, wenn überhaupt, so unter den turanischen Reichsfeinden finden. Dieser Machtwechsel ließ Firdausī Schlimmes befürchten. Mahmūd jedoch duldete immerhin die Fortführung der Arbeiten am Schāhnāme, vielleicht auch, weil weitere aus Mittelasien gegen Iran vordringende Turkstämme der Qarachaniden seine Herrschaft bedrohten und er somit auf ein gutes Einvernehmen mit den unterworfenen Iranern angewiesen war. Die ungestörte Fortsetzung der Arbeiten am Schāhnāme mochte als ein Zeichen guten Willens gelten. Firdausī konnte also noch immer gewisse Hoffnungen auf eine ehrenvolle Aufnahme seines Werkes bei Hofe hegen. Er gab ihm einen Vorspruch mit schicklichen Lobesworten auf Sultan Mahmūd und geizte nicht mit eingestreuten Huldigungen und Anrufungen. Doch der erwartete Lohn blieb aus. Die Sage, die das enttäuschende Geschehen pointiert, weiß zu berichten, daß Firdausī mit 20000 Silberdrachmen abgespeist worden sei. Mit Freiheiten im Detail, die zu beanstanden hier der Ort nicht ist, hat Heinrich Heine das Geschehen einfühlsam nacherzählt:

›Als vollendet war das Lied,
Überschickte seinem Gönner
Der Poet das Manuskript,
Zweimalhunderttausend Verse.

In der Badestube war es,
In der Badestub zu Gasna,
Wo des Schaches schwarze Boten
Den Firdusi angetroffen –

Jeder schleppte einen Geldsack,
Den er zu des Dichters Füßen
Kniend legte, als den hohen
Ehrensold für seine Dichtung.

Der Poet riß auf die Säcke
Hastig, um am lang entbehrten
Goldesanblick sich zu laben –
Da gewahrt' er mit Bestürzung,

Daß der Inhalt dieser Säcke
Bleiches Silber, Silbertomans,
Zweimalhunderttausend etwa –
Und der Dichter lachte bitter.

Bitter lachend hat er jene
Summe abgeteilt in drei
Gleiche Teile, und jedwedem
Von den beiden schwarzen Boten

Schenkte er als Botenlohn
Solch ein Drittel, und das dritte
Gab er einem Badeknechte,
Der sein Bad besorgt', als Trinkgeld.

Seinen Wanderstab ergriff er
Jetzo und verließ die Hauptstadt;
Vor dem Tor hat er den Staub
Abgefegt von seinen Schuhen.‹²

Firdausī soll sich mit einem scharfen Schmähgedicht auf Mahmūd gerächt haben. Er mußte dem Zorn des Herrschers entfliehen und konnte erst im hohen Alter in seine Heimat zurückkehren. Inzwischen soll auch Mahmūd erkannt haben, wie schäbig er den größten Dichter seiner Zeit behandelt hatte. Er habe das Versäumte nachholen wollen und eine Karawane Indigo im Werte von 60 000 Golddinar an den Dichter nach Tūs geschickt. Auch dieses Ereignis hat Heine besungen.

›Am achten Tage erreichten sie Thus;
Die Stadt liegt an des Berges Fuß.

Wohl durch das Westtor zog herein
Die Karawane mit Lärmen und Schrei'n.

Die Trommel scholl, das Kuhhorn klang,
Und lautaufjubelt Triumphgesang.

La Illa Il Allah! aus voller Kehle
Jauchzten die Treiber der Kamele.

Doch durch das Osttor am andern End
Von Thus, zog in demselben Moment

Zur Stadt hinaus der Leichenzug,
Der den toten Firdusi zu Grabe trug.‹[3]

Hier ist Firdausīs Leben zur Sage geworden, das wirkliche Geschehen ist weit prosaischer. Um 1010/11 war, so vermutet Jan Rypka, eine stärkere Islamisierung in der Innen- und Außenpolitik Mahmūds eingetreten. Der König, der schon immer als rechtgläubiger Sunnit hervorgetreten war, maß der Unterstützung durch die abbasidischen Kalifen in Bagdad und durch die orthodoxe sunnitische Geistlichkeit im eigenen Lande gegen alle Nachbarstaaten in Iran und Gegner in Indien ein größeres Gewicht bei als dem guten Einvernehmen mit dem traditionsbewußten iranischen Adel, den er in der Folgezeit weitgehend ruinierte. Ein äußeres Kennzeichen dieser neuen Entwicklung war die Ersetzung der persischen durch die arabische Kanzleisprache am Hofe des Sultans.[4] Auch Firdausīs Werk soll ein Opfer dieses Umschwunges geworden sein, und es ist wohl denkbar, daß sich das Desinteresse des Herrschers in einem kargen Lohn ausmünzte. Denkbar ist aber auch, daß Firdausī, der sich sein Leben lang der Residenz des Herrschers ferngehalten hatte, in seinen alten Tagen bei Hofe nicht mehr Fuß fassen konnte, ja vielleicht das Opfer abschätziger Kollegenschelte der Mahmūd umgebenden Panegyrikerschar oder gar gefährlicherer religiös-politischer Intrigen wurde.

Die Überlieferung des Schāhnāme

Ohne Übertreibung kann man jedenfalls sagen, daß Firdausīs Werk ein anfänglich verschmähtes Produkt der Hofkunst ist, das sich dann eine ganze Nation zueigen machte, ja das durch seine Sprache und durch seinen Gegenstand zur Einheit Irans und zur Kulturgemeinschaft der zur iranischen Sprachfamilie zählenden Völker des mittleren Ostens, Irans, Afghanistans und der Tadshikischen SSR, über alle Wechselfälle der Geschichte hinweg bis auf den heutigen Tag entscheidend beigetragen hat. Diese Tatsache wird geradezu durch den Umstand dokumentiert, daß die Überlieferung des umfangreichen, großen Werkes zu einem unermeßlichen Strom angewachsen ist. Es wurde von Geschichtenerzählern auswendig gelernt, die davon lebten, ihre Kunst auf Märkten, in Kaffee- und Badehäusern eindrucksvoll – wie das Zeugnis Bozorg Alavis belegt – vorzutragen. In mündlichem Unterricht gaben sie ihr Wissen an Schüler weiter. Daß diese Rezitatoren weder lesen noch schreiben konnten, war nicht ungewöhnlich.

Darüber hinaus wurde das Schāhnāme auch niedergeschrieben und ist in dieser Gestalt der ganzen Welt bekannt geworden. Die Popularität des Werkes ließ eine große Anzahl von Abschriften entstehen, und bedauerlicherweise stellt wohl jede dieser Abschriften auch eine eigene Textversion dar. Tatsächlich ist die Vielfalt und Divergenz der Überlieferung so umfangreich und tiefgreifend, daß weder die Belesenheit und Intuition orientalischer Schāhnāme-Kenner noch die philologische Methode europäischer Gelehrter es bisher vermochten, eine Textversion zu erstellen, die anerkanntermaßen dem Urwerk aus Firdausīs Feder so nahe wie möglich kommt. Dafür gibt es viele Gründe, von denen die Unachtsamkeit und Inkompetenz von Abschreibern nur einer und wohl nicht der gewichtigste ist. Vor größere Rätsel stellt den kundigen Leser, was einst Franz Teufel mit strenger Mißbilligung die ›von bedeutender Anlage zur poetischen Ausdrucksweise getragene Gewissenlosigkeit persischer Abschreiber‹ nannte, ›welche in diesem Punkte mit den stupiden Copisten altclassischer Schriftwerke nicht verwechselt werden dürfen.‹[5] Allzuoft nämlich setzten die Kalligraphen ihren ganzen Ehrgeiz darein, des Dichters Worte zu glätten oder zu verbessern, ein im Laufe der Jahrhunderte veraltetes oder vergessenes Wort durch ein den Zeitgenossen verständliches zu ersetzen, sie ließen hier und da Passagen fort und wirkten an anderer Stelle am Teppich des Dichtwerkes weiter. Man schreckte nicht einmal davor zurück, Abschnitte aus wohlbekannten Werken anderer Meister in das Epos Firdausīs einzufügen. Ein Beispiel dafür ist die Handschrift des Schāhnāme Ms. or. fol. 4251, die die hier veröffentlichten Miniaturen enthält. Auf mehr als 80 Blättern findet sich ein längeres Textstück, das nicht aus Firdausīs Feder stammt. Es ist dem ›Buch von Garschāsp‹ des Asadī-i Tūsī entnommen,[6] das erst 1066 vollendet wurde. Seine Einfügung in den Text des Schāhnāme war um so leichter, als es mit epigonenhafter Folgsamkeit das Meisterwerk Firdausīs in Form und Inhalt nachahmt. Es berichtet von den Taten Garschāsps, eines Ahnherrn Rustams und damit eines Helden der iranischen Sage, und es übernimmt Metrum und Reimweise des Schāhnāme, allerdings nicht seinen archaisierenden Purismus in der Wortwahl. Aber nicht immer lassen sich Interpolationen oder andere Verfälschungen mit solcher Sicherheit nachweisen. Friedrich Rückert, der als einer der ersten die Notwendigkeit einer kritischen Schāhnāme-Edition erkannte, ließ sich bei seinen Urteilen zu sehr von seinem ästhetischen Sinn leiten. Er verwarf ohne weiteres, was Firdausīs Dichtergröße in seinen Augen nicht gerecht wurde, und versuchte, gelungene Stücke zu retten, die allein auf Grund ihrer sprachlichen Gestaltung auf eine späte Entstehung hindeuteten.[7] Gerade weil man Firdausīs Abschreibern die Imagination und Fertigkeit des Dichters nicht ganz absprechen kann, ist dieses ästhetisch-intuitive Verfahren ein Irrweg, und als einzig mögliches bleibt die Methode der wissenschaftlichen Philologie: die Bestimmung eines Archetypus, von dem alle existierenden Handschriften letztlich stammen, oder doch wenigstens eines ›codex optimus‹, der durch die nicht zu beanstandende Plausibilität seiner Lesungen überzeugt.

Es scheint, daß ein erster Versuch der Erstellung einer zuverlässigen Schāhnāme-Textausgabe bereits im mittelalterlichen Iran unternommen wurde. Der Timuridenherrscher Bāisonghor ließ 1425/26 einen Schāhnāme-Text vollenden, der diesen Ansprüchen genügen sollte, vielleicht auch alte Quellen heranzog, aber gewiß nicht auf den Grundlagen der kritischen Philologie erarbeitet worden war. Doch wie dem auch gewesen sein mag, die verwirrende Vielfalt der handschriftlichen Traditionen konnte Bāisonghors Rezension nicht ersetzen, sie selbst ist im Dickicht des überlieferungsgeschichtlichen Wildwuchses verschwunden.

Moderne Ausgaben des Schāhnāme beruhen auf gewissenhaften Sichtungen einer erreichbaren Menge vertrauenswürdiger Handschriften, die aber bisher nicht den Anspruch erheben können, ›codex optimus‹ zu sein. Das gilt von den älteren Ausgaben J. Mohls (1838–1855),[8] J. A. Vullers' (1877–1884)[9] und anderer. Neuere Editionen, so die persische S. Nafīsīs (1935–1937),[10] gehen auf sie zurück. Das gilt nicht von der in den Jahren 1960 bis 1971 entstandenen sogenannten Moskauer Ausgabe,[11] dem jüngsten vollständigen kritischen Schāhnāme-Text. Er stellt eine selbständige philologische Leistung, doch noch nicht das letzte Wort in dieser Angelegenheit dar, vor allem muß seine handschriftliche Grundlage verbreitert und verbessert werden. Die in ihm vorgenommene Reduzierung des Textbestandes auf etwa 50000 Verse gegenüber den von Firdausī angegebenen 60000 mag grundsätzlich wohl berechtigt sein, aber die Eingriffe in den überlieferten Text entbehren doch oft genug der Überzeugungskraft. So ist auf Initiative des persischen Gelehrten M. Minovi in Teheran der Anfang einer weiteren kritischen Edition gemacht worden,[12] deren Vollendung aber in absehbarer Zukunft nicht zu erwarten ist. Ein sensationelles Ergebnis der jüngsten Forschung ist die dem italienischen Gelehrten A. M. Piemontese geglückte und 1980 bekanntgemachte Entdeckung einer auf das Jahr 614 H. (1217) datierten Schāhnāme-Handschrift,[13] die nunmehr als die älteste Bezeugung des Werkes anerkannt wird und den Zeitraum zwischen Firdausīs Abschluß seines Epos und dessen ältester erhaltener Niederschrift auf etwa 200 Jahre reduziert. Aber auch dies ist eine genügend große Spanne für Entstellungen und Fehler. Die sogenannte Florentiner Handschrift, die überdies nur die erste Hälfte des Schāhnāme umfaßt, kann daher selbst nur im kritischen Vergleich mit ihren jüngeren Schwestern befragt werden. Und daß auch diese ihren eigenen Wert behaupten, konnte jüngst der iranische Schāhnāme-Forscher Dj. Khaleghi-Motlagh am Beispiel einer sehr späten Handschrift aus dem Jahre 894 H. (1489) aufzeigen, die sich im Besitz der Deutschen Staatsbibliothek der DDR befindet und dort die Signatur Ms. or. fol. 4255 trägt. Diese Handschrift enthält so viele richtige und sinnvolle Lesungen altertümlicher und schwer verständlicher Verse, daß sie als getreue Abschrift eines sehr zuverlässigen alten Textes betrachtet werden kann.[14] Von Khaleghi-Motlagh, der mit einer kritischen Sichtung aller erreichbaren Schāhnāme-Handschriften bis zum Ende des 15. Jahrhunderts begonnen hat, wurde auch der Plan einer weiteren künftigen Schāhnāme-Edition vorgelegt.[15]

Die Erstellung eines kritischen, zuverlässigen Schāhnāme-Textes als Aufgabe für die wissenschaftliche Forschung

Somit steht als erstrangiges Ziel wissenschaftlicher Forschungsarbeit die Schaffung einer zuverlässigen und dem Urtext nahen Schāhnāme-Rezension auch weiterhin auf der Tagesordnung. Es läßt sich heute noch nicht absehen, zu welchen Ergebnissen diese Arbeit einmal führen wird, ja, ob die Annäherung an einen autoritativen Urtext nicht vielleicht ein illusorisches Unterfangen darstellt. Bereits Theodor Nöldeke wies darauf hin, daß Firdausīs Epos schon vor seiner Vollendung abgeschrieben und verbreitet wurde, wie es der Dichter selbst bezeugt habe.[16] Daß er dann später hin und wieder an ältere Stücke seines Werkes revidierend Hand anlegte, ist ebensowohl denkbar, wie es unwahrscheinlich ist, daß diese Veränderungen auf frühere Abschriften übertragen wurden. Wenn dies zutrifft, so ist der Schluß unabweisbar, daß ein variantenloser Urtext des Schāhnāme strenggenommen nie existiert hat. In diesem Fall aber wäre das Ziel philologischer Arbeit höchstens zu modifizieren, nicht aber dürfte auf die Erarbeitung einer plausiblen, den Ursprüngen nahen Variante verzichtet werden, und dies um so weniger, als an Nöldekes kritischem Urteil über die bis 1920 erzielten Ergebnisse der philologischen Bemühungen, es stehe um die Textkritik des Schāhnāme ›sehr übel‹, auch heute nur geringe Abstriche gemacht werden können.[17]

Wenn gewöhnlich die Verwahrlosung der Schāhnāme-Überlieferung beklagt wird, so hat dies seinen guten Grund in dem verständlichen Wunsch, die eigenen Verse des Meisters zu lesen. Andererseits legt dieser Tatbestand aber zugleich ein eindrucksvolles Zeugnis für die stimulierende und inspirierende Wirkung dieses großen Werkes auf Generationen iranischer Literaten und Schöngeister ab. Der fortdauernde Gestaltwandel dieser Dichtung ist somit auch Ausdruck seiner ständigen, lebendigen Präsenz im Bewußtsein der iranischen Völkerfamilie. Ein weiterer lohnender Gegenstand der wissenschaftlichen Arbeit wäre es, auch diesen Wegen nachzugehen. Daß sie nicht nur Weg, sondern auch Ausgangspunkt und Ziel sind, betont neuerdings mit großem Nachdruck Olga M. Davidson in ihrem Aufsatz ›The Crown-Bestower in the Iranian Book of Kings‹. Die Variierung des Schāhnāme-Textes stellt in ihren Augen einen Niederschlag der stets lebendigen, mündlichen Schāhnāme-Überlieferung dar, die den Text Firdausīs ständig von neuem aktualisiert. Die Epen-Forscherin geht noch weiter und betont, daß nur in dieser Aktualisierung die von Firdausī zum Höhepunkt geführte nationale Überlieferung greifbar sei.[18] Aber Firdausī ist nicht Homer, und die aus dem Bereich der Volksepik herangezogenen Muster und Vergleiche reichen nicht hin, das Schāhnāme in seiner Gesamtheit zu charakterisieren. Firdausī schuf ein Werk der höfischen Kunst mit allen ihren formalen und inhaltlichen Ansprüchen, mit einem präzisen, auf das Papier gebannten Text und mit dem Anspruch auf Unvergänglichkeit. In Anlage und Ursprung ist das Schāhnāme daher ein Werk der Literatur im strengen Wortsinn ihrer schriftlichen Fixierung. Daß Firdausī der erste war, der dieses Werk umgestaltete, kann uns ebensowenig überraschen wie die Tatsache, daß sein Epos den breiten Strom der mündlichen, volkstümlichen Sagenüberlieferung in seinen Bann zog und prägte.

Zutreffend ist, daß seit dem 15. Jahrhundert die produktive Lust an Um- und Weiterbildung des überlieferten Textes zu ermatten scheint. Von nun an folgen die Handschriften getreulich ihren Vorlagen, Abweichungen sind nur auf Fehler zurückzuführen. Es ist anzunehmen, daß die Texte des Schāhnāme schließlich kanonisches Ansehen gewonnen haben. Kalligraphisch vollendete und mit Miniaturen gezierte Prachtausgaben entstehen, deren eine die hier vorgestellte Schāhnāme-Handschrift der Staatsbibliothek der DDR, Ms. or. fol. 4251, vom Jahre 1605 ist.[19] Daß ein Werk wie das Schāhnāme aber nicht nur zur Quelle eines breiten Überlieferungsstromes wurde, sondern auch in Nachdichtungen, Prosaerzählungen, aus Dichtungen und Prosa gemischten Werken extrahiert und in alle großen Literatursprachen der islamischen Welt übertragen wurde, kann nicht überraschen. Bisweilen gewinnen diese Abkömmlinge ihren eigenen Wert, wie beispielsweise die arabische Prosaübersetzung von al-Bundārī al-Isfahānī aus dem Jahre 1227, die den Gegenstand des Werkes in einer sehr frühen Gestalt bezeugt.[20]

Zu Beginn dieses Jahrhunderts nannte der deutsche Orientalist Theodor Nöldeke das Schāhnāme in einer auch heute noch grundlegenden Untersuchung ›das iranische Nationalepos‹.[21] Die hier skizzierte Überlieferungsgeschichte des Werkes bestätigt die Berechtigung dieser Charakterisierung. Das Schāhnāme ist gemeinsames Eigentum der iranischen Völkerfamilie bis auf den heutigen Tag. Es steht nicht nur am Anfang einer langen und in die breite Öffentlichkeit hineinwirkenden späten literarischen Tradition, sondern auch am Ende einer nicht minder bedeutsamen älteren. Es stellt sozusagen den Knotenpunkt eines von den Anfängen der iranischen Literatur bis in die Gegenwart reichenden Netzes von Überlieferungsströmen dar.

Es wurde bereits gesagt, daß Firdausī die Handlung seines Werkes nicht selbst erfand. Er machte das zum Epos, was ihm von der alten Sage und Geschichte seines Heimatlandes bekannt war. Der Dichter griff so

Das iranische Nationalepos und seine Quellen

Überlieferungen auf, deren früheste Formen sich bis in das erste Jahrtausend v. u. Z. zurückverfolgen lassen. Sagen, wie wir sie im Schāhnāme lesen, und bisweilen auch Personen, deren Namen Firdausī nennt, wurden von griechischen Historikern, beginnend mit Herodot (5. Jahrhundert v. u. Z.) überliefert. Führen wir als ein Beispiel nur die auf Chares von Mytilene, einen Kammerherren Alexanders des Großen, zurückgehende, von Athenaios in seinen Deipnosophistai erzählte reizvolle Romanze von Zariadres und Odatis an, in der uns zugleich der Name des Zarēr, des Bruders von König Guschtāsp, in älterer Gestalt und ein Abenteuer begegnen, das dann im Schāhnāme Zarērs Bruder zugeschrieben wurde, der bei Athenaios Hystaspes heißt. Aber auch das Awesta, die Sammlung der die Opferhandlungen und andere Riten der Zoroastrier begleitenden heiligen Texte, die in einer altiranischen Sprache mündlich überliefert und dann niedergeschrieben wurden, kennt und nennt viele Helden des Schāhnāme. Da erscheint beispielsweise der erste Weltenkönig Gajōmart als Urmensch Gaja maretan ›sterbliches Leben‹, der glanzvolle Urkönig Dzhamschēd als Jima Chschaita, der arabische Tyrann Zahhāk als Drache Dahāka, der törichte König Kai Kāōs als Kavi Usan oder Usadhan. Wenn sie das Awesta meist auch nur als Verehrer seiner Götter nennt, Beistand gegen Feinde suchend, große Tieropfer darbringend und dafür Lohn und Hilfe findend, so verrät dies doch eine Kenntnis der Könige, Helden und Ungetüme bereits in altiranischer Zeit. Gelegentlich gibt das Awesta Einzelheiten jener Sagen, die seine Helden bekanntmachten, in knapper, Vertrautheit voraussetzender Andeutung preis. So kann man in seinem 19. Jascht, einem Götterhymnus, eine Darstellung vom Fall Jima Chschaitas (Dzhamschēds) lesen, mit der das Schāhnāme nicht mehr gemein hat als die Feststellung, daß dieser König sich Gottes Beistand verscherzte und gestürzt und getötet wurde. Die gewissermaßen zweckentfremdete Behandlung des alten Sagengutes im Awesta läßt zugleich erkennen, daß seine Überlieferung nicht eigentliche Angelegenheit und Anliegen der zoroastrischen Priesterschaft war. Seine Pflege, Entwicklung, Darbietung und Weitergabe lag in den Händen einer altbewährten Spielmannszunft, von der wir nur so geringe Spuren finden, daß erst die neuere Forschung ihr Wirken angemessen zu würdigen vermochte. Aber auch heute läßt sich nur wenig Gesichertes von diesen Spielmännern sagen. Daß sie von Hof zu Hof, von Burg zu Burg zogen oder als Angehörige eines fürstlichen Gefolges einem Herren dienten, ist wohl möglich. In beiden Fällen war es dann aber der Geschmack, das Selbstverständnis und Interesse eines aristokratischen Publikums, dem der Künstler Rechnung zu tragen hatte. Noch im Schāhnāme ist es vor allen anderen Klassen und Schichten der Adel, der zum idealen primären Gegenstand, zum eigentlichen Helden des Jahrtausenddramas iranischer Geschichte wird. Selbst die mächtige Priesterschaft kann nicht neben ihm bestehen, und was den König und sein Haus betrifft, so findet seine Herrschaft, auch die Legitimität eines ungerechten und bösen Monarchen, zwar unbedingte Anerkennung, und das herrscherliche Charisma des Königs wird nicht bestritten, aber eine aller Kritik enthobene, unumschränkt waltende, gottähnliche Persönlichkeit ist er nie und oft genug eine recht traurige Gestalt von mehr als fragwürdiger Menschlichkeit. Kai Kāōs ist das beste Beispiel dafür. Unter diesen Umständen sind es hervorragende Vertreter des hohen Adels, in deren Händen Wohl und Wehe des Landes liegt, und ihnen gilt die eigentliche Sympathie der Dichtung. Und dementsprechend sind *razm u bazm*, ›Schwerterschlag und Festgelag‹, die vornehmen und häufigsten Motive der Heldendichtung, gegen die romantische

Liebe und erotische Intimkunst nicht recht aufkommen können und neben denen allein die moralisch-didaktische Belehrung und die Abenteuergeschichten von Ausfahrten in exotische Länder mit schrecklichen Ungeheuern, märchenhaften Schätzen und begehrenswerten Königstöchtern zu bestehen vermögen. Manches deutet darauf hin, daß die Verherrlichung bestimmter Adelshäuser zu einer wichtigen Funktion der Spielmannsdichtung wurde, daß sie im Laufe der Jahrhunderte und bis in die Zeit der Sassanidendynastie (3. bis 7. Jahrhundert) immer konkretere, ja historische Formen annahm. In jener späten Gestalt der Sage, die uns das Schāhnāme bezeugt, ist es Gōdarz, Herr von Isfahan, der unter der langen Regierung des Sagenkönigs Kai Kāos dem Herrscher als wichtigster Berater und treuer Heerführer, ja gewissermaßen als Königsmacher seines Enkels Kai Chusrau dient. Bereits vor einem Jahrhundert fiel der europäischen Forschung die Identität seines Namens und des Namens seines Sohnes Gēw mit den gräzisierten Herrschern Gōtarzes und Ge der parthischen Arsakidendynastie sowie die Transponierung weiterer historischer Namen in die Sagenzeit auf, und man zog daraus den gewiß einzig möglichen Schluß, daß uns hier unbekannte prominente Träger derartiger geschichtlicher Namen mit einem gleichnamigen ruhmvollen Prototyp in der Sagengeschichte beehrt wurden. Man muß in diesem Zusammenhang auch die Gestalt Rustams nennen, die, wie es scheint, außerordentlich spät, vielleicht erst in den letzten Jahrhunderten der sassanidischen Zeit, in die nationale Überlieferung eingegliedert worden ist. Daß auch Rustams Name den Namen eines gefeierten Magnaten widerspiegelt, läßt sich zwar nicht beweisen, aber die Tatsache, daß er der Herrscher Sīstāns und Zābulistāns, das heißt der Gebiete des heutigen Südafghanistan, ist, legt eine gewisse Beziehung zu den späteren Herren dieser Provinz nahe, den Angehörigen des Hauses Sūrēn, die unter den Arsakiden und Sassaniden oft genug die zweiten nach dem König waren.

Es ist wohl nicht übertrieben, wenn man die Geschichte der altiranischen Sagendichtung als eine Entwicklung von der Heldensage zur aristokratischen Epik charakterisiert. Dies bedeutet jedoch nicht, daß Spielleute nur an Fürstenhöfen sangen. Wenn das Schāhnāme Firdausīs zum Gemeingut der iranischen Völker geworden ist, so wird die nationale Sage in früherer Zeit bereits populär gewesen sein. So läßt sich denken, daß man die Erzählungen auch dort vortrug, wo das Volk zusammenkam. Nur war das nicht das Publikum, das zählte. Der Dichtung war es kein poesiewürdiger Gegenstand, als Masse wurde es verachtet, und wenn einmal rühmenswerte Gestalten aus dem Volke wie der Schmied Kāwe oder der Steinmetz Farhād in den Vordergrund treten, so werden sie mit den Augen des Edelmannes betrachtet, als loyaler Rebell für das legitime Königshaus oder als ein dem Aristokraten an Lebensart und Empfinden gewachsener Mensch schlichter Herkunft.

Der Charakter der altiranischen Heldendichtung

Deutlicher lassen sich Spuren der Mitwirkung zweier anderer gesellschaftlicher Gruppen am Gesamtwerk ausmachen. Einmal sind es die Hofschreiber, die Träger der Amtsbürokratie des Reiches, denen die Führung der Annalen oblag. Dieses Schrifttum wurde zur zuverlässigsten Wissensquelle über die Ereignisse unter den historischen Dynastien der Achämeniden, Arsakiden und Sassaniden, wobei allerdings zu beobachten ist, daß die Detailkenntnis und Zuverlässigkeit im Maße des Zeitabstandes abnimmt. Sie ist am größten für die Sassaniden und so gut wie nicht vorhanden für die Zeit der nicht einmal unter ihrem Familiennamen bekannten Achämeniden. Vereinfachend könnte man sagen, daß es die verlorenen historiographischen Werke des Schreiberstandes waren, die

Der Anteil der Schreiber

den alten Sagen des iranischen Volkes geschichtlichen Stoff zufügten. Schreiber waren es wohl auch, die in sassanidischer Zeit den Alexanderroman des Pseudo-Kallisthenes in das Mittelpersische übersetzten, und durch sie mag dieser aus Geschichte und Sage wunderlich gemischte Erzählstoff in die persische Überlieferung gelangt sein.

Der Anteil der Priester   Weniger offenkundig und doch viel prägender war der Anteil der zoroastrischen Geistlichkeit an der endgültigen Ausformung der Überlieferung. Gewiß, der Priester wurde ebensowenig zum Ideal der Heldendichtung wie der Schreiber. Die führenden Vertreter seines Standes spielten eine untergeordnete Rolle im Geschehen – auch Zarathustra bildete dabei keine Ausnahme –, und die religiösen Lehren und Gebräuche kamen schon in der vorislamischen Gestalt der Überlieferung recht wenig zur Sprache. Aber die Priester haben doch einen unverkennbaren, redigierenden Einfluß auf das Überlieferungsmaterial ausgeübt, der sich beispielsweise durch das Verschweigen bestimmter historischer Ereignisse verrät. Daß die Sagengeschichte Irans mit der Herrschaft jenes Königs Guschtāsp ausläuft, den das Awesta als Vīschtāspa, Schutzherren und Förderer seines Propheten Zarathustra, kennt, daß ihm die Legende einen Stammbaum aus wahrscheinlich mythischen Königen, der Dynastie der Kajaniden, gibt und diesen an die universalen Könige von Gajōmart bis Dzhamschēd anschließt, ist gewiß kein Zufall. Da man auch ohne Bedenken davon ausgehen kann, daß ursprünglich, das heißt unter und vor den ersten iranischen Staatsgebilden, König Vīschtāspa nur einer von vielen anderen Herrschern zahlreicher Stämme und Regionen war, deren Ruhm die Sage und Legende überhöhten, so läßt sich nur folgern, daß die Erinnerung an alle diese Gewalthaber einer ›heroischen‹ Zeit verlorengegangen ist, so wie etwa die Erinnerung an König Kyros, von dem Herodot und Ktesias bereits soviel Legendäres zu berichten wußten, aus der iranischen Überlieferung völlig entschwunden ist. Daß dies nicht Vīschtāspas Schicksal war und daß er im Gegenteil zum iranischen Alleinherrscher avancierte, kann nur an dem indirekten Interesse der zoroastrischen Geistlichkeit an seiner Person gelegen haben und wird mithin kein Zufall sein.

Aber die Priester haben noch mehr zur Formung der iranischen Tradition beigetragen. Wer Sagen liest und kennt, der weiß, wie vage und widersprüchlich ihre ›historischen‹ Aussagen sind, wie willkürlich sie mit Tatsachen umgehen und wie wenig ihnen die Gesetze der Zeit bedeuten. Das ist in der iranischen Sage nicht anders. Man denke nur an die phantastisch langen Lebenszeiten, die Rustam und seinem Vater zugeschrieben werden, an die anachronistische Zurückverlegung der Anfänge des römischen Kaisertums bis in die Zeit der Dreiteilung der Welt unter Firēdūn oder an die Nachbildung von Ereignissen aus der Sassanidenzeit – wie die Eroberung des Jemen unter Chusrau I. – in der Sage. So wie uns die iranischen Volkserzählungen im Schāhnāme und auch bereits in älteren Quellen vor Augen treten, sind sie viel stärker durch die große Zeitspanne nationaler Geschichtlichkeit geprägt als etwa die deutsche. Da gibt es eine kontinuierliche Folge legitimer Herrscher, die eine bestimmte Zahl von Jahren über Iran oder die Welt regieren, und die historischen Könige stellen die direkten Nachfolger der mythischen dar. Wenn man nun die Herrscherjahre dieser Könige zusammenrechnet, kommt man zu der verblüffenden Feststellung, daß etwa 3000 Jahre zwischen dem Machtantritt des Urkönigs Gajōmart und dem Hervortreten Zarathustras als Prophet liegen und daß bis zum Ende der Sassanidenzeit nochmals ein knappes Jahrtausend vergeht. Gewiß sind dies offenkundig mythische Zahlen, aber sie haben in der Geschichtsspekulation der zoroastrischen Lehre ihren Grund und entsprechen der älteren zoroastrischen Tradition recht genau. Bereits in achämenidischer Zeit bildeten diese Spekulationen die uralte Lehre Zarathustras, daß die Geschichte der Welt einen Anfang und ein Ende habe und nicht in einem Kreis von Wiederholungen verlaufe, zu einer eschatologisch motivierten Weltgeschichtslehre aus, derzufolge die Ereignisse des Kosmos in den bedeutsamen Zeitmaßen von neun oder zwölf Jahrtausenden abliefen. Die Ereignisse der Sage und Geschichte finden in diesen Zeitläufen ihren Platz. Sie reichen, setzt man zwölf Millennien voraus, vom mythischen Jahr 6000 bis nahe an das Jahr 10000, in dem Zarathustras Sohn Uchschjat Ereta, der erste von drei endzeitlichen Heilanden, hervortreten wird. Es kann wohl nur die zoroastrische Priesterschaft gewesen sein, die der nationalen Sage diesen Zeitrahmen und dieses pseudohistorische chronologische Gerüst gegeben hat. Sie wird auch das Nacheinander der mythischen Urkönige festgelegt oder doch eine vorgegebene Reihenfolge kanonisiert haben. Jedenfalls findet man die Urkönige und die Könige der mythischen Kajanidendynastie bereits in den Jaschts des Awesta in ebenjener Reihenfolge, die sie im Schāhnāme einnehmen. An der Substanz geschichtlicher oder sagenhafter Überlieferung war die Priesterschaft dagegen wenig interessiert. Wurde sie in ihr eigenes religiöses Traditionsgut einbezogen, so lediglich in resümierender Weise. Eine literarische Ader, das geht aus jedem ihrer Worte hervor, hatten diese Priester nicht, und als einen Beitrag priesterlichen Geistes zur epischen Überlieferung läßt sich nur das ›Buch der Taten Ardaschīrs‹, des Begründers der Sassanidendynastie, nennen. So kommt es, daß für uns, die wir auf jedes noch so geringe Schriftzeugnis vorislamisch-iranischen Ursprungs angewiesen sind, die von A. Christensen so benannte ›religiöse oder priesterliche Tradition‹ der epischen Überlieferung[22] wichtiger ist, als sie es vermutlich für die altiranische Gesellschaft war.

Man hat schließlich epischen Stoff zur Unterhaltung in kleinen kunstlosen Traktaten niedergeschrieben, die aber nur der bescheidene Abglanz einer einst schöneren Dichtung in gebundener Rede gewesen sein dürften. Vor allen anderen Werken ist hier das ›Ajādgār ī Zarērān‹, das ›Gedenkbuch des Zarēr‹, zu nennen, das die Heldentaten des Bruders von König Wischtāsp, das heißt Guschtāsp, feiert und seinen Tod beklagt.[23] Mit wohlwollendem Überschwang wird es bisweilen das ›Pahlawi-Schāhnāme‹ genannt. Dieses Werk wie auch vergleichbare andere behandeln jedoch nur Episoden jenes Gesamtgeschehens, das im Schāhnāme verewigt wurde.

Wie oder wann kam es zu jener großartigen Zusammenfassung des gesamten Überlieferungsgutes aus dem alten Iran in einem einzigen großen Werk? Firdausī hat diese Synthese bereits vorgefunden. Daß sie in der nationalen Bedrängnis der ersten Jahrhunderte unter arabischer Herrschaft geschaffen wurde, ist ausgeschlossen. So ist die schlecht bezeugte Behauptung der jüngeren Schāhnāme-Vorrede der Ausgabe Bāisonghors vom Jahre 1425/26 nicht ganz unwahrscheinlich, daß die sassanidischen Könige, und unter ihnen besonders Chusrau I. (531–579), sich um die Sammlung der Chroniken ihrer Ahnen bemüht hätten. Bedenkt man, daß unter Chusrau I. auch die Zusammenstellung und Ordnung der greifbaren Awesta-Texte zu einem Kanon des religiösen Schrifttums der zoroastrischen Kirche in 21 Büchern erfolgte, so erscheint es in der Tat plausibel, daß dieser kompilierende und normierende Eifer auch das nationale Traditionsgut ergriff. Andererseits hat die spätere Überlieferung Chusrau I. aber so sehr zum Sinnbild eines Recht und Ordnung wiederherstel-

Epische Dichtungen aus mitteliranischer Zeit

lenden, die überlieferten Glaubens- und Wissensgüter bewahrenden Herrschers emporstilisiert, daß ihm auch zugeschrieben wurde, was andere vor oder nach ihm vollbrachten. Glauben wir der Bāisonghor-Vorrede, so gelangte das begonnene Werk unter Chusrau jedenfalls noch nicht zum Abschluß. Unter Jazdegerd III. (632–652) habe der Landedelmann Dānischwar eine vollständige Chronik der persischen Könige bis zu Chusrau II. (590–628) zusammengestellt. Diese späte zeitliche Fixierung wird bekräftigt durch die alte Vorrede des Schāhnāme, die bis auf das Jahr 957 zurückgeht und in der als Autoritäten unter anderen ein Farruchān, Oberpriester Jazdegerds III., und ein Rāmīn, Sklave desselben Königs, genannt werden.[24] Mit Jazdegerd III. endete die Dynastie der Sassaniden, damit die Selbständigkeit Irans für viele Jahrhunderte und die Herrschaft der Religion Zarathustras über ein ganzes Volk für immer. In schnellem Siegeszug eroberten die Araber das Land. Seit ihrem Sieg bei Qādisīja im Jahre 636 befand sich Jazdegerd auf der Flucht vor ihnen durch sein großes Reich. Wenn tatsächlich in jenen Jahren des Zusammenbruchs die todgeweihte alte Ordnung als letzte Geistestat noch eine Sammlung ihrer eigenen Geschichte zustande brachte, so ist kaum zu erwarten, daß sie kanonisches Ansehen und eine normierte Geltung gewann. Nicht erfaßtes und anderes überliefertes Erzählgut mag neben ihr seinen Platz behauptet haben, und selbst der Text des Sammelwerkes mag von Anfang an nicht ganz einheitlich gewesen sein. Einhellig bezeugt ist aber sein Name. Als eine Art kontinuierlicher Königschronik kompiliert, hieß es zu Recht ›Chwadāi-nāmag‹, das ›Buch der Herrscher‹.

Epische Dichtung in den ersten Jahrhunderten des Islam

So rasch und vollständig fügte sich der besiegte Iran in die politische und kulturelle Gemeinschaft der islamischen Welt ein, daß es bald schon möglich wurde, in einer die Prinzipien des Islam nicht antastenden Weise die einstige Größe und glanzvolle Geschichte des Iranertums zur Sprache zu bringen. Die noch erhaltenen Zeugen dieser Zeit konnten aus dem Ghetto ihrer zoroastrischen Bewahrer hervortreten und sich in arabischer und neupersischer Sprache Gehör verschaffen. Dem ›Chwadāi-nāmag‹ kam dabei die führende Rolle zu, und es scheint auch in genügendem Umfang zugänglich gewesen zu sein. So hören wir von einem Mōbad Bahrām, der zwanzig Handschriften zum kritischen Vergleich heranzog. Der vom Zoroastrismus zum Islam konvertierte Ibn al-Muqaffaʾ (hingerichtet 759/60) war der erste, der eine arabische Übersetzung anfertigte. Weitere arabische und neupersische Übersetzungen und Bearbeitungen – man kann deren mindestens acht nennen – folgten. Aus ihnen schöpften arabische Historiker und persische Dichter Kenntnisse über die iranische Geschichte.

Firdausī bezog sein Wissen aus einer neupersischen Prosaübertragung, die der traditionsbewußte Herr von Tūs, Abū Mansūr Muhammad ibn Abd ar-Razzāq, durch seinen Sekretär Abū Mansūr Maʾmarī zusammenstellen ließ. Das Überlieferungsgut trugen vier gelehrte Männer aus verschiedenen Orten Ostirans und Afghanistans zusammen, deren nichtislamische, ja zoroastrische Namen darauf hindeuten, daß sie Zoroastrier waren. Im Jahre 957 vollendeten sie ihr Werk, aber schon 962 fand die Herrschaft Abū Mansūr Muhammad ibn Abd ar-Razzāqs ein gewaltsames Ende, und es wird vermutet, daß mit seinem Sturz auch seine Bibliothek vernichtet wurde. Dies ist wohl der Grund dafür, daß Firdausī, selbst in Tūs beheimatet, nicht ohne die Hilfe eines ungenannten Freundes in den Besitz einer Kopie des Werkes gelangen konnte. Die Autoren des Prosa-Schāhnāme hat er dagegen vielleicht noch persönlich gekannt, denn er beruft sich gelegentlich auf ihre Informationen. Wenn alle diese

Schriften heute nur noch dem Namen nach bekannt sind, so zweifellos, weil Firdausīs großes Werk sie in den Schatten stellte und aus der Gunst des Publikums verdrängte. Als einziges Fossil aus dieser frühen Zeit hat sich das sprachlich wie inhaltlich gleichermaßen kostbare Vorwort zum Prosa-Schāhnāme erhalten. Dies ist jedoch nur dem glücklichen Umstand zu verdanken, daß es später in das alte Vorwort zu Firdausīs Schāhnāme eingefügt wurde (vgl. in dieser Ausgabe Abb. Fol. 2b), das neben dem Vorwort zur Bāisonghor-Ausgabe seinen Platz behaupten konnte.

Firdausīs Werk verdrängte ebenso andere frühe Versuche, den Epenstoff in eine den Ansprüchen islamischer Versdichtung angemessene poetische Form zu bringen. Auch auf diesem Felde hatte Firdausī seine Vorläufer, und selbst das von ihm konsequent verwendete epische Versmaß Mutaqārib ist nicht seine Neuerung. Vor allen anderen verdient Abū Mansūr Muhammad ibn Ahmad Daqīqī (gestorben zwischen 976 und 981) Hervorhebung, der noch an seinem Epos arbeitete, als Firdausī an sein Werk ging. Beide Dichter benutzten dieselben Quellen, schrieben im selben Metrum, waren vielleicht Landsleute und dienten denselben Herren. Wenn Firdausī heute als der größere gilt, so nicht nur, weil Daqīqī sein Werk als Torso hinterließ. Auch dieser wäre zweifellos verloren und vergessen, hätte Firdausī selbst nicht etwa 1000 Verse seines Vorläufers der Aufnahme in das Schāhnāme gewürdigt, vielleicht mit klugem Vorbedacht, denn Daqīqī hatte es gewagt, in ihnen die Zeit des Propheten Zarathustra zu behandeln. Daqīqī hatte sich dadurch dem Verdacht, insgeheim ein Anhänger der alten Religion zu sein, ausgesetzt, und Firdausī mochte in dem ausdrücklich hervorgehobenen langen Zitat seines Vorgängers ein Mittel gesehen haben, sich einem ähnlichen Vorwurf zu entziehen. Für uns aber bieten diese Passagen die Möglichkeit, die Qualität beider Dichtungen zu vergleichen, und hier gibt das verbreitete Urteil entschieden der lebhafteren Phantasie, dem größeren Sprachreichtum und der poetischen Eleganz in Firdausīs Schaffen den Vorzug. Firdausī hat dies nicht nur selbst so empfunden, er hat es auch ausgesprochen. Doch dies ist kein billiges Eigenlob auf Kosten eines einstigen Rivalen, es soll nur eindringlich vor Augen führen, wie sehr, gemessen an den Ehrungen und Anerkennungen, die Daqīqī zu seinen Lebzeiten erfuhr, Firdausīs Dichtung mißachtet wurde.

Die vorangehenden Ausführungen haben gezeigt, daß Firdausīs Schāhnāme in mehrfacher Hinsicht den Namen eines Nationalepos verdient. Nur in einem Sinne dieses Begriffes entspricht es nicht dem üblichen Charakter eines solchen Werkes: Es stellt nicht das für uns anonyme Ergebnis der epischen Geistesbeschäftigung eines Volkes in der Jugend seiner Kulturentwicklung dar. Es ist das unverwechselbare Werk eines historischen Dichters, dessen Individualität auch dann nicht verborgen bliebe, wüßten wir nicht seinen Namen: Abu l-Qāsim Mansūr (?) Firdausī. Firdausī ist sein durch Verdienst erworbener Dichtername. Er bedeutet der ›Paradiesische‹ oder der ›Mann aus dem blühenden Garten‹, und beide Deutungen zollen der das gewöhnliche Menschenmaß überflügelnden Phantasie und Ausdruckskraft des Meisters ihren Tribut.

Wie früh sich die Sage der Vita Firdausīs bemächtigte, wurde bereits eingangs bemerkt. Stellen wir ihre unentrinnbare Präsenz in Rechnung und suchen wir das Glaubwürdige zu extrahieren, so schien sein Leben aufs wunderbarste für seine große Aufgabe vorbestimmt gewesen zu sein. Geboren wurde er nach vorherrschender Meinung in den Jahren zwischen 932 und 936 – dem Jahr 934 wird seit der zu Ehren des Dichters 1934 in Teheran und anderenorts begangenen Jahrtausendfeier offizielle

Die Bedeutung des Schāhnāme in der Geschichte der iranischen Literatur

Firdausīs Leben

Anerkennung gezollt –, doch plädiert neuerdings A. Sh. Shahbazi für den 3.1.940.[25] Firdausī kam zur Welt bei Tūs, der Vorgängerin der heutigen Pilgerstadt Maschhad im nordöstlichen Iran, als Sohn eines kleinen Landedelmannes, wie es sie seit sassanidischer Zeit im ganzen Iran gab. Ein Landedelmann war auch er, die bescheidene Unabhängigkeit, die ihm diese Stellung verschaffte, machte anerkennende Zuwendungen für sein dichterisches Werk nie überflüssig. So empfing er dankbar einen Steuernachlaß, den ihm der Steuereinnehmer von Tūs, Hujai (?) ibn Qutaiba, gewährte. Allerdings ist dabei auch in Rechnung zu stellen, daß in solchen Gaben die Wertschätzung der Dichtkunst ihren Ausdruck fand, daß sie also auch ihr ideelles Gewicht hatten. Diese Einzelheiten zeigen, daß Firdausī zur rechten Zeit am rechten Ort für sein großes Werk geboren wurde. Es war das Jahrhundert, in dem andere Dichter vor und neben ihm begannen, sich der Überlieferung von Irans alter Größe anzunehmen und sie in eine ansprechende poetische Form zu gießen, und Firdausī wuchs auf unter den Mauern jener Stadt, in der das ›Prosa-Schāhnāme‹ geschrieben wurde, dem eine so bedeutende Rolle in der Literaturtradition beschieden war. Diente es doch nicht nur ihm als Quelle, sondern auch Daqīqī und einer weiteren in eleganter arabischer Prosa gefaßten Version der Geschichte Irans aus der Feder des Abū Mansūr Abdu l-Malik ibn Muhammad ibn Ismā'īl ath-Tha'ālibī (961–1057/58), den ›Glanzpunkten aus den Nachrichten von den Königen Persiens und ihrem Leben‹.[26] Auf Grund seiner Herkunft und seines sozialen Status gehörte Firdausī jener Schicht kleiner Grundbesitzer an, die sich ihrer vorislamischen Ahnen mit Stolz bewußt blieb und in deren Kreisen die Erinnerung an jene Zeit fortlebte.

Die zuverlässigsten Informationen über des Dichters Leben können zweifellos, wenn auch mit einiger Mühe, seinem Schāhnāme selbst abgewonnen werden. Immer wieder führt Firdausī Klage über Mangel und Entbehrung, und auch, daß der Dichter auf klingenden Lohn hofft, bleibt nicht ungesagt. Dazu gesellt sich überschwengliches Fürstenlob, es gilt natürlich dem regierenden Herrscher, Mahmūd von Ghazna. Aber man sollte bedenken, daß in jener Zeit fürstliches Mäzenatentum für die Tantiemen und Honorare, die Alters- und Krankenversicherungen eines Schriftstellers stand, daß Huldigungsformen eine Gegenleistung und zumindest eine Pflichtübung in einer despotisch geführten Gesellschaft waren, der sich nur der Rebell entzog, und daß nicht zuletzt die Arbeit des Dichters, zumal wenn er ein Schāhnāme zu schreiben vorhatte, der angemessenen Bestellung eines Hauswesens und der Führung eines Brotgewerbes viel Zeit entzog. Nicht erfahren wir, wie Firdausī seine Kunst erlernte und wie er arbeitete. Doch sein Herz öffnet uns der Dichter, wenn er in tiefem Schmerz den Tod seines einzigen Sohnes beklagt. Als einzig sicheres Datum aus Firdausīs Leben ist uns der Zeitpunkt der Vollendung seines Schāhnāme bekannt. Der Dichter hat ihn im vollen Bewußtsein seiner Bedeutung bis auf den Tag genau bestimmt. Es ist der Tag Ard des Monats Sipandārmad des Jahres 400 nach der Hidzhra des Propheten, das heißt der 25. Februar 1010.[27] Firdausī war damals mindestens 70 Jahre alt. Sein Werk hat ihn etwa 35 Jahre, mithin die reifere zweite Hälfte seines Lebens, beschäftigt. Wie sehr er selbst mit und in ihm lebte, zeigen wiederholte Einfügungen persönlicher Mitteilungen und Reflexionen. Einige Textstellen verbindet er mit der Angabe seines Lebensalters: Mit 58 Jahren arbeitete er an der Sagengeschichte von Kai Kāōs und Kai Chusrau, 61 Jahre war er alt, als er die Zeit des Sassaniden Kisrā Nōschīrawān beschrieb, mit 63 Jahren arbeitete er über Ardaschīr I., mit 66 über

Dārā, der den Namen Darius I. trägt. Eine systematische Untersuchung solcher nicht anzuzweifelnder Angaben könnte uns wichtige Erkenntnisse über das allmähliche Entstehen des Schāhnāme vermitteln.

Obgleich vom Hof zunächst mißachtet, fand Firdausīs Epos doch die Anerkennung des iranischen Adels. Viele Vornehme haben dem Vortrag seines Werkes gelauscht und Beifall gespendet, ja zwei angesehene Männer von Tūs sollen es selbst sauber abgeschrieben und rezitiert haben. Auch materielle Hilfe blieb nicht völlig aus, erinnern wir nur an Hujai(?) ibn Qutaiba, den Steuereinnehmer in Tūs und Firdausīs Förderer. Vergeblich hoffte Firdausī jedoch auf würdigen Lohn von höchster Stelle, von Sultan Mahmūd, dem er sein Werk in seiner endgültigen Form gewidmet hatte. Es ist nicht unwahrscheinlich, daß er es selbst auch zum Hofe des Herrschers trug. Etwa einhundert Jahre nach dem Tode des Dichters erzählt der Literaturkenner Arūzī, daß Firdausī sein Epos dem Minister Mahmūds ausgehändigt habe, damit er es dem Sultan überreiche. Der weitere Verlauf der Ereignisse wurde eingangs schon beschrieben. Daß Mahmūd später die demütigende Behandlung Firdausīs durch eine weitere und größere Belohnung gutzumachen suchte, wie es die Sage zu berichten weiß, ist nicht unmöglich. Der sich rasch ausbreitende Ruhm des Dichters mochte zu seiner schließlichen Anerkennung auch bei Hofe geführt haben.

Die Behauptung, daß der hochbetagte Dichter nach dem Schāhnāme ein weiteres Epos, ›Jūsuf u Zulaichā‹, verfaßt habe, ein Werk, das keinem Vergleich mit dem Schāhnāme standhält und als kleinmütige Hinwendung zu islamischen Überlieferungsstoffen beklagt wurde, ist von der neueren Forschung als Erfindung zurückgewiesen worden. Eine spätere Erdichtung sind wahrscheinlich auch die scharfe Satire, mit der Firdausī sich an Mahmūd gerächt haben soll, und die darauf aufbauenden Erzählungen von einer Flucht des Dichters vor seinem Herrn und von seiner späteren Rückkehr in die Heimat. Es war wohl ein recht ereignisarmes Leben, das der Dichter führte und das zur phantasievollen Ausschmückkung einlud.

Firdausī starb zwischen den Jahren 1020 und 1026. Knapp einhundert Jahre später besuchte Arūzī das Grab des Dichters. Es befand sich auf dem Besitztum Firdausīs außerhalb der Stadt. Ein Prediger hatte seine Bestattung auf einem Gemeindefriedhof verhindert, weil Firdausī als schiitischer Ketzer bekannt war. Die Heimatstadt bewahrte das Gedächtnis ihres größten Sohnes, und man erzählte sich, daß eine Herberge in Tūs, ein Brunnen oder auch ein Staudamm von dem Gelde angelegt worden seien, das Sultan Mahmūd übersandt hatte, als Firdausīs Leben schon seinem Ende entgegenging. Firdausīs Tochter habe den späten Lohn zurückgewiesen und dem Gemeinwohl überlassen.

Firdausī selbst hat seinem Schāhnāme etwa 60 000 Verse zugeschrieben, eine runde, wohl etwas aufgerundete Zahl. Die neuere Forschung ist geneigt, sie als eine Obergrenze zu betrachten. Doch ungeachtet dessen überragt das Schāhnāme schon an Umfang viele andere bedeutende Werke der persischen, ja der Weltliteratur. Nicht aber danach fragen wir, wenn wir das zu bestimmen suchen, was die Besonderheit und Größe dieser Dichtung ausmacht. Für den in seiner Literatur bewanderten Iraner ist sie fast intuitiv erfaßbar. Dem, der sich durch Erlernen der Sprache Firdausīs oder gar auf Grund einer Übersetzung einen Eindruck verschaffen will, ist es zunächst leichter festzustellen, wie vielfältig das Werk seinen Quellen und literarischen Mustern verbunden ist, wie getreu es seinen Gegenstand reproduziert und wie wenig es der Fabel aus eigenem

Firdausīs Sprachkunst

zufügt. Firdausīs Werktreue geht so weit, die Form einer kontinuierlichen Chronik zu wahren. Die Geschichte der Menschheit von ihrem ersten König und die Geschichte Irans bis zur Vernichtung der Sassanidendynastie durch die Araber wird bei ihm als eine Folge von fünfzig Königen oder Dynastien dargestellt. Ihre Regierungszeit bildet das chronologische Gerüst auch jener Perioden, in denen Helden wie Rustam im Mittelpunkt des Geschehens stehen.

Der Gegenstand des Schāhnāme

Das Schāhnāme beginnt mit der Herrschaft der über die ganze Welt gebietenden Urkönige Gajōmart, Hōschang, Tahmūras und Dzhamschēd, die achthundert Jahre lang das Regiment führen. Die erste Katastrophe, ausgelöst durch die Empörung des Zahhāk, setzt dem glücklichen Urzustand der Menschheit ein Ende. Zahhāk, ursprünglich ein dreiköpfiger Drache der iranischen Sage, wurde später aus antiarabischem Ressentiment zu einem Araberfürsten transformiert, dem menschenfressende Schlangen aus den Schultern wuchsen. Seine Tyrannei währt 1000 Jahre. Dann gelingt es beherzten Iranern, an ihrer Spitze dem Königsabkömmling Firēdūn, das Ungeheuer zu besiegen und in einem sicheren Verlies des Berges Demawend bis zum Ende dieser Welt einzuschließen. Die arabische Episode der Sagengeschichte ist damit abgetan, und es folgt eine ereignisreiche Zeit, in der die Welt als Erbe der drei Söhne Firēdūns in die drei nach alter sassanidischer Auffassung wichtigsten Sphären Rom, Tūrān samt China und Indien und in der Mitte zwischen ihnen Iran aufgeteilt ist. Iran und Tūrān gilt das vorrangige Interesse, die wiederholten, langandauernden und blutigen Kriege, die zwischen ihnen geführt werden, bilden das Hauptgeschehen, das mit dem Sieg Irans endet. Zwei gefürchtete Herrscher Tūrāns, Afrāsjāb und Ardzhāsp, werden geschlagen und getötet. Aus ihrem Lande droht Iran nun für viele Jahrhunderte keine Gefahr mehr.

Die iranischen Könige dieser Zeit, Kajaniden im eigentlichen Sinne, Manōtschihr, Nōzar, Zaw, Garschāsp, Qubād, Kāōs, Chusrau, Luhrāsp und Guschtāsp, samt ihren Nachfolgern Bahman, Humāy, Dārāb und Dārā, mit denen eine Erinnerung an die Geschichte der Achämeniden erhalten blieb, regieren insgesamt 848 Jahre. Doch sie erringen nicht mehr jene alles beherrschende Größe, die einst die Weltkönige inne hatten. Es ist die Blütezeit des Adels, dessen führende Vertreter, Gōdarz und Gēw und Tōs und, alle anderen in den Schatten stellend, Rustam, der Reichsfeldherr und Herr von Sīstān und Zābulistān, sich im ritterlichen Kampf, im ehrenvollen Turnier, in nächtelangem Zechgelage und gelegentlich auch im schönen Spiel der Liebe bewähren. Bisweilen ist es die Schwäche oder Bosheit eines Herrschers, die die Helden anspornt und nötigt, als die Bewahrer des iranischen Reiches in den Vordergrund zu treten, ohne dabei selbst nach der Krone zu trachten. Sie wahren die Vasallentreue auch einem inkompetenten König von niedriger Gesinnung. Wenn also dieser Abschnitt der iranischen Geschichte glücklich endet, so ist es das Verdienst seines Adels und nicht des Königshauses.

Mit der Eroberung Irans durch Alexander beginnt die eigentliche geschichtliche Fortsetzung der älteren Sagenüberlieferung. In ihr steht die Auseinandersetzung mit dem westlichen Nachbarn, vereinfachend und generalisierend Rom genannt, im Vordergrund. Alexander selbst, der auch als Römer gilt, leitet diesen Kampf mit der Eroberung Irans ein. In der weltlichen Überlieferung des Schāhnāme wird diese nationale Katastrophe zwar durch die Erdichtung legitimer iranischer Abkunft des Siegers gemildert, aber er bleibt doch der Repräsentant Roms. Wenn es heißt, daß seine Herrschaft Anarchie hinterließ, klingt die ursprüngliche

Charakterisierung Alexanders als Reichsfeind nach. Im übrigen ist die kurze und doch so ereignisreiche und lang beschriebene Regierungszeit Alexanders jener Abschnitt des Schāhnāme, in dem nichtiranisches Überlieferungsgut in größtem Umfang in die nationale Tradition aufgenommen worden ist. Der aus Geschichte und Legende gemischte Alexanderroman des Pseudo-Kallisthenes diente als Quelle, und dies bereits in sassanidischer Zeit, denn viele seiner Motive wurden in anderen Teilen der Überlieferung nachgeahmt.

Der demütigende Zusammenbruch Irans, den Alexanders Herrschaft bedeutete, wird dann der Regierung der parthischen Arsakidendynastie zugeschrieben. Das Schāhnāme reduziert diese bedeutsame, fast fünfhundertjährige Periode der iranischen Geschichte auf 266 Jahre, widmet ihr nur etwa zwanzig Verse und setzt sie der Herrschaft eines Königs einer anderen Dynastie gleich. Auch darin folgte Firdausī freilich nur einer Tendenz sassanidischer Geschichtsschreibung, die den von Ardaschīr gestürzten Vorgängern nie volle Anerkennung hatte angedeihen lassen. Sie bestritt den Arsakiden – mit gewissem Recht – den Anspruch, Iran geeint zu haben, und sie verminderte – wie wir heute wissen – aus Gründen chronologischer Spekulationen selbstherrlich die Regierungszeit dieses Geschlechts (die Seleukiden bleiben dabei völlig unbeachtet) um fast die Hälfte.[28]

Zum dritten Schwerpunkt des Schāhnāme-Epos wird dann die Zeit der Sassaniden. Es sind die Könige Ardaschīr I., Schāpūr I., Ōrmuzd I., Bahrām I., II. und III., Narsē, Ōrmuzd II., Schāpūr II., Ardaschīr II., Schāpūr III., Bahrām IV., Jazdegerd I., Bahrām V. Gōr, Jazdegerd II., Hurmuzd (III.), Pērōz, Balāsch, Qubād I., Kisrā Nōschīrawān, Hurmuzd (IV.), Chusrau (II.), Parwēz, Qubād II., Ardaschīr III., Gurāz, Pūrānducht, Āzarmīducht, Farruchzād und Jazdegerd III., die hier in ihrer wirklichen Reihenfolge und mit einzigartig genauer Angabe ihrer mehr oder weniger richtigen Regierungsdauer beschrieben werden. Auch in den Ereignisschilderungen wird eine Reflexion historischen Geschehens sichtbar. Einige Könige, besonders Ardaschīr I., der die Herrschaft errang, Schāpūr II., der Rombesieger, Bahrām V. Gōr (der ›Wildesel‹), Chusrau I., der Restitutor imperii, und auch widersprüchliche Gestalten wie Chusrau II., dessen extravaganter Charakter und bewegte Regierungszeit den Stoff zu einem shakespeareschen Königsdrama bot, werden ausführlicher geschildert. Nicht als Verbrecher gegen die Staatsraison, sondern als tragische Gestalt erscheint der General Bahrām Tschōbīn, der es wagte, sich gegen die legitime Dynastie zu empören und selbst nach der Krone zu greifen. Wiederholt wird das Verdammungsurteil der Geschichtswerke und Romane über den Sozialutopisten und Volksführer Mazdak.

Wie es dem wirklichen Verlauf der Ereignisse entspricht, wird die Auseinandersetzung zwischen Iran und seinem westlichen Nachbarn ohne Entscheidung und Ende in Kriegen, Verhandlungen und Vereinbarungen geführt, bis daß der Einbruch des Islam die beiden Rivalen voneinander trennt, das Sassanidenreich vernichtet und das Römerreich dem Gesichtskreis des Erzählers entrückt.

Wenn die Geschichte Alexanders und die sassanidische Zeit zu weiteren Schwerpunkten des Nationalepos geworden sind, so herrscht doch Einhelligkeit der Meinungen darin, daß sie der Darstellung der Kajanidenzeit nicht gleichzustellen sind. Das trifft gewiß zu, ist aber nicht auf einen Mangel an erzählenswerten, spannenden und Teilnahme erweckenden Stoffen zurückzuführen. Es fehlt das lebendige Wechselspiel zwischen König und Adel in seinen vielfältig individualisierten Persönlichkeiten. König Bahrām Gōr nimmt zwar gewisse Züge eines Rustam an, doch fehlt ihm die Tragik eines Helden, der einem ungerechten Herren dient. Bahrām Tschōbīn ist eine Ausnahme, die die Regel bestätigt.

Wenn alles in allem Sage und Geschichte in der Darstellung des Schāhnāme zu einer so überzeugenden Einheit verschmolzen sind, dann, weil das Gesamtepos mehr als eine fleißige Klebearbeit ist. In Stoff und Erzählweise haben Sage und Geschichte einander wechselseitig durchdrungen und bereichert. Ereignisse aus der Regierungszeit der sassanidischen Könige Qubād I. und Kisrā Nōschīrawān (488–578) sind in der Sagengeschichte des Kai Kāōs und Kai Chusrau nachgebildet worden. Umgekehrt finden sich Motive des Alexanderromans in der Sassanidengeschichte wieder, und solche Motive der Heldensage wie Drachenkämpfe fehlen auch nicht unter Ardaschīr I. und Bahrām Gōr.

Die Werktreue des Schāhnāme

Die Treue des Schāhnāme seinen vermutbaren Quellen gegenüber läßt sich durch Vergleiche mit Werken zeigen, die in mehr oder weniger naher Verwandtschaft zum Schāhnāme stehen. Generell gilt das von der bereits erwähnten arabischen Irangeschichte ath-Thaʾālibīs. Detailliert wurde mit demselben Ergebnis die Geschichte der Heldentaten und des Todes Zarērs in der Darstellung Daqīqīs untersucht. In diesem Fall steht uns in dem mittelpersischen Traktat ›Gedenkbuch des Zarēr‹ (›Ajādgār ī Zarērān‹) eine vergleichbare Fassung aus sassanidischer Zeit zur Verfügung, deren Sprache sogar auf eine noch ältere, parthische Entstehungszeit oder Vorlage schließen läßt.[29] Aber auch der größere, Firdausī selbst zuzuschreibende Teil hat so unmittelbare Entsprechungen in der erhaltenen älteren Literatur, daß eine erschöpfende Kommentierung des großen Werkes der Heranziehung des gesamten mittelpersischen Pahlawi-, bisweilen auch des altiranischen Awesta-Schrifttums bedürfte.

Nötig wäre diese gewaltige Arbeit allerdings, denn bisweilen liefert nur eine zufällig erhaltene ältere Version den Schlüssel zum Verständnis dunkler oder scheinbar unmotivierter Aussagen des großen Dichters.

An einem Beispiel sei dies erläutert. Das Schāhnāme schildert als eine der vermessenen Torheiten des Kai Kāōs eine Himmelfahrt des Königs in einem für ihn angefertigten, von vier Adlern getragenen Wagen. Das Abenteuer endet kläglich. Bald schon erlahmen die Vögel, der König stürzt fern von seinem Hof zur Erde und muß von seinen Getreuen gesucht und heimgeholt werden (vgl. Abb. Fol. 219a). In diesem Zusammenhang sagt Firdausī:

›Hätt Kai Kāōs bei diesem Sturz ein End genommen,
    nicht wär Chusrau, der Herr der Welt, nach ihm gekommen.‹[30]

Eine scheinbar belanglose Feststellung, deren Motiv jedoch in der zoroastrischen Tradition zu finden ist. Verdeutlicht wird es in dem verlorenen Awesta-Buch Sūdgar, von dem das mittelpersische Sammelwerk Dēnkard ein Resümee gibt. Kāōs, so heißt es dort, habe sich erkühnt, gegen die Götter mit Heeresmacht zu ziehen, der Schöpfer habe ihm aber sein Charisma genommen, und er sei in das Kaspische Meer gestürzt. Im Sturz habe ihn der Gott Nērjōsang verfolgt und habe ihn töten wollen. Da sei fürbittend das Frawahr, der präexistente spirituelle Zwilling und Schutzgeist seines ungeborenen Enkels Kai Chusrau, dazwischengetreten und habe zu Nērjōsang gerufen: ›Töte nicht, Nērjōsang, du Mehrer der Welt, denn wenn du diesen Menschen tötest, Nērjōsang, du Mehrer der Welt, dann wird sich niemand finden, der den Führer von Tūrān (das heißt Afrāsjāb) vernichtet. Denn von diesem Manne wird geboren werden, der Sijāwusch genannt wird, und von Sijāwusch werde ich geboren werden, ich, Chusrau.‹ Desgleichen habe er auch die künftige Vernichtung der turanischen Heere in Aussicht gestellt. Diese Worte hätten, so heißt es weiter, Nērjōsang umgestimmt. Er habe Kāōs entkommen lassen, ihm aber seine Unsterblichkeit genommen. Der letzte Satz findet eine Entsprechung in der archaischen Awesta-Sprache, so daß man auf ein ehrwürdiges Alter der ganzen Sage schließen darf.[31] Die Säkularisierung der nationalen Überlieferung und sodann das geflissentliche Verschweigen zoroastrischer Lehren in einer islamisch geprägten Zeit reduzierten dieses dramatische Mythologumenon zu einer harmlosen Binsenwahrheit.

Worin besteht dann aber das Neue und Besondere an Firdausīs Leistung? Nicht als eine gigantische Fleißarbeit sollte es abgewertet werden, daß dem Dichter die metrische Formung des gewaltigen Stoffes gelang. Das herkömmliche Versmaß des Epos, dessen er sich bediente, ist das Mutaqārib, bestehend aus vier Bracchien, deren letzter katalektisch (verkürzt) ist. Der persische Text des auf S. 22 übersetzten Verses möge das veranschaulichen. Er lautet in metrischer Zergliederung:

Firdausīs einmalige Leistung

a-gar schā-h' Kā-ō-s' gasch-tī ta-bāh

dzah-hān-dā-r' Chus-rau na-bū-dī zi schāh

Es wird so konsequent und streng vom ersten bis zum letzten Vers eingehalten, daß sogar Namen ihrer Form angepaßt werden. Für den Philologen wird das Metrum geradezu zu einem Unechtheitskriterium, denn verderbte Versgestalt deutet mit Sicherheit auf einen Überlieferungsfehler oder eine Fälschung hin. Je zwei dieser metrischen Glieder bilden zusammengehörige, durch Endreim verbundene Halbverse, und in der Regel stellen sie auch die Redeeinheiten eines Satzes dar, wodurch ein einfacher, natürlicher Erzählstil möglich wird, dessen kunstvolle Dichte und Direktheit von großem Reiz ist. Aber nicht darin erschöpft sich die formale Verfeinerung des Textes. Dem Dichter stand ein reiches Inventar rhetorischer Figuren und Muster zur Verfügung, die er mit Meisterschaft zu nutzen wußte. Nur selten sind sie in einer Übertragung nachbildbar. Sie sind es nicht, wenn ihre Präsenz an den Lautkörper des Wortes gebunden ist, wie etwa im Falle der Alliteration (*nām u nang*, ›Name und Ehre‹) oder des Spiels mit Homonymen (*bād bād*, ›es sei Wind‹). In Grenzen nachbildbar, doch weitgehend erklärungsbedürftig sind Metaphern wie ›Koralle‹ für den Mund, ›Narzisse‹ für das Auge, ›Moschus‹ für das schwarze, ›Kampfer‹ für das weiße Haar, ›Mond‹ für das jugendlich schöne Gesicht. Die hier gewählten Beispiele stellen gewissermaßen Routinebilder dar. Die Meisterschaft Firdausīs zeigt sich in der Erfindung neuer, unmittelbar einleuchtender Gleichsetzungen (beispielsweise Fol. 3 a: der Schöpfer als der ›Schleifer dieses Weltjuwels‹). Ihre Existenz vermag uns auch mit der Beobachtung zu versöhnen, daß selbst ein Firdausī die wiederholende Häufung bestimmter Bilder im Rahmen eines so umfangreichen Werkes, wie es sein Königsbuch ist, nicht zu vermeiden wußte.

Am besten erfaßbar sind in Schāhnāme-Übertragungen elegante rhetorische Formulierungen durch Gruppierung eines Gedankens um miteinander in einer sinnvollen Beziehung oder zueinander im Gegensatz stehende Begriffe (vgl. zum Beispiel bei Fol. 160b: ›Er brachte frohe Kunde ihm von seinem Kinde, von seinem Samen und dem Fruchtzweig seines Baumes.‹). Der poetische Wert des Schāhnāme beruht zu einem großen Teil auf dieser seiner formalen Gestaltung, seiner Einheit von Inhalt und meisterhafter Formgebung. Firdausīs Größe ist es, daß er sich dieser Mittel mit schöpferischer Phantasie (man könnte es zum Beispiel an den vielfältigen, bildhaften Schilderungen der Sonnenaufgänge zeigen)[32] und sicherem Takt bediente. In das sinnentleerte Wortgeklingel Späterer ist er nie abgeglitten. Andere nach ihm, wie der große Nizāmī, haben allerdings die poetische Formkunst weit über das von Firdausī gesetzte Maß zu steigern vermocht. Aber sie haben Firdausī nicht verdrängt. Die an ihnen gemessen schlichte, fast mühelose Bildung seiner Verse hat ihm einen bleibenden Ehrenplatz in der klassischen Dichtung seines Landes gesichert.

Firdausīs Nacherzählung des vorgegebenen Stoffes zeichnet sich durch behutsame Eingriffe aus, die an der Aussage des Textes nichts ändern. Die Ereignisschilderung bewahrt viel von ihrer ursprünglichen Kargheit, und sie ist knapper, als man es bei einem Werk von mehr als 50000 Versen erwarten würde. Firdausīs Vermögen, ähnliche Geschehnisse voneinander abzuheben und nicht nur in andere Worte zu fassen, sondern auch als verschiedene Ereignisse zu beschreiben, läßt sich beispielsweise an den elf Zweikämpfen der iranischen und turanischen Helden aufzeigen, von denen Fol. 395 b und 398 b einen Eindruck geben. Für ein Werk vom Charakter des Schāhnāme, in dem Krieg und Zweikampf, Jagd und Festgelage, prunkvolle Hofszenen und weise Reden beständig aufeinanderfolgen, ist dies ein wichtiger Gewinn.

Das Tragische in Firdausīs Dichtung

Seine ganze Größe erweist der Dichter als Meister des Tragischen. Tragische Ereignisse und Erfahrungen reihen sich aneinander, und ein tragisches Lebensgefühl durchdringt das ganze Werk wie ein belebender Geist, bewährtem Heldentum den Charakter des Heroischen verleihend. In der wohl berühmtesten Geschichte des Schāhnāme, dem Kampf zwischen Rustam und seinem Sohn Suhrāb, die, ohne einander zu erkennen, im Duell gegeneinander geraten, steigert Firdausī den verhängnisvollen Ereignisablauf wirkungsvoll von wechselseitiger, respektvoller Beobachtung aus der Ferne zum Wortgefecht (vgl. Fol. 234 a), und dann zum wiederholten Zweikampf bis hin zum tragischen Tod des Sohnes. Durch die immer wieder erfolglosen oder böswillig hintertriebenen Versuche beider Kämpfer, die Identität ihres Gegners zu ergründen, wird ein sehr glaubwürdiges Spannungsmotiv in die Geschichte getragen. Die Tragik wird auf eine tief berührende Weise durch den Umstand gesteigert, daß Rustam, der Ritter sonder Tadel, sich in diesem schweren Duell eines unehrenhaften Tricks bedient. In der ersten Kampfesrunde von seinem Sohn zu Boden geworfen, behauptet er, die Regeln fairen Streites gestatteten den Todesstoß erst beim zweiten Sieg (vgl. Fol. 234 b). Der arglose Suhrāb ist damit einverstanden. Als Rustam dann aber seinen Sohn bezwungen hat, stößt er ihm seinen Dolch ohne Bedenken ins Herz. Rustam hat gesiegt und steht doch mit leeren Händen da. Den einzigen Sohn hat er getötet und von seinem König nur Undank geerntet. Seinen Schmerz verringert auch nicht die resignierende Einsicht, daß alles, was ein Mensch dem anderen überlegt und absichtsvoll zufügt, in Wahrheit das Werk eines unbegreiflichen, erbarmungslosen, ja böswilligen Fatums ist. Es hat beide Helden ihren verhängnisvollen Weg geführt. Suhrāb war in den Kampf gegen Iran aus keinem anderen Grund gezogen, als seinem Vater Rustam als dem Würdigsten die Krone dieses Landes zu erringen. Auf der iranischen Seite gibt es keinen Besseren, der ihm entgegentreten könnte, als Rustam. Er tut es in Erfüllung seiner Vasallenpflicht gegen Kai Kāōs.

Im Zweikampf zwischen Rustam und Isfandjār entsteht ein nicht minder eindrucksvolles tragisches Leitmotiv aus dem Konflikt zweier Standespflichten eines Adligen: der Wahrung seiner Ritterehre und des Gehorsams gegen den König. Isfandjār wurde mit bösem Vorbedacht von seinem Vater Guschtāsp gegen Rustam geschickt, damit er ihn in Ketten vor den König bringe. Eine aufrichtige Sympathie und Wertschätzung verbindet beide Helden, so daß nichts sie zum Kampfe gegeneinander nötigen müßte. Aber Isfandjār reizt den alten Recken wider seinen eigenen Willen durch beleidigende Reden und zwingt ihm so einen Kampf auf, in dem er unterliegt. Auf Rustam aber lastet fortan ein über seinen Tod fortwirkender Fluch (vgl. Fol. 509 b und 512 a).

Zweifellos sind es Schilderungen dieser Art, die den Weltruhm des großen Dichters begründet haben und die ihn auch in seiner Heimat unvergessen machten, als andere die formale Meisterschaft seines Epos überboten. Das oft mit der Rustam- und Suhrāb-Geschichte verglichene althochdeutsche Hildebrandslied ist diesem Werk des reifen Meisters einer vollendeten Wortkunst gegenüber von geradezu urtümlicher Sprachlosigkeit.

Eine Würdigung der Erzähltechnik Firdausīs wäre Stückwerk, ohne der Reden im Schāhnāme zu gedenken. In ihnen zeigt sich die Meisterschaft des Dichters noch deutlicher als in der Ereignisschilderung. Er widmet ihnen breiten Raum, sie bieten ihm Gelegenheit, seine Sprachkunst in voller Entfaltung aufzuzeigen, und, was wohl am wichtigsten ist: sie charakterisieren seine Helden in ihrer Individualität. Gewiß sind alle Männer, die den Königsthron umgeben, wackere Haudegen, dies beweisen sie durch das Schwert. In ihren Reden jedoch enthüllen sie mehr von ihrer Persönlichkeit: da ist der ehrenhafte, redliche Gōdarz, der altersweise Zāl, der dünkelhafte Tōs, der falsche Gurgīn, der jungenhaft-leichtsinnige Bēzhan, der finstere Intrigant Garsēwaz, und es fehlen nicht die jugendlichen Helden: Sijāwusch, der seinem Gewissen folgt, und Isfandjār, der sich dem Königswillen gehorsam unterordnet. Alle überragt als Hauptfigur des ganzen Epos Rustam, der nur schwer am Menschenmaß zu messen ist, denn seine Körpergröße, seine Kraft und Lebensdauer übersteigen alles Alltägliche. In seinen Reden aber gewinnt er menschliche Züge. Hier tritt er als gutmütiger, hilfsbereiter, im Zorn aufbrausender, naiv ruhmrediger, den Wein und Gesang liebender, stolzer, lebenslustiger, dann wieder in melancholischer Stimmung die Rastlosigkeit seines Daseins beklagender, aber dennoch das Abenteuer suchender Einzelkämpfer auf. Daß die Frauen in dieser Beschreibung fehlen, ist kein Zufall. Sie waren kein herkömmlicher Gegenstand des Heldenepos und dienen bei Firdausī vor allem zum Erweis der Unwiderstehlichkeit seiner Recken im Liebeskampf und als Herausforderung ihrer Manneskraft. Erst das jüngere, sogenannte romantische Epos hat die Frau um ihrer selbst willen gewürdigt.

Das Schāhnāme ist das Werk eines traditionsbewußten iranischen Patrioten. Iran ist ihm das Herz der Welt, und mit unverhohlener Antipathie werden die Araber betrachtet. Eine tiefe, allumspannende Menschlichkeit, die gut und böse unabhängig von der Sprache, Religion und Hautfarbe in jedem einzelnen findet und abwägt, bewahrt den Dichter aber vor eiferndem Fanatismus. So treten in Firdausīs Darstellung die Turaner und Römer nicht durchweg als Übeltäter auf, und auch die Iraner tragen ihre Schuld und Fehler.

Die Reden im Schāhnāme

Das Ethos des Schāhnāme

Europa und das Schāhnāme

Europa ist mit dem Schāhnāme auf dem Umweg über Indien bekannt geworden. Dort begegneten im 18. Jahrhundert die Bediensteten der werdenden englischen Kolonialmacht der persischen Sprache und Literatur der Moghulkaiser. William Jones (1746–1794), dessen Übersetzungen aus dem Persischen und dessen lexikalische Arbeit am Anfang der Iranistik stehen,[33] hatte in Indien auch das Schāhnāme kennengelernt und seine Bedeutung gewürdigt. Seit Beginn des 19. Jahrhunderts wurde dann das Schāhnāme in wissenschaftlichen Ausgaben zugänglich gemacht und mehr oder weniger vollständig übersetzt. Es ist nicht überraschend, daß sich in Deutschland die Romantik des an das eigene Mittelalter gemahnenden Stoffes annahm. J. Görres lieferte eine Nacherzählung in Prosa der Teile bis zum Tode Rustams.[34] Der als orientalistischer Philologe und deutscher Nachdichter in gleicher Weise hervorragende Friedrich Rückert setzte viele Jahre seines Lebens an das Studium des Schāhnāme, die Ermittlung seines wahren Textes und seine adäquate Übertragung. Versuche, das Werk in seinem originalen Metrum nachzubilden, erwiesen sich selbst für diesen großen Sprachmeister als zu schwierig. Größere Teile des Schāhnāme hat er später in der dem Wortlaut des Originals nahekommenden, doch etwas spröden Form vierfüßiger Verse von variabler Silbenzahl vorgelegt.[35] Nach Rückert war es besonders A. F. von Schack, der Teile des Schāhnāme übertrug.[36] Ihm, dem jeder Satz zum Verse wurde, der selbst Versromane schrieb, gelangen Passagen von makelloser Glätte, die bisweilen freilich allzu routiniert wirken. Eine neuere, verkürzte Nachdichtung der Rustam- und Suhrāb-Episode in reimenden Anapästen verdanken wir M. Remané.[37] Eine verkürzte Prosanacherzählung der Ereignisse von der Zeit Zahhāks bis zum Tode Rustams in kunstvoller Schlichtheit legten W. Heiduczek und früher bereits E. Richter vor.[38] Die vollständige Übertragung oder Übersetzung des Gesamtwerkes, wie es sie für das Französische,[39] Italienische,[40] Englische[41] und Russische[42] gibt, ist im deutschen Sprachraum bisher noch nicht erfolgt. Mit einer wortgetreuen, auf sprachliche Eleganz verzichtenden Prosaübersetzung des ungekürzten Textes hat H. Kanus-Credé begonnen.[43]

Zum Anliegen dieser Ausgabe

Das hier vorgelegte Werk ist den Illustrationen der Schāhnāme-Handschrift Ms. or. fol. 4251[44] gewidmet, nicht dem Schāhnāme selbst. Firdausīs Epos ist für diesen Gegenstand nur insofern von Bedeutung, als es den darstellenden Künstler inspirierte und den Schlüssel zum Verständnis seiner Bilder liefert. Da Text und Bild meist bewunderungswürdig genau aufeinander abgestimmt sind, wollen wir eine deutsche Wiedergabe der persischen Verse in getreuer Nachbildung, nicht in exakter Übersetzung geben. Die leicht gehobene Sprache des deutschen Textes soll nicht nur die wesentlichen Aussagen des Originals bewahren, sondern einem größeren Leserkreis zugleich einen angenäherten Eindruck von seiner unnachahmlichen sprachlichen Schönheit vermitteln und den Übersetzungstext vom Prosakommentar, der die weiteren Zusammenhänge erklärt, abheben. Es muß aber nachdrücklich betont werden, daß dieser Übertragung Verse der veröffentlichten Schāhnāme-Handschrift und keine kritische Textedition zugrunde liegen. Sie folgt der Handschrift auch in der ihr eigenen Anordnung der Verse, ihren Auslassungen und Hinzufügungen und erhebt damit nicht den Anspruch, einer künftigen, definitiven Schāhnāme-Edition einen Dienst zu erweisen. Sie stellt sich ganz in den Dienst der Beschreibung und Erklärung der hier veröffentlichten Miniaturen.

Die Zielstellung der Arbeit brachte es mit sich, daß vorhandene Übersetzungen nur eine begrenzte Hilfe leisten konnten. Allzuoft blieb mir der Sinn des persischen Textes, ja die Entzifferung seiner Schreibungen unklar, doch konnte ich alle meine Probleme Bozorg Alavi vorlegen, der mir mit bewährter Geduld und Freundschaft nach Kräften half. Ich kann nicht enden, ohne ihm für seinen Beistand zu danken.

Wenn dem Leser also nicht versprochen werden kann, daß ihm in der deutschen Übertragung Firdausīs eigene Verse in ungetrübtem Glanz vor Augen treten, so ist sie doch immerhin ein Abglanz, hinreichend, das hohe Selbstgefühl des Dichters zu verstehen, der die Unsterblichkeit seines Namens mit seinem ›Königsbuch‹ verband:

›Ich hab aus meinem Werk ein hohes Schloß getürmt,
nicht Regen schadet ihm, noch wenn es bläst und stürmt.

Die Jahre gehen hin, mein Buch bleibt, wie's gewesen,
und wer Verstand besitzt, wird dann auch in ihm lesen.‹

Werner Sundermann

Anmerkungen

1 *Alavi*, Bozorg: Das Land der Rosen und der Nachtigallen. Berlin 1957. S. 105 f.
2 Der Dichter Firdusi. In: Heines Werke in fünf Bänden. BDK, Band 1. Berlin und Weimar 1968¹⁰. S. 234 f.
3 Ebenda. S. 238 f.
4 Vgl. *Rypka*, Jan: Iranische Literaturgeschichte. Leipzig 1959. S. 158. Ähnlich bei *Bertel's*, Evgenij Ėduardovič: Istorija persidsko-tadžikskoj literatury. Moskva 1960. S. 188.
5 *Teufel*, Franz: Zu Nāsir Chusrau's Ruśanāināma. In: Zeitschrift der Deutschen Morgenländischen Gesellschaft 36, 1882. S. 105.
6 Vgl. Le Livre de Gerchāsp, poème persan d'Asadī Junior de Toūs, publié et traduit par Clément Huart, I. Paris 1926; Le Livre de Gerchāsp, poème persan d'Asadī de Toūs, traduit par Henri Massé, II. Paris 1951.
7 Vgl. *Nöldeke*, Theodor: Das Iranische Nationalepos. Berlin, Leipzig 1920². S. 77–81.
8 *Mohl*, Jules: Le Livre des Rois I–VII. Paris 1838–1855.
9 Firdusii Liber Regum qui inscribitur Schahname, ed. Johannes Augustus Vullers, I–III (Band III ed. S. Landauer). Leiden 1877–1884.
10 Schāhnāme-je Ferdousī. Herausgegeben von Sa'īd Nafīsī, I–X. Teheran 1934/35. Eine neuere iranische Schāhnāme-Edition von Dabīr Sijāqī (1956/57) ist mir unzugänglich.
11 Firdousī, Šāch-nāme. Kritičeskij tekst pod redakcii E. Ė. Bertel'sa, Abdolhosein Nuschina, A. Azera, I–IX. Moskva 1960–1971. Unzugänglich ist mir eine in Iran in Zusammenarbeit der Akademie der Wissenschaften der UdSSR mit der Pahlavi-Bibliothek begonnene (und vollendete?) verbesserte zweite Auflage der Moskauer Edition.
12 Abolqāsem-e Ferdousī. Dāstān-e Rostam o Sohrāb az Schāhnāme. Herausgegeben von Modzhtabā Minovi. Teheran 1973/1974.
13 *Piemontese*, Angelo M.: Nuova luce su Firdawsī: un ›šāhnāma‹ datato 614 H./1217 a Firenze. In: Annali del Istituto Universitario Napoli 40, 1980. S. 1–93.
14 *Khaleghi-Motlagh*, Djalal: Der Plan einer neuen Schahname-Edition. In: Studia Iranica 10. Paris 1981. S. 90 ff.
15 Ebenda. S. 85–90.
16 Vgl. Anm. 7, S. 82–84.
17 Ebenda. S. 84.
18 *Davidson*, Olga M.: The Crown-Bestower in the Iranian Book of Kings. In: Acta Iranica 24. Leiden 1985. S. 61–148.
19 Vgl. *Stchoukine*, Ivan; *Flemming*, Barbara; *Luft*, Paul; *Sohrweide*, Hanna: Illuminierte islamische Handschriften. (Verzeichnis der orientalischen Handschriften in Deutschland XVI.) Wiesbaden 1971. S. 83 ff.
20 *Al-Bundārī*, Fath b. 'Ali: aš-Šāhnāma. Herausgegeben von A. 'Azzām, I–II. Kairo 1932.
21 *Nöldeke*, Theodor: Persische Studien II. Sitzungsberichte der Kaiserlichen Akademie der Wissenschaften, Phil.-hist. Cl., 126. Band. Wien 1892. 12. Abhandlung, S. 11. Ähnliches meinte offenbar Goethe, als er das Schāhnāme ›ein wichtiges, ernstes, mythisch-historisches National-Fundament‹ nannte, ›worin das Herkommen, das Dasein, die Wirkung alter Helden aufbewahrt wird‹. (West-östlicher Divan. Gesamtausgabe. Leipzig 1965. S. 147).
22 *Christensen*, Arthur: Les Kayanides. Kopenhagen 1932. S. 35–40.
23 Neueste Ausgabe: Die Geschichte Zarēr's. Ausführlich kommentiert von Davoud Monchi-Zadeh. Uppsala 1981.
24 *Minorsky*, Vladimir: The Older Preface to the Shāh-Nāma. In: Studia Orientalistici in onore di Giorgio Levi Della Vida II. Rom 1956. S. 269.
25 *Shahbazi*, A. Shapur: The Birthdate of Firdousī (3rd Dey 308 Yazdigardī = 3rd January 940). In: Zeitschrift der Deutschen Morgenländischen Gesellschaft 134, 1984. S. 98–105.
26 Vgl. *Ath-Tha'ālibī*: Histoire des rois perses, publié et traduit par H. Zotenberg. Paris 1900.
27 Vgl. Anm. 7, S. 25.
28 *Henning*, Walter Bruno: Zoroaster Politician or Witch-Doctor? London 1951. S. 37 (mit weiterführender Literatur).
29 Vgl. *Tavadia*, Jehangir C.: Die mittelpersische Sprache und Literatur der Zarathustrier. Leipzig 1956. S. 136 f.
30 Erscheint in der Edition von Vullers (vgl. Anm. 9) im kritischen Apparat (Band I. S. 412 Anm. 1) und fehlt ganz bei Mohl (vgl. Anm. 8), Band II, S. 44, und in der Moskauer Ausgabe (vgl. Anm. 11), in Band II, S. 156.
31 Eine französische Übersetzung und Kommentierung der Stelle gab

James Darmesteter in: Le Zend-Avesta III, Paris 1892–1893. S. 38–39. Englische Übersetzung: West, Edward W.: The Sacred Books of the East 37. Oxford 1892. S. 220–223.
32 *Horn*, Paul: Die Sonnenaufgänge im Schāhnāme. In: Orientalische Studien Theodor Nöldeke zum siebzigsten Geburtstag (2. März 1906) gewidmet von Freunden und Schülern, Band II. Gießen 1906. S. 1039–1054.
33 *Dresden*, Mark J.: Survey of the History of Iranian Studies. In: Handbuch der Orientalistik, 1. Abt., Band 4, 2. Abschn., Lieferung 1. Leiden, Köln 1968. S. 180. Jones' Commentarii poeseos Asiaticae, London 1774, enthalten die ersten Übersetzungen von Stücken des Schāhnāme in eine europäische Sprache.
34 Das Heldenbuch von Iran. Aus dem Schach Nameh von Josef von Görres, I–II. Berlin 1820.
35 Firdosi's Königsbuch (Schahname) übersetzt von Friedrich Rückert. Aus dem Nachlaß herausgegeben von Edmund A. Bayer, I–III. Berlin 1890 bis 1895.
36 Heldensagen von Firdusi, in deutscher Nachbildung nebst einer Einleitung über das Iranische Epos von Adolf Friedrich von Schack. Berlin 1865² (frühere Übertragungen 1851 und 1853).
37 In: Lob der Geliebten. Klassische persische Dichtungen. Herausgegeben und aus dem Persischen übersetzt von Werner Sundermann, nachgedichtet von Martin Remané. Berlin 1968 und 1983. S. 23–39.
38 *Heiduczek*, Werner, unter Mitarbeit von Dorothea Heiduczek: Die schönsten Sagen aus Firdausis Königsbuch. Berlin 1982, Hanau 1985; *Richter*, E.: Rustem, Persische Heldensagen. o. O. (1956).
39 Die unter Anm. 8 angeführte Ausgabe ist von einer Übersetzung begleitet. Ein Neudruck der Übersetzung erfolgte 1876–1878 in Paris.
40 Firdusi, Il libro dei re, recato dal Persiano in versi Italiani da Italo Pizzi, I–VIII. Turin 1886–1888.
41 *Warner*, Arthur George; *Warner*, Edmond: The Sháh-náma of Firdausí I–VIII. London 1905–1923.
42 Firdousi, Šachname, übersetzt und herausgegeben von C. B. Banu-Lachuti, I–V. Moskau 1957–1984. Diese Übertragung steht kurz vor ihrer Vollendung.
43 Abu 'l-Qasim Firdousi. Das Königsbuch. Deutsch von Helmhart Kanus-Credé, Lieferung 1. Glückstadt 1967.
44 Vgl. Anm. 19, S. 83.

1. Boden einer Minai-Schale mit der Darstellung von Bahrām Gōr und Āzāde auf der Gazellenjagd. Iran (Rai), Anfang 13. Jh.

Die Illustrationen
des Schāhnāme

I

Kein anderes Werk persischer Dichtung ist so oft illustriert worden wie das Schāhnāme.[1] Man kann daher ohne Mühe die Entwicklung der persischen Buchmalerei an Hand der Illustrationen des Schāhnāme verfolgen. Im Zusammenhang mit der Betrachtung der Miniaturen der Berliner Schāhnāme-Handschrift von 1605 soll dies am Beispiel einiger ausgewählter Stücke geschehen.

Wir dürfen vermuten, daß das Schāhnāme und einzelne seiner Episoden schon bald nach der Vollendung des Werkes illustriert wurden, sei es in Handschriften oder auf Wandgemälden. Die Gelage, Jagden, Zweikämpfe und Schlachten, die im Schāhnāme in nicht enden wollender Folge beschrieben werden, entsprachen so sehr dem ritterlichen Lebensgefühl der herrschenden Gesellschaftsschicht des 11. und 12. Jahrhunderts, daß der Wunsch nach einer bildlichen Wiedergabe wachgerufen und durch die Künstler befriedigt werden mußte. Das älteste erhaltene Manuskript des Schāhnāme, aufbewahrt in der Nationalen Zentralbibliothek in Florenz, ist ins Jahr 614 H. (1217) datiert. Es ist ein Werk, das bereits dem Kunstkreis der Mongolenzeit zugerechnet wird.[2] Es müssen aber auch illustrierte Handschriften der vorangegangenen Seldschukenzeit existiert haben. Ihr Einfluß läßt sich auf den Werken der Töpferkunst erkennen. Auf den Keramiken aus den Töpferwerkstätten von Rai, der sogenannten Minai-Keramik, finden wir Herrscher auf dem Thron, bewaffnete Reiter und Jäger als häufig wiederkehrende Motive. Ob es sich bei ihnen um die Herrscher und die Helden aus dem Schāhnāme handelt, läßt sich vermuten, jedoch nicht mit Sicherheit beweisen. Eine engere Beziehung zum Schāhnāme ist erst mit der Darstellung charakteristischer ikonographischer Details nachweisbar. Es gibt beispielsweise eine ganze Reihe von Minai-Schalen, in deren Schalenboden König Bahrām Gōr und die Harfenspielerin Āzāde auf der Gazellenjagd dargestellt sind.[3] Auf diesen Schalen werden Details wiedergegeben, wie sie im Schāhnāme beschrieben werden. Auf dem Boden einer Minai-Schale aus dem Besitz des Islamischen Museums (Abb. 1)[4] ist Bahrām Gōr dargestellt, wie er einen Pfeil mit zwei Spitzen auflegt. Mit diesem Pfeil wird er einem Gazellenböckchen mit einem Schuß beide Hörner vom Kopf schießen. Am linken Schalenrand ist eine Gazelle zu erkennen, deren Kopf und Hinterlauf von einem Pfeil zusammengeheftet worden sind. Dieser Meisterschuß war wenige Augenblicke zuvor erfolgt. Noch sitzt die unglückliche Āzāde Harfe spielend hinter dem König auf dem Rücken des weißen Jagdkamels. Der Töpfer hat einen ganz bestimmten Augenblick in der tragisch endenden Geschichte von Bahrām Gōr und Āzāde für seine Darstellung ausgewählt. Er durfte damit rechnen, daß der künftige Besitzer der Schale diese Episode an Hand ihrer ikonographischen Hinweise in das Gesamtgeschehen einordnen konnte.

Eine Folge von zwölf Einzelszenen aus dem Schāhnāme ist auf einem Becher der Minai-Gattung (Abb. 2) aus dem Besitz der Freer Gallery of

Die Geschichte der Schāhnāme-Illustrationen

Schāhnāme-Illustrationen der Seldschukenzeit auf Minai-Keramiken

2. Minai-Becher mit zwölf Szenen aus der Geschichte von Bēzhan und Manēzhe. Iran (Rai), Anfang 13. Jh.

Art in Washington dargestellt.⁵ Die Außenwandung des Bechers ist in drei horizontale Zonen untergliedert, auf denen die Geschichte von Bēzhan und Manēzhe (vgl. auch Fol. 356b und 365b) von oben nach unten fortlaufend erzählt wird. Isoliert man die einzelnen Szenen, ergeben sich schmale Bildstreifen, die die Abenteuer der beiden Liebenden in dichter Folge erzählen. Die Figuren nehmen immer die volle Höhe des Bildstreifens ein, so daß Reiter zu Pferde, Kamele, schreitende oder sitzende Personen von gleicher Größe sind. Der Maler führt hierbei ikonographische Details an, die auf Firdausīs Dichtung verweisen. So wird wie in unserer Handschrift, die etwa 400 Jahre später entstanden ist, neben dem Brunnen, in dem Bēzhan eingesperrt ist, der Elefant dargestellt, der den Deckstein herbeigetragen hat (Fol. 356b). Die Figuren sind lebhaft bewegt und von geschlossenem Umriß. In einer unlängst erschienenen Arbeit, die das Verhältnis von Text und Illustration an dem Minai-Becher untersucht, wurde festgestellt, daß die einzelnen Szenen den durch Zwischenüberschriften bezeichneten Abschnitten der Geschichte von Bēzhan und Manēzhe in den Handschriften des Schāhnāme entsprechen.⁶ Diese Beobachtung legt den Schluß nahe, daß die Szenen auf dem Becher auf eine Manuskriptvorlage zurückgehen. Wir dürfen uns die frühen Schāhnāme-Handschriften also reich mit schmalen Bildstreifen illustriert vorstellen. Ein beeindruckendes Beispiel für die Illustrationskunst der Seldschukenzeit stellt eine Handschrift im Topkapi-Museum in Istanbul dar. Sie hat nicht das Schāhnāme zum Inhalt, sondern die in einem ähnlichen ritterlichen Milieu spielende, daher wohl vergleichbare Liebesgeschichte von Warqa und Gulschāh. Auf den nur 70 Seiten der Handschrift befinden sich 71 Miniaturen.⁷ Die Mehrzahl von ihnen führt als Bildstreifen über die volle Breite des Schriftspiegels. Die Miniaturen dieser Handschrift werden wie die Minai-Keramiken in den Anfang bzw. in die erste Hälfte des 13. Jahrhunderts datiert.⁸ Als Entstehungsort wird Schiraz vorge-

schlagen. Wie auf den Bildfriesen des Bechers ziehen Reiterzüge über das Bildfeld, thronen Fürsten im Zelt oder werden Gefangene mit nacktem Oberkörper und in Unterkleidung vorgeführt. Die stilistischen Übereinstimmungen sind ungewöhnlich groß. Die Miniaturen der Handschrift sind in den Details reicher; so besitzen sie häufig einen Hintergrund aus üppigem Arabeskenwerk. Dieser Unterschied dürfte aber auf das ganz andere Format zurückgehen. Die Miniaturen sind etwa zwölf Zentimeter hoch, das heißt ebensohoch wie der Becher insgesamt, auf dem der Keramikmaler in minutiöser Malerei drei Bildzonen übereinander anbrachte.

Die Tradition der seldschukischen Malerei wurde im Süden Irans, in Schiraz, wo man den Einflüssen des Mongolenstils unter den Ilchanen ferner stand, fortgeführt. Ihren politischen Hintergrund hatte diese eigenständige Entwicklung in der Herrschaft der Indzhüiden (1335 bis 1353). Ursprünglich Gouverneure der Ilchane, hatten sie sich nach dem Tode des Abū Saīd im Jahre 1335 unabhängig gemacht.

Es sind insgesamt vier Schāhnāme-Handschriften dieses Stils erhalten geblieben. Eine von ihnen, 733 H. (1333) datiert, wird in Leningrad aufbewahrt.[9] Als besonders typisch für diese Malerei darf die Miniatur bezeichnet werden, auf der Bahrām Tschōbīn den Löwendrachen Kappī tötet.[10] Die Figur des Reiters auf seinem Pferd füllt wieder die volle Höhe des Bildstreifens. Sie wird vor einem einfarbig roten Hintergrund dargestellt. Bahrām Tschōbīn reitet auf einem schmalen Sockelstreifen dahin, der auch für die Malerschule von Bagdad im 13. Jahrhundert typisch war. Bahrām Tschōbīn wird von seinem Knappen gefolgt, der das über den Schriftspiegel hinausragende Banner des Helden trägt. Hinter den Reitern wächst ein Baum empor. Seine geschlossene Blätterkrone wird von den Schriftzeilen abgeschnitten. Die linke Bildhälfte nimmt ein Gebirge ein. Die Berge sind in der Form dreieckiger Erdschollen übereinandergeschichtet. Von den Bergen steigt der Löwendrache Kappī herab, auf den

Die Leningrader Schāhnāme-Handschrift von 1333

3. Miniatur aus dem Demotte-Schāhnāme: Rustam rächt seinen Tod. Iran (Tabriz), um 1335.

Ein Schāhnāme aus der Zeit der Ilchane: das Demotte-Schāhnāme

Bahrām Tschōbīn seinen Pfeil abschießt. Die Malerei beschränkt sich auf die Wiedergabe weniger, wesentlicher Figuren, die sich mit klarem Kontur von dem undifferenziert gehaltenen Grund abheben. Diese Beschränkung auf wenige Hauptfiguren, auf den Helden im Kampf mit einem Fabeltier, wird noch Jahrhunderte später Miniaturen, die dieses Thema zum Inhalt haben, bestimmen (vgl. Fol. 475a).

Etwa zur gleichen Zeit, in der das Leningrader Schāhnāme von 1333 in Schiraz entstand, wurde in Tabriz eine Schāhnāme-Handschrift geschaffen, die nach dem Kunsthändler, der sie in den zwanziger Jahren unseres Jahrhunderts auflöste und in Einzelblättern verkaufte, als das Demotte-Schāhnāme bekannt wurde (Abb. 3). Es war eine großformatige Handschrift, von der 1939 insgesamt 58 Miniaturen bekannt waren.[11] In einem neueren Ausstellungskatalog wird von mehr als 60 Miniaturen gesprochen.[12] Das Demotte-Schāhnāme darf als der glanzvolle Höhepunkt der Miniaturmalerei unter den Ilchanen in Iran bezeichnet werden.

Zu Beginn des 13. Jahrhunderts wurde die islamische Welt durch die Kriegszüge der Mongolen unter der Führung von Dschingis Chān erschüttert. Mit ungewohnter Heftigkeit wandten sich die mongolischen Heere von Zentralasien aus gegen ihre Nachbarn. Sie drangen 1213 in China ein und eroberten 1215 Peking. Schon 1218 gerieten sie mit dem Choresmschāh in Konflikt und besetzten Transoxanien, Chorasan und Iran. Nach wenigen Jahren der Ruhe drang 1255 erneut ein mongolisches Heer unter Führung des Hülägü, eines Enkels Dschingis Chāns, nach Vorderasien vor. 1258 wurde Bagdad erobert und der Abbasidenkalif getötet. Erst in Palästina fanden die Mongolen in einem Heer der ägyptischen Mameluken einen ebenbürtigen Gegner, der ihren Vormarsch zum Stehen brachte. Die Mongolen zogen sich nach Iran zurück, wo das Reich der Ilchane (1256–1336) entstand. Die politischen und kulturellen Zentren lagen im Nordwesten Irans, in Tabriz und Maragha. Die Ilchane unterhielten zu den anderen mongolischen Staaten, so auch zu China unter der Yüan-Dynastie enge Beziehungen. Unter dem Wesir Raschīd al-Dīn (1247–1318) wurde Tabriz schließlich ein Zentrum islamischer Kultur, weltoffen für Einflüsse aus West und Ost. Am Hofe der Ilchane, an dem Italiener und Chinesen zusammentrafen, wurden Handschriften illustriert, in deren Miniaturen der kosmopolitische Charakter dieser Kulturepoche deutlich wird. Stilistische Eigentümlichkeiten der Malerschule von Bagdad stehen recht unvermittelt neben Motiven aus dem fernen Osten. Ostasiatische Ornamentformen, einzelne Bildmotive und der chinesische Malstil der Sung-Zeit wurden übernommen und verbreiteten sich von hier aus auf die islamische Welt. Der fernöstliche Einfluß wird in den Miniaturen, die zur ›Weltgeschichte‹ des Raschīd al-Dīn entstanden, besonders offensichtlich. Zwei Handschriften, eine bis 1980 im Besitz der Royal Asiatic Society in London,[13] die andere in der Universitätsbibliothek in Edinburgh,[14] sind noch zu Lebzeiten des Wesirs 1306/07 und 1313/14 entstanden. Die Darstellungsweise ist sachlich erzählend, mit einem Bestreben nach historischer Detailtreue. Die Malerei wird in einer lockeren, schraffierenden Pinseltechnik ausgeführt, bei einer etwas blassen Farbigkeit. Die Naturdarstellung und die Landschaftselemente gehen auf chinesische Vorbilder zurück. Sie werden von nun an feste Bestandteile der persischen Malerei, Formeln, die beliebig eingesetzt werden können.

Auch im Demotte-Schāhnāme werden Tendenzen sichtbar, die für die weitere Entwicklung der persischen Miniaturmalerei vorbildlich sein sollten. Es wurde bemerkt, daß hier geradezu ein ›neuer Stil in Erscheinung tritt, der zur eigentlichen Grundlage der späteren persischen Buchmalerei werden sollte‹.[15] So wird beispielsweise für die Darstellung des Herrschers auf dem Thron ein Modell entwickelt, dem man noch Jahrhunderte später folgen wird.[16] Der Herrscher thront wie auf einer Theaterbühne in einer offenen Halle, die die Bildfläche nahezu völlig einnimmt. Auf einer Seite der Halle oder auch auf beiden werden schmale Tordurchgänge angefügt, in denen weitere Personen stehen können. An der Rückwand der Halle erlaubt eine geöffnete Tür den Blick auf einen Baum, dessen Blätterzweige am oberen Bildrand über dem Bauwerk wieder hervortreten. Der Himmel erscheint als ein schmaler Streifen. Diesem im Demotte-Schāhnāme vorgestellten Darstellungsschema folgen auch mehrere Miniaturen der Berliner Handschrift von 1605 (vgl. Fol. 160b, 425b, 640b).

Für die Gestaltung der Landschaft werden einzelne Elemente aus der chinesischen Malerei übernommen und nunmehr über Jahrhunderte hinweg beibehalten. Da sind einmal die schwammartig geformten Gebirgsfelsen, die grotesk gestalteten Steine, die in der chinesischen Malerei nicht nur auf Grund ihrer dekorativen Wirkung dargestellt werden, sondern darüber hinaus Träger bestimmter philosophischer Vorstellungen sind. Die Bäume erscheinen als Individuen mit charaktervoll gefurchter Rinde, mit bizarrem Astwerk und differenziert geformten Blättern. Der schmale Sockelstreifen, auf dem die Personen bisher agierten, wird zum Bildhintergrund, wobei der Horizont an den oberen Bildrand rückt. Damit ergeben sich für die Gruppierung der Personen vielfältige Möglichkeiten, ihre unterschiedlichen Beziehungen wiederzugeben. Für die Darstellung des Himmels und seiner Wolken werden bewegt zerflatternde Schwammformen übernommen, die in reicher Farbstaffelung auch in der Berliner Handschrift über den Himmel segeln.

Den agierenden Personen wohnt eine dramatische Kraft und Spannung inne, die in dieser Intensität nicht wieder erreicht werden sollte, sondern von einer verhaltenen Beherrschtheit abgelöst wurde. Betrachten wir als überzeugendes Beispiel die Miniatur aus dem Demotte-Schāhnāme: Rustam rächt seinen Tod (Abb. 3). Der treue Rachsch, Rustams Roß, steckt gleich einer Kugel zusammengerollt auf den Spießen der Fallgrube. Rustam stemmt sich in heftiger Bewegung, worauf auch sein flatterndes Gewand hindeutet, der Krümmung des Baumes entgegen. Der verräterische Schaghād hingegen hängt schlaff, von einem Pfeil durchbohrt, an dem mächtigen Stamm des Baumes. Die Farbigkeit der Miniaturen des Demotte-Schāhnāme ist von intensiver, düsterer Kraft. Man vermutet, daß diese großartige Schāhnāme-Handschrift am Hofe des letzten Ilchans Abū Saīd vor 1335 in Tabriz geschaffen wurde. Nach dem Tode Abū Saīds löste sich das Reich der Ilchane in Iran in Teilstaaten auf, unter denen nur die Föderation der Turkmenenstämme der Aq Qojunlu (1378 bis 1508) den Eroberungszügen Tīmūrs widerstand und eigene kulturelle Aktivitäten entfaltete. Auch die Eroberungen Tīmūrs, der seine territorialen Ansprüche von seinen mongolischen Vorfahren ableitete, gingen von Mittelasien aus. Ab 1395 eroberte Tīmūr Iran, 1398/99 unternahm er einen Feldzug nach Indien, 1402 siegte er bei Ankara über ein osmanisches Heer und nahm Sultan Bājazīd gefangen. Mit den Vorbereitungen zu einem Feldzug gegen China beschäftigt, starb Tīmūr im Jahre 1405. Seine Hauptstadt Samarkand hatte er mit prächtigen Bauten schmücken lassen. Die Buchkunst erreichte ihren glanzvollen Höhepunkt jedoch erst unter seinen Enkeln, unter denen Ulugh Beg und Bāisonghor besonders hervortraten, ersterer als Astronom und Förderer der Wissenschaften in Samarkand, der andere als Mäzen der Buchkunst in Herat, das er für seinen Vater Schāh Ruch seit 1414 verwaltete. Bāisonghor, der selbst als bedeutender Kalligraph galt, gründete um 1420 in Herat die Bibliothek. Im selben Jahr wurde für ihn am Hofe seines Bruders Ibrāhīm in Schiraz ein Manuskript vollendet.[17] Dieses mit 29 Miniaturen geschmückte Buch, eine Anthologie persischer Dichtung (heute im Besitz des Islamischen Museums), ist das früheste der für seine Bibliothek in Herat bestimmten Bücher. Ibrāhīm und Bāisonghor führten einen schöngeistigen Briefwechsel zu Fragen der Literatur. So wird diese Handschrift das brüderliche Geschenk eines Bücherliebhabers an einen anderen gewesen sein. Im Gegensatz zu seinem berühmten Großvater besitzt Bāisonghor keinen kriegerischen Ehrgeiz. Er schart vielmehr Gelehrte, Dichter und Künstler um sich, zählt berühmte Meister der Schreibkunst zu seinen Lehrern, die für seine Bibliothek Werke von besonders erlesenem Geschmack schaffen. 40 Kalligraphen aus allen Teilen Irans sind hier versammelt, deren Arbeiten von Vergoldern und Malern vervollständigt werden. Das Wirken Bāisonghors ist auch mit der Überlieferungsgeschichte des Schāhnāme verbunden. 1426 wird, von ihm veranlaßt, eine kritische Ausgabe des Schāhnāme mit einem einführenden Vorwort veröffentlicht. Wenige Jahre später wird 1430 eine Schāhnāme-Handschrift abgeschlossen, die der Stolz der Gulistan-Bibliothek in Teheran ist. Diese Handschrift hat ebenfalls über Jahrhunderte hinweg als Vorbild gewirkt. Sie enthält 22, in der Mehrzahl ganzseitige Miniaturen.[18] Diese Miniaturen sind mit einer Eleganz gemalt, in ihrer Farbigkeit von einer kühlen Ausgewogenheit, daß man das Bāisonghor-Schāhnāme als ein ›zu blendendes Buch‹ bezeichnet hat.[19] Für die Thronszenen, die Schlachtreihen vor dem Kampf und für die Einzelgefechte sind hier Muster entwickelt worden, die zumindest in ihrer Komposition sowohl im Schāhnāme des Schāh Tahmāsp als auch in der Berliner Schāhnāme-Handschrift von 1605 nachwirken. In einzelnen Szenen, wie beispielsweise dem Kampf Rustams gegen den ›Weißen Dämon‹, ändert sich in späteren Handschriften lediglich einmal die Bewegungsrichtung (vgl. Fol. 208a). Über den zart getönten

Das Schāhnāme des Timuridenprinzen Bāisonghor

Grund sind regelmäßig Blütenstauden verteilt. Die dargestellten Personen stehen wenig bewegt – man möchte sagen steif und ausdruckslos –, mit klaren Konturen zwischen diesen Blumen und Blütenbäumen. Die dramatische Bewegung, die Wildheit, die die Handlung des Schähnäme mitunter zu fordern scheint, ist zugunsten höfischer Beherrschtheit unterdrückt worden. Die Malerei unter den Timuriden stellt das Ergebnis einer verfeinerten Kultur dar, eine Malerei für Kenner wie die Prinzen Bāisonghor und Ibrāhīm.

Am Ende der Timuridenzeit begegnen wir einer Malerpersönlichkeit, die auch in einigen biographischen Angaben faßbar wird. Es ist der Maler Behzād, Bibliothekar am Hofe Sultan Baiqaras in Herat. Nach 1506 wurde er in den Dienst des ersten Safawiden Schäh Ismāīls übernommen, der ihn 1522 zum Direktor der königlichen Bibliothek in Tabriz ernannte. Vermutlich ist er im Jahre 1536 gestorben. Sein Ruhm als Maler wurde sprichwörtlich und mit dem des Religionsstifters Mani, der auch als Maler gewirkt haben soll, in einem Atem genannt. Nur wenige Werke können Behzād mit Sicherheit zugeschrieben werden. Auf diesen Blättern wird die schematische Wiedergabe der handelnden Personen von einer realistischeren Darstellungsweise abgelöst. Die Menschen werden bei alltäglichen, typischen Verrichtungen gezeigt, die Beziehungen der Personen zueinander psychologisch erfaßt. Diese Errungenschaft wird im Schähnäme des Schäh Tahmāsp aufgegriffen und zeichnet es vor seinen Vorgängern aus. Mit Behzād selbst und mit seinem Wirken in Herat und in Tabriz kann keine Schähnäme-Illustration in Verbindung gebracht werden. Für seine Auftraggeber war das Epos offensichtlich nicht mehr von solcher Bedeutung. Das sollte sich jedoch mit dem Aufkommen der Safawiden-Herrschaft ändern.

In Aserbaidshan, in Ardabil, befand sich das Zentrum der Safawiden, die aus einer Gemeinschaft kriegerischer Derwische hervorgegangen waren. Ihr Oberhaupt zu Beginn des 16. Jahrhunderts, Schäh Ismāīl (1501 bis 1524), beseitigte die Herrschaft der Aq Qojunlu und besetzte Tabriz. Von hier aus eroberte er in zehn Jahren Iran und widerstand den Angriffen der Osmanen im Westen und der Usbeken im Osten. Er begründete einen theokratisch regierten schiitischen Staat, an dessen Spitze der Schäh, die Reinkarnation der religiös verehrten Imame, stand. Dies erklärt, daß das Schähnäme, das die ununterbrochene Abfolge der iranischen Könige und ihren fortwährenden Kampf gegen die Mächte des Bösen schildert, in der Safawiden-Ära zunehmend an Bedeutung gewann und in den prachtvollsten Handschriften aus dieser Zeit erhalten blieb.

Einen Höhepunkt der künstlerischen Produktivität bildete die Regierungszeit des Schäh Tahmāsp (1524–1576). Bis zu seiner Hinwendung zu einer streng islamischen Lebensführung im Jahre 939 H. (1532/33), die die Abkehr von weltlichen Genüssen zur Folge hatte, entstanden die köstlichsten, reich illustrierten Handschriften. Nur nebenbei sei bemerkt, daß dieser Blüte der Buchkunst auch eine Glanzzeit der anderen Zweige der Kunsthandwerke, wie der Teppichkunst, entsprach. Zu diesen kostbaren Handschriften gehört das für ihn geschaffene Schähnäme, das nach seinem Besitzer als das Houghton-Schähnäme bezeichnet wird.[20] Es enthält 258 ganzseitige Miniaturen, was den Verfasser der Veröffentlichung dieser Handschrift dazu veranlaßte, dieses Schähnäme als eine ›tragbare Kunstgalerie‹ zu bezeichnen. Nur zwei Miniaturen sind von den Malern Mīr Musawwir und Dust Muhammad signiert. Auf Grund stilistischer Untersuchungen glaubt man, außer den beiden schon genannten, 13 weitere Maler der Schule von Tabriz unterscheiden zu

Das Schähnäme des Schäh Tahmāsp

können. Leider ist der Schluß der Handschrift nicht erhalten geblieben, und somit fehlt eine Angabe über den Zeitpunkt der Fertigstellung. In einer Architekturdarstellung finden wir das Datum 934 H. (1527/28), der einzig sichere Anhaltspunkt, der diese Handschrift in die zwanziger Jahre des 16. Jahrhunderts datiert.[21] Der Stil der einzelnen Blätter ist, abgesehen von der sie alle verbindenden Pracht der Ausführung, entsprechend der Individualität des Malers und in Abhängigkeit von der Thematik sehr unterschiedlich. Diese Uneinheitlichkeit wird auch mit der jugendlichen Experimentierfreude des an der Malerei lebhaft interessierten Auftraggebers, des Schāh Tahmāsp also, in Verbindung gebracht. Neben konventionellen Reiterschlachten mit ihren gestaffelten Fronten finden wir sehr stimmungsvolle Naturschilderungen. Die Bildelemente für die Wiedergabe von Landschaft und Architektur wurden von den Malerschulen Herat und Tabriz übernommen. Auch die Größe der Personen ist recht uneinheitlich, auf der Darstellung eines Reitergefechtes nehmen die Kämpfenden ein Drittel der Bildhöhe ein.[22] In der Regel sind die Personen zierlicher wiedergegeben. Auf dem Blatt ›Der Dichter Firdausī vor Sultan Mahmūd von Ghazna‹ (Abb. 4) hat man insgesamt 61 Personen gezählt.[23] Weit über den Schriftspiegel hinausgreifend wird die Bildfläche hier von einer Pavillonarchitektur eingenommen. Die Personen sind auf zwei Zonen, eine private obere und eine offizielle untere, verteilt. Die Diagonalen, die durch die vor der Thronhalle aufgestellten Höflinge gebildet werden, laufen auf den Herrscher zu, der im Zentrum steht. Aber auch auf Firdausī, der die Personengruppe zur linken Hand des Sultans eröffnet, deutet der Maler durch versteckte Hinweise.[24] Die einzelnen Personen heben sich in der kostbar leuchtenden und harmonischen Farbigkeit ihrer Gewänder voneinander und gegen den blaß türkisgrünen Grund des Fußbodens ab. Technische Schwierigkeiten bei der Darstellung der Personen hat es für die Maler nicht gegeben. Sie sind in unterschiedlichen Haltungen wiedergegeben, durch ihre Gesten zu Gruppen geordnet.

Das Schāhnāme des Schāh Tahmāsp wurde 1568 anläßlich der Gratulation zur Thronbesteigung des Sultans Selīm II. in Edirne als kostbares Geschenk übergeben.[25] Es kann also nicht unmittelbar auf später geschaffene Miniaturen zum Schāhnāme in Iran gewirkt haben. Und doch hat man festgestellt, daß das Schāhnāme für Schāh Ismā'īl II., entstanden nach 1576, mit der für seinen Vater geschaffenen Handschrift konkurrieren wollte.[26] Das Schāhnāme des Schāh Ismā'īl wird der Malerschule von Qazwin zugeschrieben, wohin Schāh Tahmāsp bereits im Jahre 1548 die Residenz verlegt hatte und wohin ihm ein Teil der Maler folgte. Unter Schāh 'Abbās I. (1588–1629) wurde die Residenz 1598 noch einmal weiter ins Landesinnere nach Isfahan verlegt. Viermal hatten die osmanischen Türken in der ersten Hälfte des 16. Jahrhunderts Tabriz erobert, so daß die Hauptstadt vermutlich aus militärischen Gründen erst nach Qazwin und schließlich nach Isfahan verlegt wurde. Die von Schāh 'Abbās veranlaßten Bauten verwandelten Isfahan innerhalb weniger Jahre in eine der schönsten Städte der Welt. Ganz überwältigt berichten europäische Gesandte und Reisende jener Tage von der Pracht Isfahans, das die Iraner selbst ›die Hälfte der Welt‹ nannten. Im Zentrum der Stadt lag der weite Königsplatz, auf den der Palastbezirk, der große Basar und zwei Moscheen mündeten. Die Reformen auf dem Gebiet der Verwaltung und des Militärwesens, die Schāh 'Abbās einleitete, wurden von wirtschaftlichen Maßnahmen begleitet. Das Straßensystem wurde ausgebaut, zahlreiche Brücken und Karawansereien errichtet und das Räuberunwesen gebän-

4. Miniatur aus dem Schāhnāme für Schāh Tahmāsp: Der Dichter Firdausī vor Sultan Maḥmūd von Ghazna. Iran (Tabriz), um 1525.

digt. Auch der Handel mit Europa blühte auf. Was Händler und Gesandte nach Hause brachten, Samtbrokate und Seidenteppiche, ist noch heute der Stolz großer Sammlungen. Der Ruf Schāh 'Abbās I., bald nannte man ihn den Großen, breitete sich bis nach Europa aus. Mit dem Heiligen Römischen Reich pflegte er diplomatische Beziehungen. 1604 zog in Prag am Hofe Kaiser Rudolfs II. der iranische Botschafter Mahdī Quli Beg ein. Im folgenden Jahr hat Aegidius Sadeler sein Bildnis gestochen, einen mächtigen Turban auf dem Haupt und seinen Jagdfalken auf der rechten Hand.

Die Gestalt des Schāh 'Abbās hat auch in die deutsche Literatur Eingang gefunden. In der um 1655 entstandenen Tragödie ›Catharina von Georgien‹ des Andreas Gryphius tritt Schāh 'Abbās als der Gegenspieler der christlichen Königin auf. Seine Kenntnisse hatte Gryphius aus den ›Conditioni di Abbas, Rè di Persia‹ des Pietro della Valle (1628) gezogen,[27] die in Europa weit verbreitet waren. Noch bei Goethe ist 'Abbās der orientalische Herrscher schlechthin, heißt es doch im ›West-östlichen Divan‹:

›Komm, Liebchen, komm! umwinde mir die Mütze!
Aus deiner Hand nur ist der Tulbend schön.
Hat Abbas doch, auf Irans höchstem Sitze,
Sein Haupt nicht zierlicher umwinden sehn!‹[28]

Selbstverständlich existierte auch in Isfahan eine königliche Bibliothek mit angeschlossenen Werkstätten, in denen noch immer Manuskripte geschrieben und illustriert wurden. Sie können sich jedoch weder im Format noch in der Fülle ihrer Ausstattung mit dem Schāhnāme des Schāh Tahmāsp vergleichen. Die unter Schāh 'Abbās entstandenen Schāhnāme-Handschriften[29] wirken alle bescheidener. Erst aus der Regierungszeit seiner Nachfolger sind wieder Handschriften mit nahezu 200 Miniaturen bekannt, wie das Schāhnāme des Schāh 'Abbās II. aus dem Schrein von Ardabil, jetzt in Leningrad, dessen 192 Miniaturen zwischen 1642 und 1651 entstanden sind.[30]

Die Malerei unter Schāh 'Abbās I.

Das Interesse an der Malerei konzentrierte sich in Isfahan in zunehmendem Maße auf Einzelblätter. Als typischer Vertreter der neuen Richtung gilt der Maler Rizā-i 'Abbāsī. Viele seiner Arbeiten hat er mit diesem Namen signiert und datiert. Die Liste der datierten Blätter reicht von 1603 bis 1634. Den Zunamen 'Abbāsī soll er im Dienste Schāh 'Abbās I. angenommen oder verliehen bekommen haben, da er sich der Gunst des Herrschers in besonderer Weise erfreute. Von ihm sind farbig voll ausgeführte Miniaturen und nur leicht kolorierte Pinselskizzen bekannt. Aus literarischen Quellen sind wir über anekdotische Züge seines Lebens unterrichtet. So soll der Maler zeitweilig die Gesellschaft von Ringkämpfern und Derwischen geteilt haben. Auch in seinen Werken wird diese Spannung seines Lebens sichtbar. Einerseits schuf Rizā-i 'Abbāsī die Bilder ewig junger Pagen des königlichen Hofes, auf der anderen Seite Bildnisse einfacher Menschen, individuelle Porträts von großer Eindringlichkeit. Sie beruhen auf einer scharfen Beobachtung, die sich nicht nur den Menschen, sondern auch den Tieren zuwandte. So kennen wir von ihm das ›Porträt‹ einer Kohlmeise. Rizās Kunst bewegte sich immer im Rahmen der für die persische Malerei verbindlichen Prinzipien. Mehrfach hat er, vielleicht zu Studienzwecken, aber auch im Auftrag des Schāhs, Miniaturen früherer Meister kopiert. Europäische Gemälde und Stiche, die er am Hof von Isfahan sehen konnte, haben sein Schaffen nicht grundsätzlich berührt. Die von ihm bevorzugte Farbigkeit ist eher gedämpft, mit einer

Vorliebe für gebrochene Töne. Bestimmte Details im Berliner Schāhnāme von 1605 hat man mit seinem Wirken in Verbindung gebracht.

Enger der Tradition verhaftet ist eine andere Malerpersönlichkeit am Hofe des Schāh 'Abbās, die einen Kontrast zu Rizā-i 'Abbāsī bildet. Es ist der aus Maschhad stammende Habībullāh. Seine Malerei setzt die Traditionen von Herat und Tabriz beziehungsweise Qazwin ungebrochen fort. So wird ihm das Schāhnāme der Spencer Collection in der Public Library in New York, datiert 1614, zugeschrieben.[31] Die Handschrift zählt 44 Miniaturen, die zum Teil direkte Kopien der Miniaturen im Schāhnāme des Bāisonghor von 1429/30 darstellen beziehungsweise in Anlehnung an sie entstanden sind. Die Übereinstimmung ist verblüffend, lediglich in der Farbigkeit, die noch strahlender ist, unterscheiden sie sich. Man hat Habībullāh als einen Vertreter der timuridischen Renaissance am Hof von Isfahan bezeichnet. Eine derartig bewußte Rückwendung über einen Zeitraum von beinahe 200 Jahren ist ungewöhnlich, andererseits aber ein sehr aufschlußreiches Phänomen. Welche Stellung das Berliner Schāhnāme von 1605 in der Kunst unter Schāh 'Abbās einnimmt, soll im folgenden untersucht werden.

II

Das unter der Signatur Ms. or. fol. 4251 in der Deutschen Staatsbibliothek Berlin aufbewahrte Schāhnāme ist eine 764 Blätter zählende Handschrift.[32] Der Einband ist verhältnismäßig schmucklos. Er besteht außen aus schwarzem, innen aus rotbraunem Leder, in das ein spitzovales, vergoldetes Medaillon geprägt ist. Ob es sich ursprünglich um einen Klappeneinband handelte und ob es überhaupt der originale Einband ist, läßt sich nicht mehr mit Sicherheit feststellen.

Die Schāhnāme-Handschrift der Deutschen Staatsbibliothek Berlin, Ms. or. fol. 4251

Die Seiten messen 24 × 36 cm. Der Schriftspiegel ist dicht an die Innenkante gerückt und mißt mit leichten Schwankungen 14 × 24 cm. Der Text wurde in einem qualitätvollen, eleganten Nastalīq geschrieben und in vier Spalten von je 19 Zeilen geordnet. Die einzelnen Spalten sind durch doppelte Kolumnentrennleisten voneinander abgesetzt. Um das Schriftfeld laufen mehrfarbige Rahmenlinien. Für die im Schāhnāme recht häufigen Zwischentitel sind in den beiden mittleren Spalten rechteckige Felder ausgespart, in die die Titel im gleichen Nastalīq wie der übrige Text mit roter Tinte geschrieben sind. Da auf den Miniaturenseiten, mit einer Ausnahme (Fol. 588a), kürzere Textabschnitte in der Gliederung der Schriftseiten stehen, ist die Anordnung des Textes, seine Stellung auf dem Blatt und die Abmessung des Schriftspiegels auch für die Komposition und für das Format der Miniaturen bestimmend.

Schlägt der Benutzer die Handschrift auf, so wird ihm schon auf den ersten Seiten deutlich, daß er es mit einem besonders kostbar ausgestatteten Werk der Buchkunst zu tun hat. Der Doppeltitel (Fol. 1b und 2a) strahlt in dem Farbklang von Blau und Gold. Feinteiliges Rankenwerk füllt die Medaillons und den Grund. Die Mittelmedaillons und die Kartuschen zeigen einen für den Titel geglätteten Goldgrund. Vermutlich ist der Titel nie geschrieben worden oder wurde, da er beschädigt war, wieder abgeschabt. Eine Widmungsinschrift, meist als Exlibris bezeichnet, die man bei einer Handschrift so erlesener Qualität erwarten dürfte, fehlt ebenfalls. Der Schmuckstreifen am Beginn der Vorrede, der Unwān (Fol. 2b), wiederholt in seiner Musterung durch breite, mit Blütenranken gefüllte Arabeskenbänder die Schmuckformen des umseitigen Doppelti-

Die Titelblätter

tels. Er ist daher mit großer Wahrscheinlichkeit vom selben Buchkünstler geschaffen worden. Der Lobpreis Allahs, der das Schāhnāme eröffnet, wird durch eine weitere reich geschmückte Doppelseite hervorgehoben (Fol. 7b und 8a). Diese Doppelseite übertrifft den Titel in der Feinheit der Ausführung. In der Komposition und in den Details, zum Beispiel in dem weißen Bandwerk der Querfelder und den gereihten Medaillonformen auf dem Blütenrankengrund der Bortenstreifen, folgt der Künstler dem Vorbild illuminierter Schmuckseiten der Schule von Herat aus dem 15. Jahrhundert. Vorbilder, die man zum Vergleich heranziehen kann, sind in den Jahren 1485 und 1488 entstanden.[33] Die vorliegende Handschrift ist in dieser Hinsicht ein weiterer Beleg für das Fortleben oder die Wiederaufnahme timuridischer Traditionen in der Zeit Schāh 'Abbās' I., was wir schon bei der Betrachtung der Buchmalerei unter diesem Herrscher feststellen konnten.

Der Kolophon am Ende der Handschrift nennt das Datum ihrer Fertigstellung, das Jahr 1014 H. (1605). Der Band entstand also unter der Regierung Schāh 'Abbās' I. Nicht genannt werden der Entstehungsort und der Name des Schreibers, wie es sonst im Kolophon üblich ist. Weitere Datierungen, beispielsweise auf den Miniaturen, finden sich nicht. Vor dem Titel hat sich ein orientalischer Vorbesitzer durch eine Inschrift verewigt und zweimal das Jahr 1232 H. (1817) vermerkt. Ein alter persischer Stempelabdruck, der vermutlich ebenfalls den Namen eines Vorbesitzers nennt, konnte wegen seines schlechten Erhaltungszustandes bisher nicht gelesen werden. Neben dem Schreiber wurden auch die an dem Werk beteiligten Maler verschwiegen. Nicht einer von ihnen hat eine Miniatur signiert. In den Text sind 67 Miniaturen in sehr unterschiedlich dichter Reihenfolge eingefügt. Nur eine der Miniaturen ist von halbseitigem Format (Fol. 13b). Alle anderen füllen den vorgegebenen Schriftspiegel voll aus oder greifen sogar darüber hinaus und beziehen einen Teil des Blattrandes in die Komposition ein. Der Text, den der Maler in seine Darstellung einfügen mußte, bildet häufig nur kleine rechteckige Felder mit je zwei Zeilen, die sich in der rechten oberen und in der linken unteren Bildecke befinden (vgl. Fol. 13a, 33a, 43a usw.). Die Texte können aber auch einen über die ganze Bildbreite reichenden schmalen Textstreifen bilden (vgl. Fol. 107a, 119b, 154a usw.).

Die Verteilung der Miniaturen über die Handschrift

Bei einer Betrachtung der Miniaturen im Überblick muß vorausgeschickt werden, daß acht von ihnen das in die vorliegende Handschrift eingeschobene Garschāsp-nāme illustrieren (Fol. 27b–93b). Das Garschāsp-nāme stammt nicht von Firdausī, sondern entstand etwa 50 Jahre nach dem Schāhnāme, imitiert aber seinen Stil und schildert die Geschichte eines heldenhaften Vorfahren des Rustam. Rustam ist der eigentliche Held des Schāhnāme; er wird siebzehnmal auf den Miniaturen unseres Schāhnāme abgebildet. Nach dem Tode Rustams (Fol. 519b) folgen lediglich acht Miniaturen, die in großen Abständen über das letzte Drittel der Handschrift verteilt sind. An Beliebtheit wird Rustam nur noch von Isfandjār übertroffen. Die Abenteuer und das tragische Ende des jugendlichen Helden werden in dichtester Folge auf neun Miniaturen (Fol. 475a–512a) dargestellt.

Der Anzahl der Miniaturen entsprechend zählt das Berliner Schāhnāme nicht zu den großen königlichen Handschriften wie das sogenannte Houghton-Schāhnāme, das Schāhnāme des Schāh Tahmāsp, mit 258 Miniaturen[34] oder das Schāhnāme Schāh 'Abbās' II. in Leningrad, das 192 Miniaturen beinhaltet.[35] Es entspricht in seinem Umfang eher dem Schāhnāme von 1604 in der India Office Library in London mit 63 Miniaturen³⁶ beziehungsweise dem 1614 datierten Schāhnāme der Spencer Collection in der Public Library in New York mit 44 Miniaturen.³⁷ Die Anzahl der Miniaturen allein sagt jedoch noch nichts über die Stellung des Auftraggebers oder des Besitzers einer Schāhnāme-Handschrift aus.

Die Herstellung einer Handschrift wie des Berliner Schāhnāme setzte eine straffe Planung und Konzeption unter Berücksichtigung der besonderen Wünsche des Auftraggebers voraus. Der Schreiber mußte, vermutlich nach Absprache mit dem verantwortlichen Maler oder mit dem Leiter der Bibliothek, für die das Buch bestimmt war, an den entsprechenden Stellen im Text Raum für die Miniatur freilassen. Das Bild nimmt häufig auf Details des nächststehenden Textes Bezug. Es war also eine enge Zusammenarbeit zwischen Maler und Schreiber nötig. Da der Schreiber den Text in einzelnen Lagen schrieb, konnten die oder der Maler schon mit der Illustration beginnen, bevor der Text vollendet war. Die einzelnen Blätter innerhalb einer Lage konnten an verschiedene Maler verteilt werden. Jede Verso-Seite zeigt in der linken unteren Ecke auf dem Blattrand das erste Wort der nächstfolgenden Seite. Eine Lage konnte also mit Hilfe dieser Kennwörter wieder in die richtige Reihenfolge gebracht werden. Bei der Illustration des Berliner Schāhnāme ist einem der Maler bei der Abfolge der Miniaturen ein Fehler unterlaufen, der einen Einblick in die Arbeitsweise gestattet.

Der Text auf Fol. 398b schildert die glückliche Rückkehr des Feldherrn Gōdarz nach dem Kampf mit Pīrān und die Lossendung des Helden Ruhhām. Erst die folgende Miniatur auf Fol. 403b illustriert diesen Text, wobei selbst ein Detail wie der auf den Kampfplatz deutende Finger des Gōdarz nicht vergessen ist. Die Miniatur auf Fol. 398b zeigt hingegen den Herrscher Kai Chusrau vor dem erschlagenen Pīrān und die siegreichen iranischen Helden. Der dazugehörige Text, in dem Kai Chusrau den Heldensinn des Pīrān preist, findet sich auf Fol. 403b. Der Maler, nach der Porträtähnlichkeit des Gōdarz zu urteilen, eine Person, hat die Abfolge der vereinbarten Miniaturen verwechselt. Da die Maler wohl lesen und schreiben konnten, haben viele doch ihre Skizzen mit langen Notizen versehen, darf wirklich ein Versehen angenommen werden, das beim Malen auf einzelnen Blättern unterlaufen konnte. Einer der Maler hat zu Beginn der Handschrift (Fol. 27b) und am Ende (Fol. 475a) jeweils einen sehr ähnlichen Reiter dargestellt. Auch das könnte darauf deuten, daß die Handschrift fortlaufend, so wie sie geschrieben wurde, ihren Bilderschmuck erhielt. Ein Maler, der eine der ersten Lagen zur Illustration erhalten hatte, war bei einer Beteiligung mehrerer Künstler erst viele Lagen später wieder mit einem neuen Auftrag an der Reihe. Bei der Betrachtung der Miniaturen drängt sich außerdem die Vermutung auf, daß an einem Bild mehrere Künstler beteiligt waren. Die in den Architekturen dargestellten Wandmalereien (Abb. 5) könnten von einem Maler stammen, der auf diese Art feinteiliger Malerei spezialisiert war. Bei vielfigurigen Szenen fällt auf, daß nur wenige der Dargestellten differenzierte Gesichtszüge erhalten haben, während der größere Teil austauschbare, schematische Gesichter besitzt. Hier könnte also ein Porträtspezialist eingesetzt worden sein. Eine ähnliche Arbeitsteilung wäre auch für andere Details beziehungsweise für bestimmte Bildgattungen vorstellbar. Für diese Vermutung spricht eine Bemerkung des Kaisers Dzhehāngīr (1605–1627), eines Zeitgenossen des Schāh 'Abbās, der in seinen Memoiren schreibt:

›Was mich selbst betrifft, so haben meine Vorliebe für die Malerei und meine Übung, sie zu beurteilen, einen solchen Grad erreicht, daß, wenn ein Werk vor mich gebracht wird, sowohl von einem verstorbenen als

Die Organisation
bei der Herstellung der
Handschrift: Werkstattbetrieb

Fol. 160b
Fol. 698b
Fol. 167b

Fol. 180a

5. Ausschnitte aus den Miniaturen des Berliner Schāhnāme: Wandmalereien aus Architekturdarstellungen.

auch von einem Künstler dieser Tage, ich, ohne daß mir die Namen genannt werden, im Augenblick sagen kann, es ist das Werk dieses und jenes Mannes.

Und wenn es ein Bild ist, das viele Porträts zeigt, und jedes Gesicht ist das Werk eines anderen Meisters, kann ich entdecken, welches Gesicht das Werk eines jeden von ihnen ist.

Wenn irgendein anderer das Auge oder die Braue hinzugefügt hat, kann ich entscheiden, wer das Gesicht und wer das Auge und die Braue gemalt hat.‹[38]

Themenkreise

Zwei Themenkreise beherrschen die Miniaturen des Schāhnāme: der thronende Herrscher und der Kampf der Helden und Heere. Da die Herrscher einander in ihren Tugenden ähneln, werden sie auch recht gleichförmig dargestellt. Sie sind innerhalb des Schāhnāme ohne weiteres austauschbar.[39] Ihre Funktion wird am deutlichsten sichtbar, wenn sie in

Thronszenen

königlicher Pracht auf ihrem Thron sitzend hofhalten. Dafür haben sich drei Schemata entwickelt, für die sich unter den Miniaturen der vorliegenden Handschrift jeweils mehrere Beispiele finden. Eröffnet wird die Reihe durch die Darstellung des in freier Natur thronenden Herrschers. Um seinen Thron haben sich die Angehörigen des Hofstaates versammelt (Fol. 13a, 582a, 693a, 720a). Weinflaschen und Schalen mit Früchten deuten darauf hin, daß es sich um festliche Gelage handelt. Dieser Gruppe ikonographisch eng verwandt sind die Miniaturen, auf denen der Herrscher ebenfalls im Freien thront, über dem Thron aber ein Sonnensegel aufgespannt ist (Fol. 33a, 446b, 480b). In unserer Handschrift ist neben dem Sonnensegel immer ein Zelt aufgeschlagen, unter dem besonders zu ehrende Gäste Platz genommen haben. Der in einem Pavillon auf einer Gartenterrasse thronende Herrscher (Fol. 43a) leitet zu den eigentlichen Palastszenen über. Die freie Natur erscheint hier noch jenseits des Zaunes, der die Terrasse abgrenzt.

Fürsten und Könige empfangen ihre Gäste, seien es Wahrsager oder die Frauen des überwundenen Gegners, in einer offenen Bogenhalle (Fol. 160b, 425b, 640b, 698b). Für diese Darstellungen war schon im Demotte-Schāhnāme ein verbindliches Schema entwickelt worden. Die Ausstattung der Bogenhalle mit Teppichen, Wandfliesen und Wandmalereien, der Blick in die dahinterliegende Landschaft und die Gestaltung des Vorplatzes folgen verbindlichen Regeln. Der Herrscher thront direkt vor der in der Rückwand der Halle befindlichen Öffnung. Diese Anordnung erlaubt dem Betrachter immer einen Blick auf den an dieser Stelle

Fol. 425 b
Fol. 512 a
Fol. 519 b

Fol. 640 b

emporwachsenden Baum. Der Thron kann auch aus der Mittelachse der Halle gerückt sein, wodurch der Herrscher in der Mittelachse der Miniatur steht (Fol. 640b).

Detailreiche Architekturdarstellungen, den Thronhallen verwandt, erscheinen bei der Wiedergabe der Lebensgeschichte Rustams (Fol. 167b, 180a, 512a, 519b), seien es seine Geburt oder seine Aufbahrung. Immer sind die Gebäude so dargestellt, daß der Blick im Inneren umherschweifen kann.

Die einzig angemessene Beschäftigung für den Herrscher, den beispielhaften Helden, ist der Krieg. Der eigentlichen Schlacht geht der Aufmarsch der Heere und die herausfordernde Streitrede der Heerführer voraus. Die Heere sind stets an den beiden Längskanten des Blattes übereinandergestaffelt aufgezogen (Fol. 154a, 202b, 234a, 333a, 373b). Die Könige oder Helden wie Rustam oder Suhrāb sind vor die Schlachtreihe geritten. Zwischen den Heeren wird der schmale Streifen des Grundes durch Blütenstauden oder Bäume gefüllt. Die Schlacht wird durch eine Gruppe von Reiterpaaren, die dicht gedrängt über das Schlachtfeld sprengen, dargestellt (Fol. 74b, 119b, 189b, 337a, 390a). Am Horizont verfolgen weitere Krieger das Gefecht und begleiten die Schlacht mit Trompeten und Pauken. Bestimmte Szenen wiederholen sich, so zum Beispiel der jugendliche Reiter am unteren Bildrand, der hinterrücks auf einen Flüchtenden einhaut.

Die ritterlichen Tugenden der Helden finden aber erst im Zweikampf ihre Bewährung. Die Helden überwinden Dämonen und Zauberwesen (Fol. 208a, 478b), sie töten Drachen (Fol. 205a) und wilde Tiere (Fol. 476a). Im Zweikampf der Helden ist die Streitkeule die bevorzugte Waffe (Fol. 93b), sie stehen sich aber auch im Ringkampf gegenüber (Fol. 380b).

Für die Wiedergabe einzelner Szenen konnte der Maler häufig auf jahrhundertealte Tradition zurückgreifen. Der Kampf des Rustam gegen den ›Weißen Dämon‹ (Fol. 208a) ist ein solches Motiv, auf das offensichtlich in einem Schāhnāme nicht verzichtet werden durfte. Schon im Schāhnāme des Bāisonghor[40] von 1429/30 ist der Kampf des Rustam gegen den ›Weißen Dämon‹ in der Höhle in gleicher Weise dargestellt. Rustam kniet auf dem Dämon und stößt ihm den Dolch ins Herz. Der Führer des Rustam, Aulād, ist an einen am Bildrand stehenden Baum gefesselt. Im Houghton-Schāhnāme, der nach 1522 für Schāh Tahmāsp entstandenen Handschrift, sind Rustam und der ›Weiße Dämon‹ ebenfalls in der von

Kampfdarstellungen

Ikonographische Traditionen

45

einem farbigen Felskranz umgebenen Höhle wiedergegeben,[41] allerdings in entgegengesetzter Bewegungsrichtung. Eine für Schāh-'Abbās I. nach dem Vorbild des Bāisonghor-Schāhnāme illustrierte Handschrift, das Schāhnāme der Spencer Collection, datiert 1023 H. (1614), besitzt eine Replik der Miniatur aus dem Bāisonghor-Schāhnāme.[42] In einem Schāhnāme der Wiener Nationalbibliothek von 1617, etwas provinziell im Stil, wird Rustams Kampf gegen den ›Weißen Dämon‹ im gleichen Schema dargestellt.[43] Nun haben den Malern diese Manuskripte vermutlich nicht im Original als Vorbilder vorgelegen. Eher darf man annehmen, daß in den Werkstätten nach Skizzen- oder Musterbüchern gearbeitet wurde. Ein solches Skizzenbuch aus der Zeit des Schāh 'Abbās I. und seiner Nachfolger wurde 1914 veröffentlicht. Es enthält unter anderem eine Skizze zur Illustration der Erzählung vom ›Barbier und Kalifen im Bad‹ von Nizāmī,[44] von der eine ganze Reihe farbig ausgeführter Miniaturen existiert, die verschiedenen Miniaturenschulen zugeschrieben werden.[45] Das Schāhnāme des Schāh Tahmāsp hat als Vorlage für unsere Handschrift auf jeden Fall nicht mehr zur Verfügung gestanden, da es 1568 Sultan Selīm II. in Edirne als Geschenk überreicht worden ist.[46]

Es ist auch aufschlußreich, welche Illustrationen in der vorliegenden Handschrift fehlen. So vermißt man die Darstellung der Ermordung des Sijāwusch, eine Szene, die in einer ikonographischen Übersicht erfaßter Schāhnāme-Handschriften 58mal nachgewiesen werden konnte.[47] Statt dessen wird die Beweinung des toten Sijāwusch (Fol. 265a) aufgenommen, für die in der genannten Übersicht nur eine Parallele angeführt wird. Offensichtlich war das Vergießen königlichen Blutes in diesem Fall für den Auftraggeber eine unerträgliche Darstellung; angemessen allein war die Trauer um den ermordeten königlichen Jüngling. Man darf bei den Betrachtern der Handschrift im 17. Jahrhundert eine unmittelbare emotionale Beteiligung erwarten.

Kompositionelle Regeln

So wie sich für die Illustration bestimmter Episoden des Schāhnāme feste ikonographische Muster herausgebildet hatten, so wurden sie auch nach bestimmten kompositionellen Regeln dargestellt. Von großer Wichtigkeit für die Komposition sind die Diagonalen, deren Schnittpunkt, das Zentrum also, und ihre Parallelen. Hält man diese Gliederungsmittel nachträglich auf die Miniaturen, so erhält man interessante Aufschlüsse. Man darf vermuten, daß die Maler auf dem Blatt ein Raster anlegten, bevor sie die Miniaturen in den Einzelheiten skizzierten. Von besonderer Bedeutung ist die Mittelachse. Der thronende Fürst sitzt nicht nur in der Mittelachse, sondern auch im Zentrum des Blattes (Fol. 160b und 693a). Sein Gefolge kann auf den Diagonalen aufgereiht sein und zusätzlich auf ihn hinweisen. Firēdūn, der den gefangenen Zahhāk zu seinem Gefängnis führt, ist im Zentrum des Blattes dargestellt (Fol. 107a). Sein Körper und seine Glieder liegen auf den Diagonalen. Auch einzelne Körperteile der Helden werden ins Zentrum gerückt und erhalten dadurch besondere Bedeutung. Häufig ist es der Kopf, der auf diese Weise betont wird, so beim Polospiel des Garschāsp (Fol. 27b) oder beim Ringkampf des Bēzhan und des Hūmān (Fol. 380b), bei dem der Kopf des künftigen Siegers auf dem Schnittpunkt der Diagonalen liegt. Auf dieselbe Weise können die Hände der kämpfenden Helden hervorgehoben werden. Im Mittelpunkt des Blattes liegen beispielsweise die Hände des Garschāsp, der die Keule zum tödlichen Schlag führt (Fol. 93b), und die Bogenhand Rustams (Fol. 420a) im sonst recht unübersichtlichen Kampfgetümmel. Thront der Herrscher im Freien, so wird sein Gefolge im Kreis geordnet; er selbst sitzt im oberen Scheitelpunkt des Kreises (Fol. 13a, 446b, 480b, 487a, 693a). Besonders abgeschlossen wirkt ein solcher Kreis, wenn eine der Personen am unteren Bildrand (Fol. 693 a) dem Betrachter den Rücken zuwendet und ihn dadurch deutlich ausschließt.

Eine Aufteilung des Blattes in zwei vertikale Bildhälften ergibt sich immer dann, wenn zwei gleichrangige Personen dargestellt sind. Sie können nebeneinander thronen, wobei feine Unterschiede in der Höhe der Dargestellten gemacht werden (Fol. 43a), oder sich im Kampf gegenüberstehen (Fol. 509b). Bei allen bisher vorgeführten Regeln verfügt das Blatt über eine gewisse Ausgewogenheit, ein Gleichgewicht der Kräfte.

Auf einigen wenigen Miniaturen ist die rechte untere Bildecke besonders betont, da von ihr das dramatische Geschehen ausgeht. Mehrfach nimmt der Held diese Stelle ein, wie im Kampf mit dem Tiger, einem Drachen oder einem Nashorn (Fol. 33a, 56a, 457b). Auf den drei angeführten Miniaturen sind die Fechterstellung und die Proportionen der Figuren zusätzlich miteinander verwandt, was die Vermutung erlaubt, daß sie auf denselben Künstler zurückgehen. Es können aber auch Gruppen von mehreren Personen sein, deren Aktivität der rechten unteren Bildecke ein besonderes Gewicht verleiht. Einmal werden dem Gōdarz Teile der Rüstung abgenommen, während er in die linke obere Bildecke auf den toten Pīrān weist (Fol. 403b). Ein andermal ist es eine Gruppe von Iranern, die den Kāmōs in Stücke haut (Fol. 326b). Von besonderer Vehemenz ist die diagonale Bewegung im Bild, auf dem Rustam aus der unteren Bildecke herausprescht und den Chān von China von seinem Elefanten reißt (Fol. 336b).

Die Wiedergabe der Personen betreffend, können die Miniaturen der Berliner Schāhnāme-Handschrift in zwei große Gruppen untergliedert werden. Da sind einerseits die vielfigurigen Szenen, auf denen durchschnittlich zwölf Personen über das Bild verteilt sind. Gerade auf diesen Miniaturen wird die unperspektivische Darstellungs- und Sehweise der persischen Maler deutlich. Wir sind es nach europäischer Tradition gewöhnt, im Bild Vorder-, Mittel- und Hintergrund zu unterscheiden. Die Figuren sind je nach ihrer Stellung im Bild dann auch in abnehmender Größe wiedergegeben. Diese Regeln gelten für den persischen Maler nicht. Schon bei der Betrachtung der Miniaturen sollte man besser von unterem und oberem Bildrand und vom Bildzentrum sprechen, um traditionell europäische Vorstellungen zu vermeiden. Für die Größe der Personen im Bild ist allein ihre Bedeutung entscheidend. Am unteren Bildrand dargestellte Personen sind mitunter sehr viel kleiner als im Zentrum des Bildes stehende, was auf den ersten Blick dazu verleitet, sie für Kinder zu halten. Und doch sind es bärtige, bewaffnete Soldaten (Fol. 644a) oder Diener, die das Pologerät bereithalten (Fol. 27b). Überragen Personen am unteren Bildrand benachbarte Figuren (Fol. 519b), dürfen wir vermuten, daß der Maler sie besonders hervorheben wollte, ihm perspektivische Absichten dagegen fernlagen. Herrscher und Helden werden ihrer Bedeutung entsprechend sehr viel größer als die sie umgebenden Personen dargestellt. Sogar sitzend überragen sie die stehenden Krieger und Diener ihrer Begleitung (Fol. 13a, 43a). Schon in der literarischen Vorlage wird Rustam wegen seiner ungewöhnlichen Körpergröße als der Berg oder der Elefant bezeichnet. Die Maler folgten in ihrer Darstellung also den Vorstellungen, die das Schāhnāme ihnen vorgegeben hatte. Die sogenannte Bedeutungsperspektive gilt auch für das Verhältnis der Menschen zu Tieren, Bäumen und Bergen. Im Kampf des Garschāsp gegen den König von Qairuwān (Fol. 93b) sind die Helden, legt man ein natürliches Verhältnis

Bedeutungsperspektive

zugrunde, im Vergleich mit dem Elefanten viel zu groß wiedergegeben. Dabei deutet die hervorragende Qualität bei der Darstellung des Elefanten darauf hin, daß der Maler ein solches Tier vom Augenschein her kannte.

Einzelfiguren

Die für vielfigurige Szenen gefundenen Proportionen werden aufgegeben, wenn es sich darum handelt, Einzelfiguren im Kampf mit Tieren und Dämonen zu zeigen. Sie bilden die zweite Gruppe von Miniaturen in der vorliegenden Handschrift. Eine Übergangsstellung nehmen Miniaturen wie ›Rustam den Weißen Dämon tötend‹ ein (Fol. 208a), die auf eine lange bildliche Tradition zurückblicken können und deshalb in ihren Proportionen festgelegt sind. Die Gestalt des Isfandjār (Fol. 476a) sprengt diesen vorgegebenen Rahmen. Es ist eine großformatige Einzelfigur, für die der Begriff der Miniaturmalerei kaum noch zutrifft. Die große Einzelfigur, die nun ›Eingang in die höfische Epenillustration‹ findet,[48] stellt eine Neuerung in der Buchmalerei unter Schāh 'Abbās I. dar.

6. Ausschnitte aus den Miniaturen des Berliner Schāhnāme: Gesichtstypen.

Fol. 202b; Kai Kāōs
Fol. 279a; Gēw und Pīrān
Fol. 13a; Gajōmart
Fol. 205a; Rustam
Fol. 227a; Gurdāfrīd
Fol. 180a; Sīndocht

Gesichtstypen

Das vorliegende Schāhnāme darf als ein charakteristisches Beispiel für diese Erscheinung gelten.

Für die Könige sind zwei Gesichtstypen üblich (Abb. 6). Häufig sind sie jugendlich unbärtig, mit kleinem Mund, mandelförmigen Augen und vollem Gesicht dargestellt. Diese Charakterisierung trifft beispielsweise für den Urkönig Gajōmart (Fol. 13a), für Firēdūn (Fol. 107a) und König Kisrā (Fol. 644a) zu. Daneben gibt es den Typus des älteren bärtigen Königs wie Kai Kāōs (Fol. 202b) und wiederum Kisrā (Fol. 693a), die einander so ähnlich sind, daß man vermuten möchte, sie seien von einem Künstler gemalt worden. In diesem Zusammenhang fällt außerdem auf, daß, wie im Falle des Königs Kisrā, für einen Herrscher kein festgelegter Typus existierte, sondern zwischen den beiden Bildtypen willkürlich gewechselt wurde. Auffällig ist diese Erscheinung bei den Darstellungen des Königs Kai Chusrau (Fol. 398b, 420a, 425b, 433a, 439a, 446b). Dabei folgt die Darstellung nicht der biologischen Entwicklung vom Jüngling zum reifen Mann, sondern Kai Chusrau erscheint auf der letzten Miniatur, auf der er seine Abdankungsabsichten verkündet, wieder als Jüngling. Am einleuchtendsten ist diese Uneinheitlichkeit mit einem Wechsel der ausführenden Künstler zu erklären. Gleiches wie bei Kai Chusrau gilt für die Miniaturen, die die Abenteuer des Garschāsp erzählen. Auch Garschāsp wird in willkürlichem Wechsel als unbärtiger Jüngling (Fol. 27b, 43a) und als älterer bärtiger Mann (Fol. 33a, 88b) wiedergegeben.

Nur einem Helden werden in der vorliegenden Handschrift porträthafte Züge verliehen – Rustam. Ihn kennzeichnet schon seine Kleidung, der Waffenrock aus Tigerfell und der Leopardenkopfhelm. Lediglich einmal erscheint er als unbärtiger Jüngling (Fol. 198a), sonst tritt er immer als kraftvoller Mann mit charakteristischen Gesichtszügen, mit buschigen Brauen, kräftiger, vorspringender Nase und dunklem, dichtem Bart auf (Fol. 205a, 208a, 234a, 234b, 326b, 333a usw.). Vergleicht man die

Darstellungen des Rustam miteinander, gewinnt man rasch die Überzeugung, daß sie bei aller Gemeinsamkeit doch Unterschiede aufzeigen, die wiederum auf unterschiedliche Maler hinweisen. Während die vielen Pagen, Schenken und jugendlichen Krieger dem oben beschriebenen Typus ewiger Jugend folgen, finden sich unter den Mōbads, die in ihrer Gestaltung dem Vorbild der islamischen Geistlichkeit folgen, Bildnisse alter Männer mit individuellen Zügen (vgl. Fol. 160b, 519b). Dieser Gegensatz von unverbindlich schönen Jugend- und charaktervollen Altersdarstellungen beherrscht insgesamt die Personenmalerei in der Zeit des Schāh 'Abbās.

Auf der Mehrzahl der Miniaturen bewegen sich die Menschen im Freien auf einer mit Blumen und Buschwerk bestandenen und von einem Bach durchflossenen Wiese, die die beiden unteren Drittel der Bildfläche einnimmt. Abgeschlossen wird sie von einem Gebirgszug, der stets in der Form phantastisch zerklüfteter Felskuppen dargestellt ist (vgl. Fol. 33a,

Landschaftselemente

93b, 439a). Sehr häufig wird das Bildfeld nicht nur am oberen, sondern auch am unteren Bildrand von Bergen begrenzt (vgl. Fol. 205a, 234b, 588a). Interessant sind auch hier die Größenverhältnisse, sowohl im unteren wie im oberen Bildrand erscheinen die Berge in gleicher Größe. Unwirklich ist das Format der Berge, die, mit den Köpfen der über den Horizont schauenden Krieger verglichen, nur wie Erdschollen wirken (Fol. 457b). Bei den drei Höhlendarstellungen in der vorliegenden Handschrift werden die Berge in einem ovalen Kranz geführt (Fol. 208a, 356b, 365b), der den Blick ins Höhleninnere gestattet. Auf einer Miniatur wurde ein Felsen in Form eines menschlichen Profils gestaltet (Fol. 356b). Gesichter dieser Art treten in einigen Miniaturen-Handschriften gehäuft aus den Felsen hervor. Ihre Bedeutung ist unklar, so daß sie ganz allgemein als ›Wesen der Geisterwelt‹ bezeichnet werden.⁴⁹

Fol. 356b; Bēzhan
Fol. 460a; Guschtāsp
Fol. 403b; Gōdarz
Fol. 512a; Baschūtan
Fol. 478b; Isfandjār
Fol. 480b; Schenke

Die im Gebirge wachsenden Bäume vertreten einige wenige Arten. Die mächtigen Laubbäume scheinen, nach ihren Blattformen zu urteilen, Platanen und Pappeln zu sein (Fol. 356b, 208a). Die kleineren dunkelgrünen Bäume, eventuell Nadelbäume, werden mit teilweise abgestorbenen Ästen und in zwei Etagen wachsend dargestellt. Die schlanken Zypressen treten in der Regel paarweise und mit Blütenbäumen kombiniert auf. Auch die in der freien Natur lebenden wilden Tiere werden dargestellt, es sind mehrfach Leoparden (Fol. 205a), Bären (Fol. 439a), Steinböcke (Fol. 457b) und Hirsche (Fol. 107a) in den Gebirgen zu erkennen.

Die Ausstattung der Gebäude folgt ebenfalls einheitlichen Regeln. Die Bauwerke sind aus Ziegeln errichtet (Fol. 167b) und teilweise mit keramischen Platten oder Fayence-Mosaik (Fol. 425b) verkleidet. Auf dem Boden liegen Textilien – man möchte sie für Teppiche halten – mit einer spiralig geführten Blüten- oder Arabeskenmusterung (Fol. 160b, 640b). Zweimal sind großformige Wolkenbandmotive als Dekor verwendet worden (Fol. 425b, 698b). Ein Vergleich mit erhaltenen Teppichen ist

Die Gebäude und ihre Ausstattung

unergiebig, da die Farbigkeit völlig abweicht und die Gliederung in Feld und Borten fehlt. Über einem Wandsockel von Fliesen wird der obere Teil der Wand mit Malereien geschmückt (Abb. 5). Auf diesen Malereien sind zwischen zartgliedrigem Buschwerk die verschiedensten Tiere zu erkennen, Steinböcke und Wölfe, Löwen und Bären, in einem Baum sitzende Affen, Gänse und Reiher. Alle diese Szenen sind in einem feinen, ›chinesischen‹ Stil in Blau und Rotbraun auf weißem Grund oder in Dunkelblau auf hellblauem Grund gemalt. In ihrer Farbigkeit erinnern sie an Malereien auf chinesischen Blau-Weiß-Porzellanen. Dieser Stil wurde im 15. Jahrhundert in Herat entwickelt und gelangte über Tabriz bis nach Istanbul.[50] Die reichliche Anwendung dieser aufwendigen Ausstattung beweist den Wert der Handschrift. In dem Rückgriff auf Kunstformen des 15. Jahrhunderts wird wiederum eine Erscheinung der timuridischen Renaissance unter Schāh 'Abbās I. deutlich.

Die landschaftlichen Elemente wie Bäume und Berge, aber auch Bauten und Stadtansichten treten im Format gegenüber den dominierenden Menschendarstellungen zurück. Sie werden zu Bildelementen, zu Kürzeln, die dem Betrachter bestimmte Informationen vermitteln, mit deren Hilfe er das Geschehen in den jeweiligen Zusammenhang einordnen kann. Die Darstellungsweise der Maler kann als informativ bezeichnet werden, vorgetragen in einem ›Informationsstil‹.

Unterstützung der Bildaussage durch die Farbigkeit

Die Farbigkeit der Darstellungen unterstreicht dieses Anliegen und liefert zusätzliche Auskünfte. Der Eindruck der Kostbarkeit wird durch die reichliche Verwendung goldener Hintergründe betont. Auf 37 Miniaturen ist der Himmel glänzend golden wiedergegeben. Acht Miniaturen zeigen einen goldenen Grund, auf dem die Personen agieren. Es ist gewiß kein Zufall, daß bei der Darstellung der Abenteuer des Isfandjār der Held mehrfach vor goldenem Grund wiedergegeben ist (Fol. 477a, 479b, 480b). Häufig wird der Grund in horizontale Felder von wechselnder Farbigkeit unterteilt, wodurch die verschiedenen Personengruppen gegeneinander abgesetzt werden. Besonders deutlich tritt die unterschiedliche Farbigkeit des Grundes als Gestaltungsmittel auf der Miniatur ›Rustam fängt den Chān von China‹ zutage (Fol. 336b). Während der Chān von China und Rustam auf einer Diagonalen angeordnet sind, ist der Grund unter ihnen in entgegengesetzter Richtung so geteilt, daß jeder der beiden vor andersfarbigem Grund steht.

Die einzelnen Personen sind in der Farbigkeit ihrer Kleidung in sich harmonisch abgestimmt. Für die Herrscher wird die Gegenüberstellung von hellem Blau und hellem Rot bevorzugt, wodurch sie, abgesehen von ihrer Herrscherkrone, auf jeder Miniatur leicht zu erkennen sind. Bauer und Derwisch tragen dagegen dunkelbraune und graugrüne Kleidung (Fol. 644a, 439a). Die Farbigkeit ist insgesamt sehr reich, fast bunt. Darin unterscheidet sich die Handschrift von den anspruchsloseren Miniaturhandschriften dieser Zeit und erinnert in ihrer Farbenpracht eher an die Miniaturen im Houghton-Schāhnāme.

Die beteiligten Maler

Wir deuteten bereits an, daß die Miniaturen des Berliner Schāhnāme von verschiedenen Malern stammen. Als Philipp W. Schulz die Aufmerksamkeit erstmalig auf diese Handschrift lenkte, vertrat er die Ansicht, daß ihr Miniaturenschmuck auf den Maler Rizā-i 'Abbāsī zurückzuführen sei.[51] Die Verfasser des Kataloges der Deutschen Staatsbibliothek Berlin unterschieden insgesamt fünf Meister,[52] denen sie versuchsweise fünfzehn der insgesamt 67 Miniaturen ohne nähere Erläuterung zuordneten. Stellt man die vorgeschlagenen Miniaturen zu Gruppen zusammen, ergeben sich jeweils stilistische Gemeinsamkeiten, die auf einen bestimmten Maler verweisen. Keiner dieser Meister konnte bisher mit Sicherheit mit einem namentlich bekannten Künstler identifiziert werden. Es wurde bereits darauf hingewiesen, daß keine der Miniaturen signiert ist. Das gleiche gilt für die wenigen Blätter, die man als Parallelen aus anderen Handschriften heranziehen kann. So bleiben die Maler der Berliner Schāhnāme-Handschrift weiterhin in der Anonymität.

Die dem Meister A zugeschriebenen Miniaturen umfassen vielfigurige Szenen. Die Figuren sind schlank, die Gesichter wenig individualisiert (Fol. 13a, 202b, 279a, 433a, 644a). Der Meister könnte auch für eine Reihe weiterer Thronszenen und für die vielen Reitergefechte verantwortlich sein. In seinem Stil ist er der schematischeren Malerei der Vergangenheit verpflichtet. Auch der Meister B malte vielfigurige Szenen (Fol. 180a, 208a, 420a, 512a, 588a). Seine Gestalten sind aber voluminöser, die Gesichter zeigen eine Tendenz zu individueller Charakterisierung. Er füllt die Architekturbilder mit Leben. In seinen Arbeiten finden sich die nächsten Anklänge an das Werk des Riżā-i 'Abbāsī. Einzelne Figuren auf den Miniaturen der Berliner Handschrift wie der ›müde Schenke‹ (Fol. 480b) stehen dem Werk des Riżā besonders nahe. Unter den wenigen vielfigurigen Miniaturen des Riżā-i 'Abbāsī besitzt das 1612 von ihm signierte Doppelblatt in der Leningrader Ermitage[53] eine ganze Reihe von Eigentümlichkeiten, die auch für die Miniaturen des Schāhnāme charakteristisch sind. Erwähnen wir nur den in einzelne Farbzonen zerlegten Grund, die unendlich fein differenzierte Farbigkeit der Felskulisse, die stilisierten Bäume und die kräftige, abwechslungsreiche Farbigkeit der dargestellten Personen. Man kann zumindest feststellen, daß die Miniaturen des Berliner Schāhnāme der Kunst Isfahans in den ersten Jahrzehnten des 17. Jahrhunderts und damit der Kunst des Riżā-i 'Abbāsī sehr nahe stehen. Verwandt ist ihm der Maler D (Fol. 460a), dessen Gestalten von ähnlicher Lebensfülle bestimmt sind. Der Meister C unterscheidet sich grundlegend von seinen Kollegen. Ihm werden die Miniaturen mit den großformatigen Einzelfiguren zugeschrieben (Fol. 236a, 478b, 479b). Für ihn gelten nicht mehr die Kompositionsgesetze, denen die vielfigurigen Szenen folgten. Die Hauptfiguren stehen zu den Landschaftselementen in einem ganz neuen Verhältnis. Ein Meister E soll der Urheber der letzten Miniatur in der Handschrift gewesen sein (Fol. 720a). Die spannungslose Komposition und der gleichförmige Schematismus der Gestalten deuten darauf hin, daß sie erheblich später als die übrigen Miniaturen entstanden ist, vermutlich erst nach der Jahrhundertmitte hinzugefügt wurde. Bei den nachfolgenden Betrachtungen der einzelnen Miniaturen wird dort, wo es möglich ist, auf Wiederholungen bestimmter Motive und auf stilistische Verwandtschaften hingewiesen und damit angedeutet, daß es sich um Werke eines Meisters handeln kann (vgl. Fol. 446b und 43a). Die dabei erzielten Ergebnisse gehen über die oben gegebene allgemeine Charakterisierung nicht hinaus.

Für die Datierung der Miniaturen gibt es nur einen festen Anhaltspunkt. Im Kolophon wird mitgeteilt, daß die Abschrift im 2. Drittel des Monats Safar 1014, das heißt in der Zeitspanne vom 27. Juni bis zum 6. Juli 1605, vollendet wurde (Abb. 7). Eine in so hoher Qualität illustrierte Handschrift wurde nicht im Verlauf weniger Monate fertiggestellt. Nach dem Beispiel des Leningrader Schāhnāme für Schāh 'Abbās II., das seinen Bilderschmuck in der Zeit von 1642 bis 1651 erhielt,[54] dürfen wir auch hier einen Zeitraum von mehreren Jahren annehmen.

Bisher ist kein Schāhnāme bekannt, dessen Bilderschmuck zu dem unseren in direkte Beziehung gesetzt werden könnte. Ein Titelbild zu einem

Die Datierung

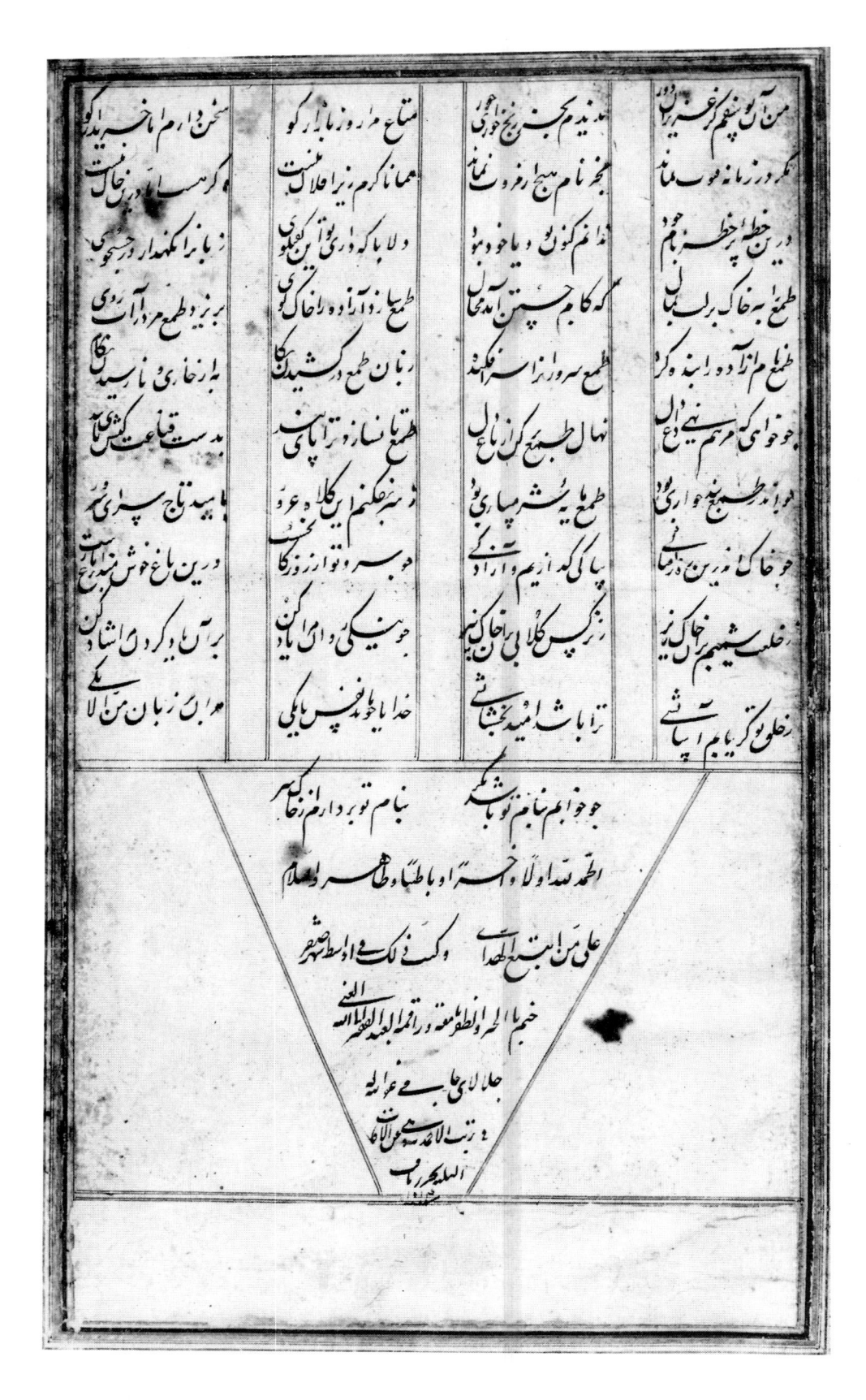

7. Ausschnitt aus dem Berliner Schāhnāme: Kolophon

Schāhnāme aus dem Besitz der Staatlichen öffentlichen Bibliothek Leningrad zeigt eine Reihe von Eigenheiten, die sich mit ähnlichen Thronszenen in der Berliner Handschrift vergleichen lassen.[55] Die Leningrader Handschrift wurde 1630 vollendet, also 25 Jahre später.[56] Sie zeigt Tendenzen zu noch reicherer Ausstattung. Diese Steigerung könnte ihre Erklärung in der besonderen Stellung als Titelbild und in der späteren Entstehung finden.

Ein ähnlich komponiertes Einzelblatt in der Walters Art Gallery in Baltimore (Abb. 8) zeigt einige Figuren, die wie Repliken zu Figuren in der Berliner Handschrift wirken. Da ist die Gestalt eines Kriegers in Rückenansicht (vgl. Fol. 693 a) oder die eines Dieners mit buschiger Fellmütze in

Profilansicht (vgl. Fol. 160b). Das Blatt in Baltimore könnte aus derselben Werkstatt hervorgegangen sein wie die Berliner Handschrift. Leider ist es ebenfalls nicht inschriftlich datiert und wird daher in Analogie zu dem Leningrader Titelbild in die Zeit um 1630 gesetzt.

Die Berliner Handschrift war so bedeutend, daß sie auch auf spätere Miniaturen gewirkt hat, so beispielsweise auf die Ausstattung des Schāhnāme für Schāh 'Abbās II. Die so kraftvolle Szene Rustams und des Chāns von China (Fol. 336b) wird von dem Maler Afzal al-Hoseinī im Jahre 1054 H. (1644) wieder aufgenommen.[57] Er komponiert die diagonal aufgebaute Gruppe aber in einen Kreis von Reitern hinein, so daß ihre dramatische Kraft eher abgeschwächt wird.

Die Frage nach dem Auftraggeber der Berliner Handschrift kann auf Grund fehlender Angaben nicht beantwortet werden. Es ist verlockend, Schāh 'Abbās I. selbst dafür in Anspruch zu nehmen. Die sehr qualitätvolle Malerei und die reiche Ausstattung sprechen dafür, daß sie für einen Auftraggeber mit erheblichen materiellen Mitteln angefertigt wurde. Ob dieser Auftraggeber der Schāh selbst, einer der Prinzen oder der hohen Würdenträger war, wird vermutlich eine unbeantwortete Frage bleiben.

III

Das Schicksal der Handschrift
Ausstellungen

Die Berliner Schāhnāme-Handschrift wurde in der ersten Hälfte unseres Jahrhunderts auf zwei internationalen Ausstellungen gezeigt, 1910 in München auf der ›Ausstellung muhammedanischer Kunst‹ als Besitz des Museums Folkwang, Hagen,[58] und 1931 in London auf der Internationalen Ausstellung persischer Kunst als anonyme Leihgabe.[59]

Veröffentlichungen

Nach der großen Münchener Ausstellung ging Philipp W. Schulz in seinem Werk über persische Miniaturmalerei mehrfach auf die Berliner Handschrift ein und bildete drei Tafeln daraus ab.[60] Im Zusammenhang mit dem von ihm festgestellten Niedergang der Malerei unter Schāh 'Abbās I. nannte er unter den rühmlichen Ausnahmen das ›Schahnamé, Slg. Osthaus in Hagen, mit Miniaturen eines Meisters der Isfahaner Schule, M.C. 718,[61] von 1014/1605‹.

Bald nach der Ausstellung in London 1931 wurde die Handschrift über die Kunsthandlung Krenz in Berlin zum Kauf angeboten. Verkäufer waren die Erben Osthaus, die diese Handschrift aus dem Bestand des Folkwang-Museums in Hagen herauslösten. Friedrich Sarre, der ehemalige Direktor des Berliner Islamischen Museums, hatte ein Gutachten zu den Miniaturen angefertigt und die Erwerbung empfohlen, da die Gefahr bestand, daß die Handschrift ins Ausland verkauft werden könnte. Im Juni 1938 wurde das Schāhnāme dann für die Deutsche Staatsbibliothek Berlin erworben.

In einem zusammenfassenden, 1964 erschienenen Buch über die persische Malerei unter Schāh 'Abbās I. wird die Handschrift nicht erwähnt,[62] was wohl darauf zurückzuführen ist, daß sie bisher nur unvollkommen publiziert war und die Fachwelt den Besitzerwechsel auf Grund der Kriegsereignisse kaum zur Kenntnis nehmen konnte. Erst im Katalog der illuminierten islamischen Handschriften der Deutschen Staatsbibliothek Berlin wird das Schāhnāme ausführlicher beschrieben, und die 67 Miniaturen werden ikonographisch bestimmt.[63] Den Bezeichnungen konnte in der vorliegenden Veröffentlichung nach eingehender Beschäftigung mit dem Text und den Illustrationen nicht in allen Fällen gefolgt werden. Auf die Bedeutung der Handschrift wird schon in der Einführung aufmerksam gemacht, in der es heißt: ›Prachtvolles Šāh-nāma; eines der schönsten aus dieser Zeit.‹[64] 1984 wurde das Schāhnāme der Berliner Staatsbibliothek in einer Sonderausstellung orientalischer illustrierter Handschriften aus Museen und Bibliotheken der Deutschen Demokratischen Republik im Islamischen Museum in Berlin erneut ausgestellt.[65] Schon während der Vorbereitung dieser Ausstellung wurde beschlossen, die Miniaturen der Handschrift vollständig zu veröffentlichen. Kurz zuvor waren 21 Miniaturen als Illustration zu einer Nacherzählung von Firdausīs Königsbuch für Kinder und Jugendliche abgebildet worden.[66] Vier der ausgewählten Miniaturen illustrieren das Garschāsp-nāme, auf das der Text nicht eingeht. Die übrigen Miniaturen sind nicht in der Abfolge der Erzählung, sondern ganz willkürlich über den Text verteilt.

Wenn das Berliner Schāhnāme von 1605 jetzt erstmalig mit allen Miniaturen und den prächtigen Schmuckseiten veröffentlicht wird, kann sich die Fachwelt von nun an ihr Urteil über ein Kunstwerk aus der Zeit des Schāh 'Abbās I. vom Anfang des 17. Jahrhunderts in seiner Vielfalt und Gegensätzlichkeit bilden. Darüber hinaus erhalten alle Bücher- und Kunstliebhaber die Möglichkeit, ein solches Buch, seit Jahrhunderten in Bibliotheken bewahrt und nur wenigen zugänglich, als Gesamtkunstwerk kennenzulernen und zu genießen.

Volkmar Enderlein

8. Miniatur aus dem Schāhnāme: Thronender Fürst mit Höflingen auf einer Gartenterrasse. Iran (Isfahan), um 1630.

ای ملک جاندی پناه ده کر نست مرخواجه

Anmerkungen

1 Oleg Grabar in *Norgren*, Jill; *Davis*, Edward: Preliminary Index of Shahnameh Illustrations. Ann Arbor 1969. S. 1.
2 *Brisch*, Klaus: Der Dichter Firdausī vor Sultan Maḥmūd von Ġazna. In: Jahrbuch Preußischer Kulturbesitz, Band XIX. Berlin 1982. S. 303.
3 *Rivière*, Henri: La céramique dans l'art musulman. Paris 1913, Band II, Tafel 62; *Pope*, Arthur U.: A Survey of Persian Art. London, New York 1938, Band V, Tafel 664, 672, 679; *Welch*, Anthony: Collection of Islamic Art. Prince Sadruddin Aga Khan. Genève 1978, Band 4, P64. S. 161.
4 Farbig abgebildet und der entsprechende Text des Schāhnāme in Übersetzung von Volkmar Enderlein bei *Farmer*, Henry G.: Islam (Musikgeschichte in Bildern). Leipzig (1966). S. 30f., Abbildung 13.
5 *Atil*, Esin: Ceramics from the World of Islam (Freer Gallery of Art, Fiftieth Anniversary Exhibition). Washington, D. C. 1973, Nr. 44. S. 100f.; *Guest*, Grace D.: Notes on the Miniatures on a Thirteenth-Century Beaker. In: Ars Islamica, Band X. Ann Arbor 1943. S. 148–152.
6 *Šukurov,* Šarif M.: ›Šach-name‹ Firdousi i rannjaja illjustrativnaja tradicija. Moskva 1983. S. 31–33.
7 *Ateş*, Ahmed: Un vieux poème romanesque Persan: Récit de Warqah et Gulšāh. In: Ars Orientalis, Band 4, 1961. S. 143–152, Tafel 1–15.
8 *Ipşiroglu*, Mazhar S.: Meisterwerke islamischer Kunst: Gemälde und Miniaturen im Topkapi-Museum in Istanbul. Stuttgart/Berlin/Köln/Mainz 1980. Abbildung 7, 8.
9 *Gjusal'jan*, Leon T.; *D'jakonov*, M. M.: Iranskie miniatjury v rukopisjach Šach-name Leningradskich sobranij. Moskva-Leningrad 1935. S. 27, 31–40, Tafel I, 1–5; *Akimuškin*, Oleg F.; *Ivanov*, Anatolij A.: Persidskie miniatjury XIV–XVII vv. Moskva 1968. S. 6, 35, Abbildung 1, 2; *Adamova*, Adel' T.; *Gjusal'jan*, Leon T.: Miniatjury, rukopisi, poemy ›Šachname‹ 1333 goda. Leningrad 1985.
10 Vgl. Anm. 9: Iranskie miniatjury v rukopisjach Šachname Leningradskich sobranij. Moskva-Leningrad 1935. Farbtafel 1.
11 *Brian*, Doris: A Reconstruction of the Miniature Cycle in the Demotte Shah Namah. In: Ars Islamica, Band VI. Ann Arbor 1939. S. 97–112.
12 *Hillenbrand*, Robert: Imperial Images in Persian Painting. Edinburgh 1977. S. 85.
13 *Gray*, Basil: The World History of Rashid al-Din: A Study of the Royal Society Manuscript. London, Boston 1978.
14 *Rice*, David T.: The Illustrations of the ›World History‹ of Rashīd al-Dīn. Edinburgh 1976.
15 *Duda,* Dorothea: Die Buchmalerei der Ǧalā'iriden (1. Teil). In: Der Islam, 46. Band. Berlin, New York 1971. S. 42.
16 *Falk*, Toby (edit.): Treasures of Islam. Published in Association with the Musée d'art et d'histoire. Genève, London 1985, Nr. 20, 23. S. 53–55.
17 *Enderlein*, Volkmar: Die Miniaturen der Berliner Bāisonqur-Handschrift. Leipzig 1976. S. 32.
18 *Binyon*, Laurence; *Wilkinson*, J. V. S.; *Gray*, Basil: Persian Miniature Painting. London 1933, Nr. 49. S. 69–71, Tafel XLIII–L.
19 *Gray*, Basil: Persische Malerei (Die Kunstschätze Asiens). Genève 1961. S. 85.
20 Die Handschrift wurde erst teilweise, später vollständig veröffentlicht von *Welch*, Stuart C.: A King's Book of Kings: The Shahnameh of Shah Tahmasp. New York 1972; *Dickson*, Martin B.; *Welch*, Stuart C.: The Houghton-Shahnameh. Cambridge, Mass 1981.
21 Vgl. Anm. 20: A King's Book of Kings. S. 16.
22 Vgl. Anm. 21, S. 165.
23 Vgl. Anm. 2, S. 308.
24 Vgl. Anm. 2, S. 309.
25 Vgl. Anm. 20: The Houghton-Shahnameh. S. 270f.
26 Vgl. Anm. 3: Prince Sadruddin Aga Khan, Band 3, IR. M. 69. S. 79–97.
27 *Gryphius*, Andreas: Catherina von Georgien. Herausgegeben von W. Flemming. Halle 1928. S. X.
28 Goethes Werke in 12 Bänden. BDK, Band 2. Berlin und Weimar 1966. S. 74.
29 *Stchoukine*, Ivan: Les peintures des manuscrits de Shāh 'Abbās Ier à la fin des Ṣafavīs. Paris 1964. S. 235f.
30 Vgl. Anm. 10, S. 19, Tafel 35–45.
31 *Welch*, Anthony: Shah 'Abbas and the Arts of Isfahan. New York 1973, Nr. 14, S. 65.
32 *Stchoukine*, Ivan; *Flemming*, Bar-

bara; *Luft*, Paul; *Sohrweide*, Hanna: Illuminierte islamische Handschriften (Verzeichnis der orientalischen Handschriften in Deutschland, Band XVI). Wiesbaden 1971, Nr. 30. S. 83–87.

33 *Gray*, Basil (edit.): The Arts of the Book in Central Asia, 14th–16th Centuries. London 1979. Tafel VII; *Duda*, Dorothea: Islamische Handschriften I: Persische Handschriften (Die illuminierten Handschriften und Inkunabeln der Österreichischen Nationalbibliothek, Band 4). Wien 1983. S. 211, Abbildung 30, 31.

34 Vgl. Anm. 21, S. 189–197.
35 Vgl. Anm. 10, S. 19.
36 Vgl. Anm. 29, S. 139f.
37 Vgl. Anm. 31, S. 65, Nr. 14.
38 *Rogers*, Alexander; *Beveridge*, Henri: The Tūzuk-i-Jahāngīrī or Memoirs of Jahāngīr. Delhi 1968², Band 2. S. 20f.
39 *Swietochowski*, Marie Lukens: Some Aspects of the Persian Miniature Painter in Relation to his Text. In: Studies in Art and Literature of the Near East in Honor of Richard Ettinghausen. The Middle East Center 1974. S. 114.
40 Vgl. Anm. 18, Tafel XLVIII, B.
41 Vgl. Anm. 25, Band 2, Tafel 92.
42 Vgl. Anm. 31, Nr. 14b, S. 33.
43 Vgl. Anm. 33: Islamische Handschriften I. Abbildung 254.
44 *Sarre*, Friedrich; *Mittwoch*, Eugen: Zeichnungen von Riza Abbasi. München 1914. Tafel 46.
45 Vgl. Anm. 12, Nr. 166, S. 73; *Ašrafi*, Mukaddima M.: Persian-Tajik Poetry in XV–XVII Centuries Miniatures. Dušanbe 1974. Nr. 56. S. 71; *Schulz*, Philipp W.: Die persisch-islamische Miniaturmalerei. Leipzig 1914, Band 2. Tafel 78.
46 Vgl. Anm. 25, Band I. S. 270f., Appendix II. Shāh Tahmāsb's Gift of the Shāhnāmeh to Sultan Selīm II.
47 Vgl. Anm. 1.
48 *Rührdanz*, Karin: Die Entwicklung der persischen Manuskriptillustration vom 14. bis zum 16. Jahrhundert unter besonderer Berücksichtigung der in der DDR aufbewahrten Miniaturhandschriften (Diss.). Halle 1983. S. 124.
49 Vgl. Anm. 21, S. 94 ›beings of the spirit world‹.
50 *Grube*, Ernst: Herat, Tabriz, Istanbul: The Development of a Pictorial Style. In: Paintings from Islamic Lands (Oriental Studies IV). Oxford 1969. S. 85–109, Abbildung 50, 51.
51 Vgl. Anm. 45: Die persisch-islamische Miniaturmalerei. Band I. S. 191.
52 Vgl. Anm. 32, S. 83–87.
53 Vgl. Anm. 9: Persidskie miniatjury XIV–XVII vv. Abbildung 59, 60.
54 Vgl. Anm. 31, S. 19ff.
55 Vgl. Anm. 10, Taf. 32.
56 Vgl. Anm. 31, S. 18.
57 Vgl. Anm. 10, Taf. 40.
58 Ausstellung München 1910. Ausstellung von Meisterwerken muhammedanischer Kunst. Amtlicher Katalog. München 1910. S. 84, Nr. 718.
59 Catalogue of the International Exhibition of Persian Art. London 1931. S. 301, Nr. 726, G. Mit falscher Angabe der Seitenzahl.
60 Vgl. Anm. 51, Band I. S. 131, 191. Band II, Tafel 130 rechts, Tafel 174.
61 M. C. = Münchener Katalog.
62 Vgl. Anm. 29.
63 Vgl. Anm. 32.
64 Vgl. Anm. 32, S. 8.
65 *Rührdanz*, Karin: Orientalische illustrierte Handschriften aus Museen und Bibliotheken der Deutschen Demokratischen Republik. Ausstellung im Islamischen Museum der Staatlichen Museen zu Berlin. Berlin 1984. S. 101–103. Farbabbildung S. 24.
66 *Heiduczek*, Werner: Die schönsten Sagen aus Firdausis Königsbuch. Berlin 1982, Hanau 1985.

Bildtafeln

Die Miniaturen der Berliner Schāhnāme-Handschrift
mit Texten und Kommentaren

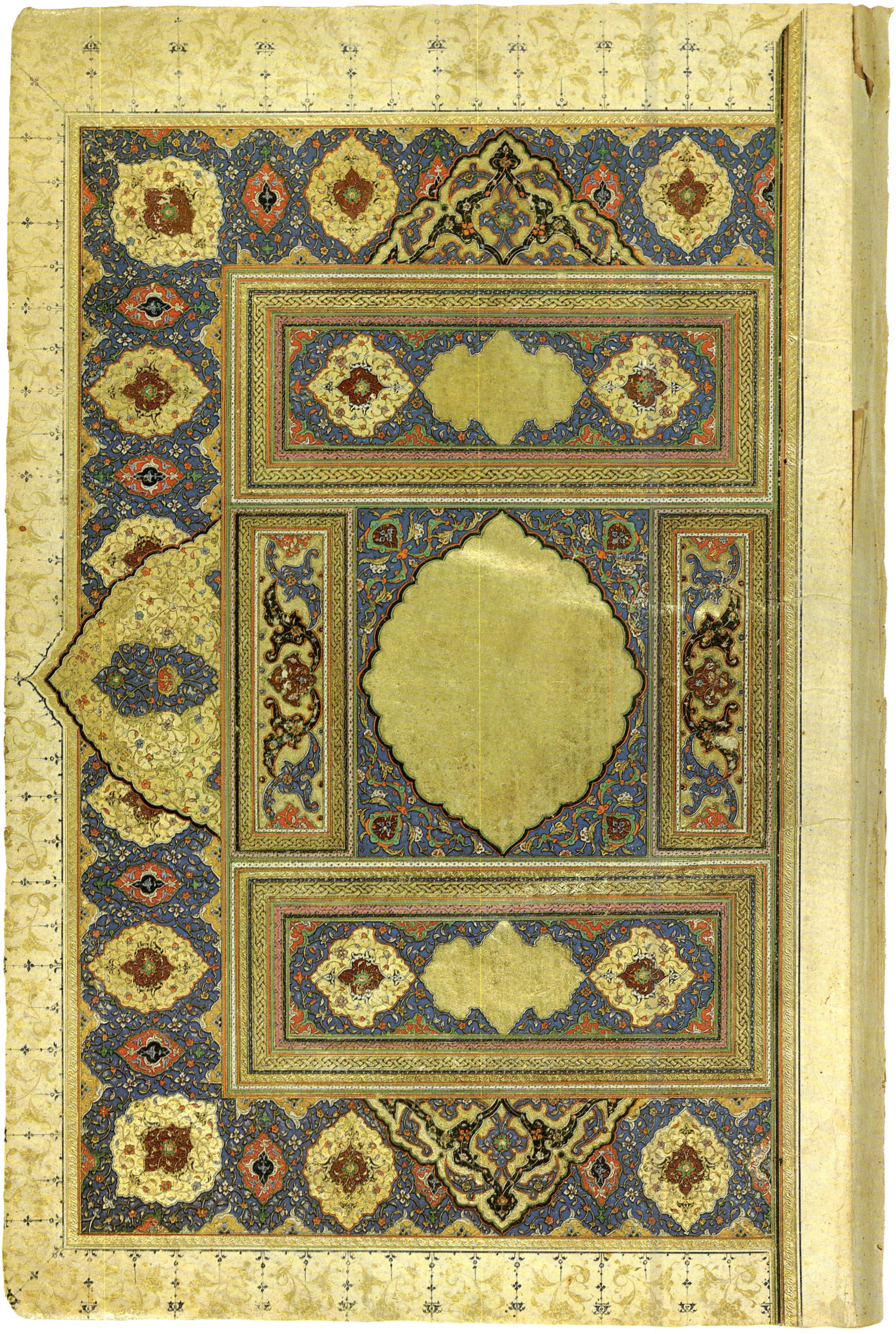

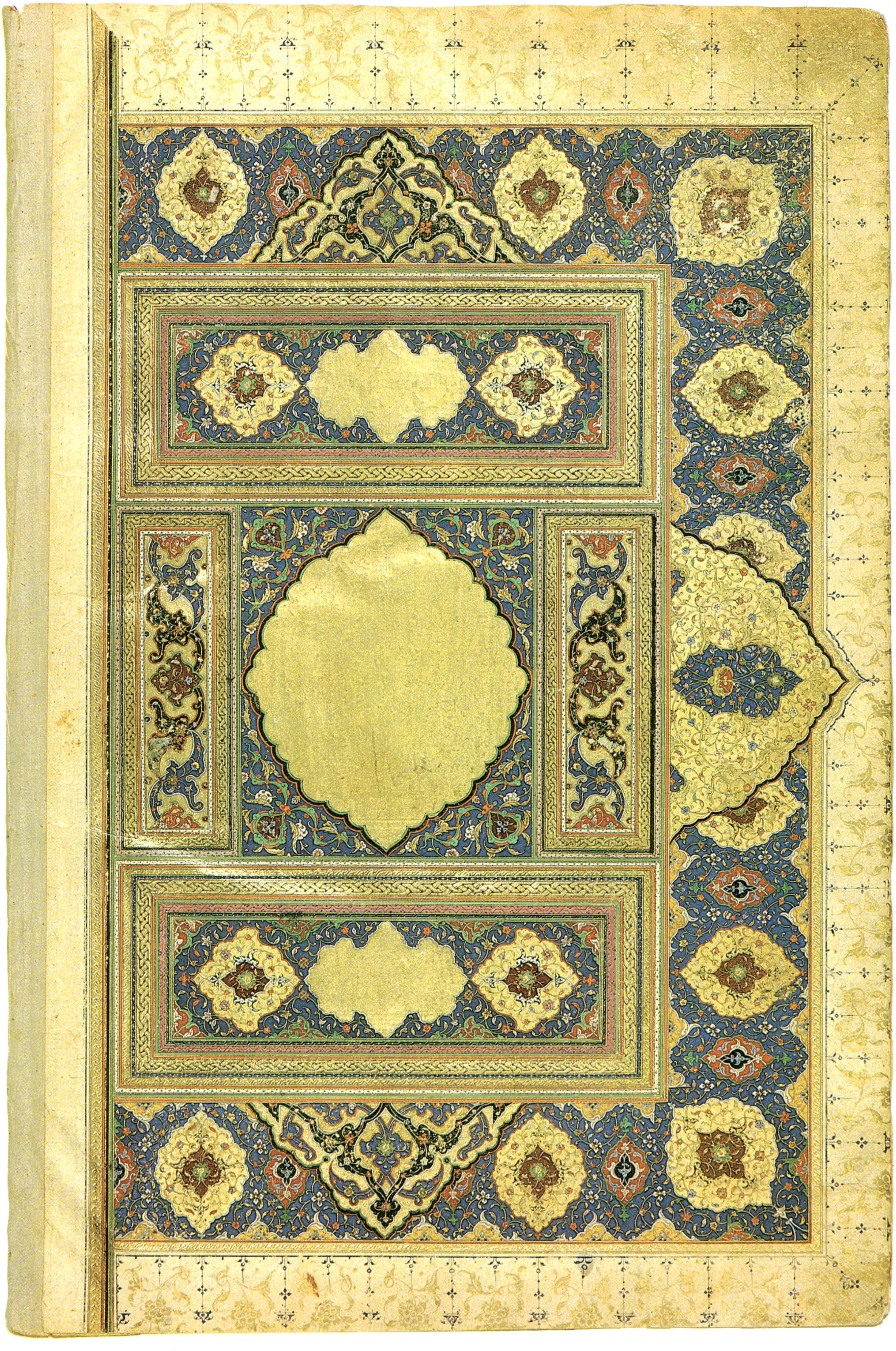

Doppeltitel (Fol. 1 b–2 a)¹

Die Handschrift wird mit einem Doppeltitel eröffnet, der in strahlendem Gold und leuchtendem Kobaltblau gleich zu Beginn einen Höhepunkt bietet.

Im Zentrum der beiden symmetrisch komponierten Seiten steht je ein spitzovales, goldgrundiges Medaillon von wellenförmig bewegtem Umriß. Wolkenbänder und Blütenranken vor dunkelblauem Grund füllen die verbleibenden Zwickel des Mittelfeldes. An den Schmal- und den Längsseiten werden die Mittelfelder von rechteckigen Feldern gerahmt. In den Schmalseitenfeldern ist eine goldene Kartusche vor feinen Blütenranken ausgespart. In den Längsseitenfeldern sind breite Arabesken dargestellt. Beide Blätter werden, als Einheit behandelt, an den Schmalseiten und an den äußeren Kanten von einer breiten Borte umfaßt. Zierdreiecke durchbrechen die Ordnung der in den Borten gereihten Medaillons. An den Schmalseiten sind die Zierdreiecke mit Arabesken gefüllt, die stilistisch dem Dekor in den Feldern zu beiden Seiten der Mittelmedaillons entsprechen. Von der Borte bis zum Blattrand laufen filigrane Randstrahlen.

Die goldgrundigen Medaillons und Kartuschen waren für Texte vorgesehen. Man darf sie sich mit farbigen Schriftzeilen vor feiner Spiralrankenmusterung vorstellen. Die leeren Felder zeigen an, daß der Band unvollendet geblieben ist.

Anfang des Prosavorwortes zum Schāhnāme. Nach der üblichen einleitenden Lobpreisung Gottes und seines Propheten berichtet der Verfasser von der Übertragung des Fabelbuches Kalila wa Dimna aus der indischen in die mittelpersische, aus der mittelpersischen in die arabische und aus der arabischen in die neupersische Sprache als ein Beispiel dafür, wie Herrscher der Vergangenheit ihrem Namen durch die Beförderung der Weisheit und die Bekanntmachung bedeutender Literaturwerke dauerhaften Ruhm verliehen haben. Dazu gehört auch die Anfertigung eines neupersischen Schāhnāme auf Initiative des Herren der ostiranischen Stadt Tūs, Abū Mansūr Muhammad ibn Abd ar-Razzāq, und unter der Aufsicht seines Sekretärs Abū Mansūr Ma'marī durch vier namentlich angeführte Männer, die die Traditionen von Sage und Geschichte des vorislamischen Iran, so wie sie in seinen östlichen Ländern noch fortlebten, zusammentrugen. Als Datum des Abschlusses dieser Arbeit wird der Monat Muharram des Jahres 346 der Hidzhra (April/Mai 957) angegeben. Das Blatt schließt mit der Nennung von Ereignissen, die das Schāhnāme erzählt und die besonders gut geeignet sind, die Neugier seiner Leser zu wecken.

Der Text des Blattes entspricht dem Anfang des sogenannten alten Vorworts zum Schāhnāme, das heute als Einleitung zu der oben beschriebenen neupersischen Prosafassung des Schāhnāme selbst anerkannt wird. Sie ging dem Werk Firdausīs um einige Jahrzehnte voraus. Dem Blatt liegt daher ein Text in neupersischer Sprache zugrunde, der noch vor der klassischen Dichtung Firdausīs entstanden ist. Das hier reproduzierte Manuskript gibt allerdings nur einen angenäherten Eindruck von diesem sehr alten Prosawerk. Es bietet seinen Text in gekürzter Gestalt, und seinen Streichungen sind viele der in späterer Zeit unverständlich gewordenen altertümlichen Wörter und manche Namen zum Opfer gefallen. Der Text ist auch nicht frei von Fehlern, manch wichtige Einzelheit ist ausgefallen, und insbesondere die Wiedergabe der Namen der Überlieferer ist verderbt.

Das am Unterrand lesbare einzelne Wort (der Name Zuhhāk) bezeichnet den Anfang der folgenden Seite und dient als Orientierungshilfe für den Buchbinder.

Vorrede (Fol. 2 b)

Die Vorrede zum Schāhnāme wird durch einen Zierstreifen hervorgehoben, der in der Fachsprache als 'unwān (arab. ›Anfang‹) oder sar-lauh (pers. ›Kopftafel‹) bezeichnet wird. Auf den Textbeginn wird außerdem durch ein Medaillon auf dem Blattrand außerhalb des Schriftspiegels aufmerksam gemacht. Es ist nahezu völlig ausgewischt. Um so besser ist der Zierstreifen erhalten. Er besteht aus einer rechteckigen Tafel, auf der üppiges Arabeskenwerk ein rautenförmiges Feld ausspart. Auf dessen Goldgrund müßte nach dem Beispiel anderer Handschriften ein kurzer Lobpreis Allahs stehen. Es ist wie die Medaillons auf dem Doppeltitel unbeschriftet geblieben. Ein schmaler Bortenstreifen, von einem Zierdreieck durchbrochen, schließt das Feld nach oben hin ab. Das Zierdreieck wird von einer Palmette in einem Geflecht von Lanzettblättern und Arabesken beherrscht. Symmetrisch ergänzt, ergäbe sich eine kreuzförmige Komposition. Dieses breite, mit Blütenranken gefüllte Arabeskenwerk ist auf anderen Werken der Safawiden-Zeit, wie beispielsweise auf Teppichen und auf Metallarbeiten, ebenfalls zu finden.

پاس پس ستایش ایزد که جهان آفرید و ماننده کار آورد و پدیدآورنده نیک و بد و نیکوکار را در خور اعمال پ...
مقرر فرمود و بربندگان و خاصگان بهترین خلقان یعنی محمد مصطفی صلی الله علیه و آله و سلم و بر آل پ...
مصنف کرد و نقل کتاب کلیله و دمنه المعروف دستور ابوالمنصور عبدالرزاق فرخ زاد پدید که بهرامشاه ...
بود و کار آتش کشید و پخش بزرگ از پیش و بدان کوشید که از این بندگان دیگری را از این کوتو جویش ه...
کلیله و دمنه پیروی کرد و روا موس سپارد آن را رشید کرد و از نشیندان و فرزندگان که داشت نیو کوفت دم با...
در این حال باشند کشیدند آبادانی پس ز بنیان ماند تا باقی بماند چند روز که زیر بود که وزیر بفت ازو بنگر دی...
پادشاه را از آن عمل آمده ماموک گفت چون خبر پیش نشست و پیش آورد و در زمانی هیچ پادشاهی ده و ماموک ان پ...
و دیده و بر خویش از من فرمود و تا از زبان علوی بار پارسی کرده آیند و روزی که شاعر کیله و دمنه ذی زبان مرا...
و نام کرد و گفت چنین الزوبی دکتر اندالقیه ابوالمنصور عبدالرزاق مروزی بفت و منسوب پادشاهی بافره و سر و زیاده با ز...
بوالمنصور معمری فرمود و تا خدا و ندانکتب و فرزانگان چنین پاسپس خسرو و پاسی به چرخ چون وام بان د پس سنور...
و بهرام چرم زینت یا پور و خوشتا نیا سپرون نیکوبیرون بطوسی جز ...
از خستین چهان میاید از هر جه در بنیا کاوک کیابی ا زم کم بپال بر با پس سید جهل و پس از بنیر تر وام ...
شاها نمای به نام نباند تا خدا و ندان این نهالان گک کمندو شگر شناخت و لیکن حواست و شخ پوکی دی در رزم سپه سپش رای که ل...
و اندرین شگفت بسیار جایها بود چیز بکشش بیج بود است در شخوانی بپاد کش کنگ پس افده پدید شد بی بی شود جول ال ای زو پ...

Aus der Einleitung zum Schāhnāme. Firdausīs Bekenntnis zur unfaßbaren Erhabenheit Gottes ist ein im ganzen Epos wiederholt aufgegriffenes Leitmotiv. Es bedeutet, auf die irdische Welt übertragen, die Unbegreiflichkeit menschlichen Leidens und Sterbens und die Unentschuldbarkeit des allenthalben herrschenden Unrechts. Gottes Unfaßbarkeit wird so zum Ausdruck einer elegisch-resignierenden Grundstimmung des ganzen ›Königsbuches‹.

Im Namen dessen, der den Menschen Weisheit schenkt,
der unser Leben lenkt, den kein Gedanke denkt,

des Herrn des Himmelsthrons, der alle Seelen leitet,
der dich auch sicher führt und dir dein Mahl bereitet,

der dieses Leben, der die Welt erschaffen hat,
der jedes Ding berief zu seiner Zeit und Statt,

der allen Sphärenbahnen Maß und Richtung weist,
nach dessen Willen Venus, Mond und Sonne kreist,

des Schöpfers, den kein Menschenauge je erblickt
– drum müh dich nicht zu sehn, was keinem noch geglückt –,

den niemand preisen kann, so wie es billig ist.
Du füge dich darein, daß du sein Sklave bist!

Textbeginn (Fol. 7b–8a)

Der Textbeginn des Schāhnāme wird noch einmal mit einer reich illuminierten Doppelseite geschmückt. Mit dem zentralen Schriftfeld, den vier rahmenden Feldern und der umlaufenden Borte, an den Längsseiten durch ein Zierdreieck unterbrochen, entspricht die Aufteilung im wesentlichen der des Doppeltitels (Fol. 1b bis 2a) wenige Seiten zuvor.

Die hohe Qualität der Zeichnung ist dem Inhalt der Eröffnungsverse, die einen Lobpreis Allahs beinhalten, angemessen. In den Schmalseitenfeldern werden von feinem, weißem Bandwerk goldgrundige Kartuschen gebildet, vorgesehen für weitere Texte. Die Längsseitenfelder zeigen Arabeskenwerk, dessen Symmetrie auf den beiden Seiten, vielleicht absichtlich, durch geringfügige Abweichungen in der Farbgebung gestört wird. Auf dem linken Blatt (Fol. 8a) sind einzelne kleine Abschnitte rot gefüllt. Über die Borte ziehen sich wie über die Schmalseitenfelder feine, spiralig geführte Arabesken und Blütenranken. Die reiche Binnenzeichnung der Arabesken und Blüten ist dem bloßen Auge kaum noch erkennbar. Die Schmuckseiten stehen mit ihrer hohen Qualität in einer Tradition, die sich unter den Timuriden im 15. Jahrhundert herausgebildet hatte. Dieser Tradition ist der Künstler der vorliegenden Schmuckseiten stärker verbunden als der Urheber des vorangehenden Doppeltitels und des Zierstreifens.

به نام خداوند جانِ خرد	کزین برتر اندیشه برنگذرد
خداوندِ نام و خداوندِ جای	خداوندِ روزیّ ده رهنمای
خداوندِ کیهان و گردانسپهر	فروزندهٔ ماه و ناهید و مهر
خدایی که جان و خرد آن آفرید	همه چیز اندر زمان آن آفرید
به بندگان آفریننده	نه هستی مر این جان و بیننده
ستودن نیاندکس اورا رستخیز	کمر بندگی را بباید بست

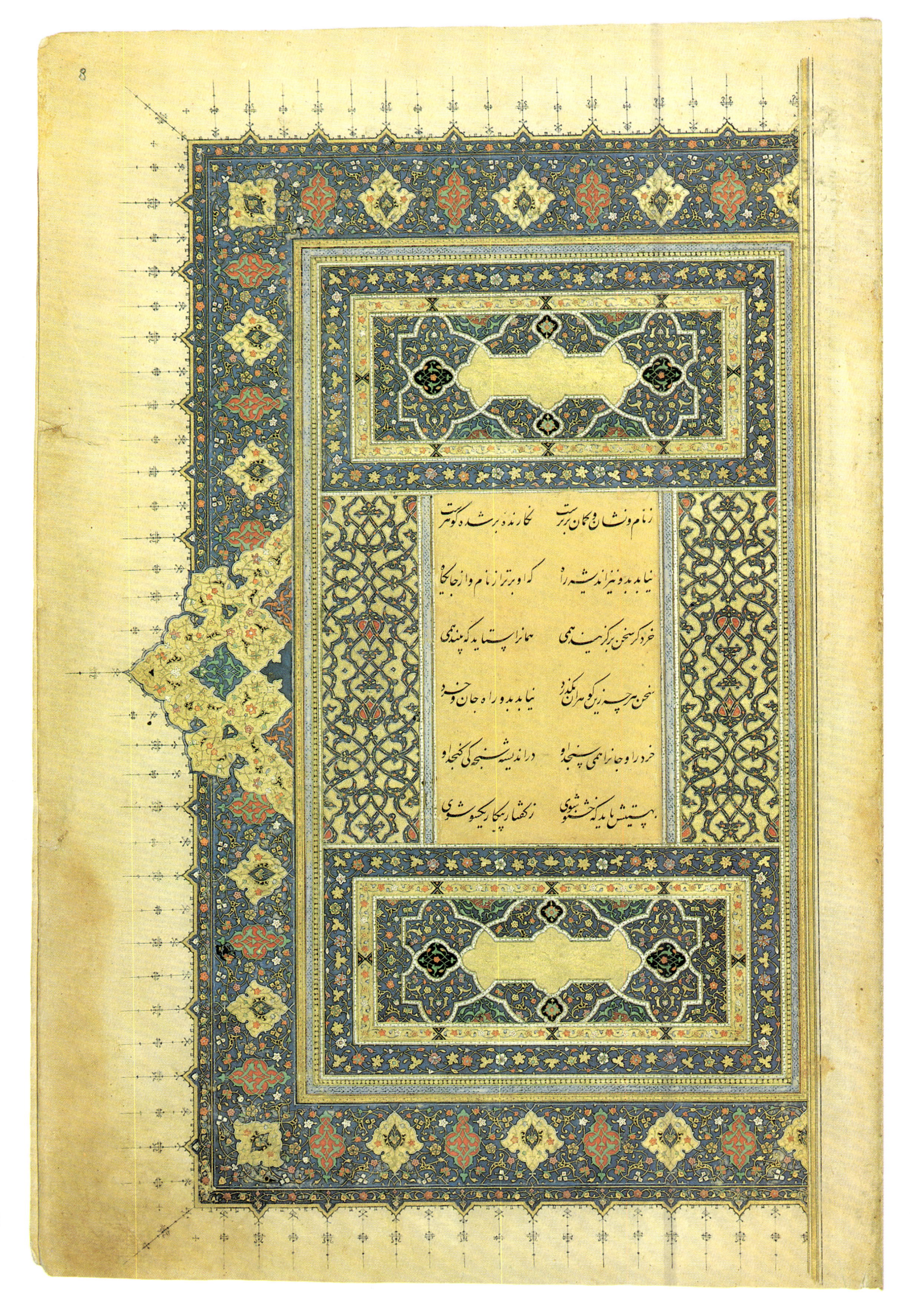

نگارندهٔ برشدهٔ گوهر	زنام ونش بیکران برتر
که او برتر از نام و از جایگاه	نیابد بدو نیز اندیشه راه
همانا ستاید که مانندهٔ	خرد گر سخن برگزیند همی
نیابد بدو راه جان و خرد	سخن هر چه زین گوهران بگذرد
در اندیشهٔ سخنی کی گنجد او	خرد را و جان را همی سنجد او
ز نگار بر کار گیهان خدای	بدین آیش باید که بخشنودی

Es schliff dies Weltjuwel ein Meister ohnegleichen,
   den Name, Zeichen und Gedanken nicht erreichen,

zu dem des Menschen Wähnen nimmer sich erhebt,
und dessen Hoheit über allen Thronen schwebt.

Des Menschen Weisheit kann sein Wesen nicht benennen,
denn wir benennen nur die Dinge, die wir kennen.

Und selbst, wer Worte schleifen kann wie ein Juwel,
der mühe sich nicht ab, sein Mühen schlägt doch fehl.

Er, der die Seelen und die Weisheit wägt, erreicht
wohl dein gewognes Denken ihn, der keinem gleicht?

Bekenne nur: ›Er ist‹, und damit sei's getan,
weil man von seinem Sein nichts weiter sagen kann.

Fortsetzung der Einleitung zum Schāhnāme.

نیایش پر از مژده و گریان می
پیم جدا پیش یاری

تر آید بر این کار یک کار گر
فروزنده شد دولت

Es liebte Gajōmart sein Kind mit heißem Schmerz,
die Furcht, es einmal zu verlieren, briet sein Herz.
Doch nichts fällt vor im Reich, und so vergeht die Zeit,
des Königs Glück erstrahlt in Pracht und Herrlichkeit.

Als erster König gebietet 30 Jahre lang Gajōmart über den ganzen Erdkreis. Unter seiner Herrschaft wird die Erde zum Paradies. Alle Tiere sind zahm, und unter den Menschen entstehen zivilisierte Lebensformen. Die ganze Liebe des Herrschers aber gilt seinem Sohne Sijāmak.

Der Urkönig Gajōmart, umgeben von Höflingen und Dienern (Fol. 13 a)²

Gajōmart hat auf einer Wiese sein Gefolge um sich versammelt, um ein Fest zu feiern. Er sitzt auf einem tragbaren Thron und hält in der linken Hand zwischen Daumen und Zeigefinger eine kleine Trinkschale. Im Halbkreis stehen und knien um ihn die Mitglieder seines Hofes. Zwei Paare wenden sich im Gespräch einander zu. Andere Personen halten Früchte und Getränke bereit. Zwei Musiker spielen die Laute und das Tamburin. Der zart lilafarbene Grund wird zum Horizont hin von einer wild zerklüfteten und farbig reich gestalteten Felskulisse mit einzelnen Bäumen abgeschlossen. Über den tiefblauen Himmel segeln bunte Wölkchen. Von den Bergen aus beobachten verschiedene Tiere und ein Mensch das Fest.

Gajōmart ist im Zentrum des Bildes nicht wie sonst üblich als ein bärtiger Mann in vorgerücktem Alter, sondern als Jüngling, die Herrscherkrone tragend, wiedergegeben. Er ist von schlanker Gestalt und vollem jugendlichem Antlitz, nach den Worten des Dichters zypressengestaltig und mondgesichtig. Seine Körpergröße, die ihn, selbst sitzend, noch um Haupteslänge die um ihn Stehenden überragen läßt, unterstreicht seine Bedeutung. Wenn ein Blütenbaum ihn mit seinen Zweigen, dem Körperumriß folgend, umfängt, so bedeutet das, daß auch die Natur seiner Verherrlichung dient.

Gajōmart hatte die Menschen gelehrt, sich in Tierfelle zu kleiden. Wenigstens ein Kleidungsstück der Dargestellten, Mütze, Weste, Hose oder Mantel, ist daher aus Leoparden- oder Tigerfell gefertigt. Nur zwei Personen folgen dieser Regel nicht. Da ist einmal ein junger Mann in der Personengruppe am linken Bildrand, der dem Herrscher ein Buch entgegenhält. Die andere Person in zeitgenössischer Kleidung ist der ältere kniende Mann mit dem locker geschlungenen Turban am unteren Bildrand, der den Blick ebenfalls zum Herrscher emporhebt. Es ist verlockend, in dieser Ausnahme eine geheimnisvolle Anspielung des Malers zu vermuten. Offenkundig ist die Tatsache, daß weder der Herrscher noch eines der Mitglieder des Hofes eine Waffe trägt. Es ist ein Bild des Friedens, das uns vor Augen geführt wird.

Noch zu Lebzeiten seines Vaters wird Sijāmak vom ›Schwarzen Dämon‹, dem Sohn des Teufels, getötet. Damit erfüllen sich die sorgenvollen Ahnungen, die seit langem das Glück des Urkönigs Gajōmart trübten.

Sijāmak, der Sohn Gajōmarts, wird vom ›Schwarzen Dämon‹ überwunden (Fol. 13 b)

Die Illusion einer friedlichen Welt, in der Menschen und Tiere zusammenleben, wird durch den Angriff des ›Schwarzen Dämons‹ und den Tod des Sijāmak zerstört. Der Maler hat für seine Illustration den Augenblick des Zweikampfes zwischen Dämon und Herrschersohn gewählt, in dem Sijāmak zerrissen wird. Hilflos hängen seine Arme herab, sein liebliches Haupt mit der Krone sinkt hintenüber. Der Dämon hat sein Schwert zu Boden fallen lassen und reißt dem Jüngling mit krallenbewehrten Pfoten die Brust auf. Der Dämon ist ein Mischwesen von beeindruckender Scheußlichkeit. Auf seinem Wolfskopf sitzt ein kurzes Geweih. Es ändert nichts an seiner Abscheulichkeit, daß er mit einem kurzen Schurz bekleidet und mit goldenen Arm- und Beinringen geschmückt ist.

Um den Kampfplatz zieht sich im Viertelkreis ein Gebirgszug. Aus den Bergen verfolgen die Gefährten der Kämpfenden das Geschehen, auf der einen Seite Menschen und Tiere, ihnen gegenüber die Dämonen. Um den Kämpfenden auf dem goldenen Wiesengrund den nötigen Raum zu geben, hat der Maler weit über den Schriftspiegel auf den rechten Blattrand hinausgegriffen.

Die vorliegende Szene ist die einzige nur halbseitige Illustration des Bandes.

Auf Erden hatte Gajōmart nur einen Feind,
den bösen Teufel, der mit arger Hinterlist

und voller Neid auf fremdes, ungetrübtes Glück
auf nichts als Böses sann und schnöden Machtgewinn.

Auch dieser hatte einen Sohn, wild wie ein Wolf,
ein kühner Führer seiner schwarzen Höllenschar,

der, wo er konnte, Schaden tat und Ungemach
dem Glück des Königs und dem Heile Sijāmaks.

Er sammelte sein Heer und suchte mit ihm Streit.
Der Herrscherthron, des Königs Krone war sein Ziel.

Und dieses Ziel verkündete er jedermann,
die ganze Welt erfüllte bald schon sein Geschrei.

Doch Gajōmart schien taub, und er erfuhr es erst,
daß er nicht mehr alleine Weltenkönig war,

als Gottes Botenengel ihm erschien, Surūsch,
ein stolzer, kriegerischer Held im Parderfell.

Der offenbarte ihm vom Anfang bis zum Schluß,
was Ahriman ihm zugedacht mit seinem Sohn.

Als dann auch Sijāmak all das zu Ohren kam,
was jenes arge Scheusal offen sprach und trieb,

da packte heißer Zorn den edlen Königssohn,
er sammelte sein eignes Heer, war auf der Hut

und hüllte sich ins kriegerische Parderfell,
denn Eisenpanzer gab es dazumal noch nicht.

Er stellte sich dem Schwarzen Dämon kühn zum Streit,
und beide Heere traten voreinander hin.

Dann maß sich baren Leibes Sijāmak, der Held,
mit jenem Sohne Ahrimans im Einzelkampf.

Zum Angriff schritt alsbald der lange schwarze Dīw,
zur Erde beugte er den schlanken Königssohn.

Er packte seinen Leib, er warf den Prinzen nieder,
und seine scharfen Krallen zerrissen Brust und Glieder.

Das Heer stand wie verwaist – zu Ende war der Krieg,
der Feldherr lag im Staub, des Teufels war der Sieg.

یکی بود و دیگر یکی گرگ تیز	گرفتک اندر آن بیشه ٔ تیر خیز	برتک اندر آمد سراسر سپاه	همی رای زد با سر کینه خواه
سه گر و دو نزدیک و را تاخت	همی گفت و هم و بیم از او ساخت	چو جان شاه ازین گونه کآکاه شد	جهان شاه بر آن پی سپاه شد	برخت سپاه ملک طلم پرخش
یوم ورش ازین کرکه آگاه دار	درشت پیار و همی آمار	یکی یک این بیشه پنهان شوش	جهان کرد مر پیکر خور پور
دل شاه بجر بر آمد بخروش	سپاه نگون جنگ دوکوش	پس کف مگر کس از این پیش	بسیار هر مرز ی ملکنه پوش
در پس شدکش پوز چنگالی	روی برو جنگ و نه روی نیا	پوشیدن تن ابر کنک بلگ	کو در نخواه و دو پلید
برو جنگ دارد و نه دیو سپا	سیاه زبرو بی راه برد نیا	سیه یک بجنگ هر چه بینا بر	کو پوش نغبه پاک سپک
دو تا آمد از ما بالای یپا		سپه یک بجنگ تن البر بک	برا پوشیدن بلا پور سبا

| فکند آن تنش را بخاک نگون | بکک الآن کرگ چاک چاک | سپه یک برخی زده آتش | تنی کشت و ما نداکس فنح |

Episode aus dem Garschāsp-nāme. Unter der Herrschaft des Tyrannen Zahhāk wird König Asrit in Zābulistān (Zabul, heute Verwaltungseinheit im Südosten Afghanistans) ein Sohn namens Garschāsp geboren, der rasch zum heldenhaften Jüngling heranwächst. Auf seinem Heereszug nach Indien besucht Zahhāk auch den Hof Asrits. In den zu seinen Ehren veranstalteten ritterlichen Kampfspielen tut Garschāsp sich vor allen anderen hervor und wird von Zahhāk mit dem Befehl ausgezeichnet, einen gefährlichen Drachen zu bekämpfen.

Sein Poloschläger traf den Ball mit voller Wucht,
er schlug ihn bis zum Sternenkreis in rascher Flucht.

Schwarz wie das Ebenholz ward da der Sonne Rund,
im Flug küßt' das Geschoß des Mondes blassen Mund.

Als dann zurückgekehrt der Ball zur Erde fiel,
trieb er mit neuem Schlag ihn in ein neues Ziel.

Garschāsp zeigt vor Zahhāk seine Fertigkeit im Polospiel (Fol. 27 b)

Garschāsp, in der Rechten den Poloschläger, galoppiert über das Spielfeld. Der Reiter und sein Pferd sind die einzigen unter den Dargestellten, die nicht vom Bildrand überschnitten werden. Zahhāk bildet mit seinem Gefolge eine dicht geschlossene Gruppe, die an den linken Bildrand gerückt ist. Zahhāk, an den Schlangen zu erkennen, die aus seinen Schultern wachsen, trägt die Herrscherkrone und wird außerdem durch den Ehrenschirm ausgezeichnet. Sein Gefolge besteht aus dem Schirmträger, dem Waffenträger und dem Falkner. Von der gegenüberliegenden Seite schaut hinter einer Platane, in der noch die Pfeile des Garschāsp stecken, ein Krieger hervor. Im Vordergrund stehen neben den Pfeilern des Polotores zwei Pagen, der eine hält zwei weitere Poloschläger geschultert. Von rechts nahen zwei Elefanten, von einem dunkelhäutigen indischen Treiber gelenkt. Auf dem weißen Elefanten ruht der goldene Herrschersitz.

In der Kleidung der Dargestellten finden sich viele Hinweise auf die zeitgenössische Mode. Das Gefolge des Zahhāk, besonders der Falkner, zeigt die lässige Eleganz vom Anfang des 17. Jahrhunderts am Hofe von Isfahan. Hohe schwarze Stiefel, wie sie Garschāsp trägt, wurden auch von Schāh 'Abbās I. getragen.[3]

Das Blatt ist ausgewogen komponiert. Der Kopf des Garschāsp sitzt im Schnittpunkt der Diagonalen. Eine üppige Blütenstaude im Vordergrund und die Spitze des in den goldenen Himmel ragenden Felsens betonen die Mittelachse. Um Garschāsp bilden die übrigen Personen ein Oval.

یکی کوہی در رحم چو کان کند / بدستانش آتش بصبح بر کند

کمر دار شد سوی تھاری پس / برش شب یاد و بوس

چو بازآمدش برکف باز ش / کوکان ہم زگرد و برکاشش

نزد بنه آمد و کین گذار
بفرمود و خشم برکار

و تیز قلم را بفا پس کرد
سخن در ره اندیشه کوتاه کرد

Garschāsp, den Zorn und Kampfbegier zum Wort bewegen,
erregt die Wut Bahūs mit einem Tintenregen.

Der Schreiber weiß die böse Rede recht zu wählen,
Wort und Gedanke werden Perlen und Juwelen.

Episode aus dem Garschāsp-nāme. Gegen den König Mahrādzh von Indien hat sich Bahū, der Herrscher von Ceylon, erhoben und seinen Gegner in eine bedrängte Lage gebracht. Zahhāk schickt Garschāsp dem Mahrādzh zu Hilfe, der zunächst Bahū durch einen Schmähbrief zum Kampfe reizt. Dieser endet mit dem Sieg Garschāsps und der Wiederherstellung der Macht des Mahrādzh.

Garschāsp kämpft gegen zwei Tiger (Fol. 33 a)

Auf einer von einem Bach durchflossenen Wiese sind zwei Thronsitze aufgestellt. Auf dem linken thront, umgeben von seinem Gefolge, unter einem gewölbten Zeltdach König Mahrādzh von Indien. Zu seinen Füßen hat sich ein weißbärtiger Schreiber niedergelassen. Er hat sein Gürtelschreibzeug mit geöffnetem Tintenfaß neben sich gelegt und ist bereit, den gewünschten Brief zu schreiben. Der rechte Thronsitz, über den ein viereckiges Sonnensegel gespannt ist, steht leer. Zeltdach und Sonnensegel könnten nach der Art ihrer Dekoration durch Applikation oder durch Wirkerei gemustert sein.

Garschāsp hat sich von seinem Sitz erhoben, um die Störung durch die Tiger, die in die idyllische Landschaft einbrechen, zu beenden. Eines der Tiere liegt bereits erschlagen am Boden, nach dem anderen schlägt Garschāsp mit der Keule, die auch auf den folgenden Illustrationen die bevorzugte Waffe ist. Mit der linken Hand rafft er das Obergewand und gewinnt dadurch die nötige Bewegungsfreiheit für einen Ausfallschritt. Diese Fechterstellung wird auf einer der späteren Illustrationen (Fol. 457 b) wiederholt. Garschāsp, groß in den Vordergrund gerückt, ist der unbestrittene Held der Episode. Daher fühlt sich niemand durch die Tiger bedroht, niemand nimmt das Geschehen zur Kenntnis.

Die Illustration weicht in der Schilderung der Ereignisse vom geschriebenen Text ab.

43

76

G eschickt war ich genug, doch fehlte mir das Glück.
Ist dir das Schicksal hold, brauchst du nicht mal Geschick.

Bleibt dir das Glück versagt, muß dein Geschick bald weichen.
Dem Glückskind wird ein Schrat, ein Scheuch zur Zier gereichen.

Episode aus dem Garschāsp-nāme. In seiner Bedrängnis bedient sich Bahū eines schnellfüßigen Mohren, um Garschāsp zu ermorden. Bereits von der Wache aufgegriffen und dem Feldherrn in Ketten vorgeführt, kann der Mohr sich als Bote ausweisen und eine Audienz erwirken. Dabei versucht er Garschāsp niederzustechen, wird aber überwältigt und erneut gefangengenommen. Garschāsp nutzt nun sein Wissen, um Bahū zu überfallen, vernichtend zu schlagen und dem Mahrādzh als Gefangenen vorzuführen. Der Text enthält Worte, die Bahū an den Mahrādzh richtet.

Ein aufgegriffener Mohr Bahūs wird Garschāsp vorgeführt (Fol. 43 a)

Der Maler hat die Episode auf eine Gartenterrasse mit einem Pavillon oder Kiosk verlegt. In dem Kiosk hat König Mahrādzh von Indien Platz genommen. Er neigt sich im Gespräch zu Garschāsp hin, für den ein Thronsitz bereitgestellt wurde. Garschāsp hat die Beine übereinandergeschlagen und hält in der Linken die schwere Streitkeule ebenso graziös wie die kleine Trinkschale in der Rechten.

In der unteren Bildzone wird der Mohr des Bahū in Ketten von einem Krieger vorgeführt. Der Mohr ist wie ein Dīw oder Dämon gestaltet. Die beiden Musikanten, eine Tamburinspielerin und ein Jüngling, der sein Saiteninstrument auf dem Teppichrand abgelegt hat, scheinen das Ereignis zu besprechen.

Die Illustration ist ein Musterbeispiel für die Methode persischer Maler, die Seitenansicht, Daraufsicht und räumliche Darstellung miteinander in einem Bild kombinieren. Die Wiedergabe der Terrasse mit dem Kiosk, die hinter dem roten Zaun gelegene Landschaft mit Zypressen und Blütenbäumen und einzelne Personengruppen sind seitenverkehrt zu unserem Blatt auf einer Miniatur der Walters Art Gallery in Baltimore (Abb. 8) wiederzufinden.

Episode aus dem Garschāsp-nāme. Nach der Wiederherstellung der Herrschaft des Königs von Indien unternimmt Garschāsp in Begleitung des Mahrādzh Abenteuerreisen, die ihn unter anderem auf eine entlegene und wüste Insel führen. Sie stoßen dort auf einen paradiesgleichen Garten, dessen Rosen aus dem Garten Eden stammen. Der Engel Rizwān, der Paradieswächter, soll sie selbst dort gepflanzt haben. Eine wundertätige Quelle gibt dem Garten das Leben.

D em Rosenhag entsprang ein silberheller Quell,
wie Rosenwasser duftete sein klares Naß.

»Ein rätselhaftes Wunder ruht in diesem Ort«,
so sprach Mahrādzh, der König, zu Garschāsp gewandt.

Er gab Befehl, ein zartes Schleiertuch zu bringen
und moschusfeine Rosen darin aufzuhäufen.

Den Schleier spannten sie quer über jenen Born,
der wallte sogleich auf und kochte wie im Zorn.

Da, plötzlich rote Glut und Flammen lichterloh,
das Tuch blieb heil, die Rosen brannten hell wie Stroh.

Garschāsp und Mahrādzh vor einer wundertätigen Quelle auf einer fernen Insel (Fol. 53 b)

Garschāsp und König Mahrādzh von Indien stehen als Freundespaar dicht nebeneinander im Gespräch. König Mahrādzh hat dem jugendlichen Helden die Hand auf die Schulter gelegt und weist mit der Rechten auf die Flammen an der wundertätigen Quelle. Garschāsp hält den Stiel der auf den Boden gesetzten Streitkeule wie ein Stöckchen und hat das rechte Bein darüber gestellt. Der Maler hat offensichtlich die Absicht, ihn in kompliziert verschränkter Haltung darzustellen (vgl. auch Fol. 43 a).

Das Gefolge nimmt mit Verwunderung die fremdartigen Echsen, die die Insel bevölkern, wahr und versucht, sie mit Steinen zu erschlagen.

An der Quelle ist ein Zelt aufgestellt, in dessen geöffnetem Eingang ein goldener Thronsitz steht. Die violette Außenseite des Zeltes ist mit Vogelgruppen und Buschwerk gemustert, wie sie auf Textildarstellungen der Malerschule von Isfahan in den ersten Jahrzehnten des 17. Jahrhunderts wiederholt erscheinen.[4]

در آن گلبنان حنظه روئی تنی | خوش آبی هیوبیت گل آبا | بگیرو پهندار صبح گفت | کیان حنظه داربکشی بفن

سعر منو دیس جا بی می پشیش | بمرقند پرزان گل مشکبار

شید مذر فوا ز ن حمله | بجش شش تنک اش ی ورست

جاک که ر دا ر حنشه رو دوزه جوا | سوزید کل لگ و جا درست

سر اسب در آن سنگلاخ در نشست
یکسو از آن اژدها بایست

بخروش همه ریزه کرد
یه دندان پریشان بزرگ کرد

Durch eine öde Felsenwüste ging es weiter,
    die Drachen, die dort hausten, überwand der Streiter.
Die Leiber schlug er klein mit seiner scharfen Wehr,
die Köpfe spießte er auf einen langen Speer.

Episode aus dem Garschāsp-nāme. Auf der Reise zu den menschengestaltigen Dämonen gelangt Garschāsp zu einer von Drachen bewohnten Insel und tötet viele Ungeheuer.

Garschāsp erlegt einen Drachen (Fol. 56a)

Viele Helden des Schāhnāme bewähren sich im Kampf gegen Drachen. Auch Garschāsp, dessen Abenteuer eigentlich nicht ins Schāhnāme gehören, tötet ein solches Untier. Für die Maler bestand die Aufgabe darin, eine Handschrift mit einer Vielzahl von Drachenkämpfen zu schmücken und dabei Wiederholungen zu vermeiden. In der vorliegenden Handschrift haben sie die Untiere in unterschiedlicher Farbigkeit und in phantastischen Krümmungen wiedergegeben (Fol. 205a, 460a, 477a, 551b).

Der von Garschāsp erlegte Drache ist goldfarben in die violetten Felsen des Gebirgsstockes, der sich am linken Bildrand nach oben streckt, eingefügt. Die vielen knorrigen Bäume unterstreichen die Öde des Gebirges. Das Fabelwesen steigt sehr glaubhaft vom Berg herab und faucht dem Helden Flammen entgegen. Mit einem Hieb trennt Garschāsp dem Drachen den Kopf vom Leib.

Mahrādzh und sein Gefolge bilden eine aufmerksame Zuschauergruppe. Der Page ist von dem Geschehen so beeindruckt, daß er den Finger der Verwunderung an den Mund legt.

Episode aus dem Garschāsp-nāme. Der König von Kabul beginnt gegen Asrit, den Vater Garschāsps und König von Zābulistān, einen Krieg. Die Angegriffenen siegen, als Garschāsp in den Kampf eingreift. Der Text schildert Ereignisse der zweiten, entscheidenden Schlacht.

Zweihundert Elefanten, zweihundert Panzerreiter
und mehr als dreißigtausend andere kühne Streiter,

sie stellten sich in Reih und Glied zum Kampf bereit,
und da war keiner, der sich nicht dem Tod geweiht.

Die Reiter jagten hin und her, flink und geschickt,
und manche sind aus Hinterhalten vorgerückt.

Der Trommeln Klageton hallt' von den Bergen wieder,
von vielen Pfeilen ging ein Eisenhagel nieder.

Garschāsp besiegt den König von Kabul (Fol. 74b)

Die Illustration der zahllosen Schlachten zwischen riesigen feindlichen Heeren, die im Schāhnāme mit großer Freude am Detail geschildert werden, hat die Maler vor eine schwierige Aufgabe gestellt. Sie haben sie meist so gelöst, indem sie einen Ausschnitt aus einem vorüberbrausenden Reitergefecht darstellten (Fol. 119b, 189b, 337a, 390a). Die Kampfpaare jagen hintereinander her oder stürmen aufeinander zu.

In der Schlacht gegen den König von Kabul thront Garschāsp im Zentrum auf einem Kriegselefanten, beugt sich von seinem Sitz herab und erschlägt einen Gegner mit der Keule. Auch die Kämpfer in der untersten Bildzone reiten aufeinander zu. Die beiden Reiterpaare in der oberen Bildhälfte jagen nach rechts dahin. Durch die unterschiedliche Bewegungsrichtung der Kämpfenden erhält die Illustration eine spannungsvolle Ausgewogenheit. Die Art der Bewaffnung ist vielgestaltig. Es wird mit Lanzen, Pfeil und Bogen und dem Säbel gekämpft. Die Krieger bedienen sich im Kampf gegeneinander nie gleicher Waffen. Immer wird ein Höhepunkt im Ablauf des Zweikampfes wiedergegeben.

Das Schlachtfeld ist mit abgehauenen Köpfen und Gliedmaßen bedeckt. Unbarmherzig wird der weißbärtige Krieger am unteren Bildrand von einem jugendlichen Reiter von hinten niedergesäbelt. Über den Horizont schauen die beiden Bannerträger, ein Trompeter und ein Pauker, der auf einem Kamel reitend die beiden Kriegspauken schlägt.

دو صد پل هنر از یلان دست کشف		سپه چینی هنر از یلان رست
کشیدند جان برنهاده بکف		دو صد زولیان یکی کف

سواران جنگ آور فیروز خشک	کوه هزار کوس کی لیافت	یلان آن کینه نهار و بن کشت
ز سگان در ابر آسپین بها افت		

Episode aus dem Garschāsp-nāme. Auf seinen Fahrten durch das Mittelmeer trifft Garschāsp einen Schiffbrüchigen auf einer einsamen Insel, der sich als ein andalusischer Edelmann zu erkennen gibt. Garschāsp holt ihn auf sein Schiff und bestraft den Dämon, der den Fremden auf seine Insel geholt hatte. Der Beitext des Bildes ist dem Bericht entnommen, den der Edelmann nach seiner Errettung gibt. Er sitzt, mit einer Schale Wein bewirtet, im Vorderschiff.

»An einem Tag des Unheils«, so erzählte er, »trieb unser Schiff wie wilde Windsbraut vor sich her. Ein Riesendämon nahm uns wahr, und er ergriff und zog an diesen Strand das führerlose Schiff.«

Garschāsp rettet einen schiffbrüchigen Edelmann von der Insel eines Dämons (Fol. 88b)[5]

Schiffsdarstellungen gehören in der persischen Miniaturmalerei zu den großen Seltenheiten. Die Erzählung von der Überquerung des Mittelmeers durch Garschāsp und seine Gefährten gibt dem Maler die Gelegenheit, ein Schiff wiederzugeben. Nach der Befreiung eines andalusischen Edelmanns aus der Gewalt eines Dämons hat sich der Held mit seinen Begleitern wieder auf das vor der Küste ankernde Schiff begeben. Nun thront er an Bord, seine Gefährten weit überragend, auf goldenem Sitz. Die Gefährten drängen sich hinter ihm auf dem Deck. Der befreite Edelmann wird mit einer Schale Wein erquickt.

Im oberen Drittel des Bildes ist die Insel und das Haupt des Dämons zu sehen. In den silbernen Wellen des Meeres tummeln sich Fische und Wasservögel. Ein weißer Reiher fliegt auf das Schiff zu.

Das Schiff, von einem hohen Heck überragt, besitzt vier Masten, die sehr eigenwillig über das Deck verteilt sind. An den Rahen sind zwar Taue, aber keine Segel befestigt. Alles deutet darauf hin, daß der Maler von der Seetüchtigkeit eines Schiffes keine Vorstellung hatte und sich nur bemühte, ein Schiff von der Art portugiesischer Karavellen abzubilden.

Dem Iran war es in den ersten Jahrzehnten des 17. Jahrhunderts mit Hilfe der Engländer gelungen, die Portugiesen aus Hormuz zu vertreiben und am Persischen Golf in Bandar Abbas einen eigenen Hafen zu gründen. Der Eindruck, den europäische Schiffe hinterließen, könnte in der Miniatur einen Niederschlag gefunden haben.

چنین گفت کرکش و زرن
مرا باد باکشتی افکند

ازین پس علی تنه دیوکشتی
بروی آب موکستی یافت

Episode aus dem Garschāsp-nāme. In der Schlacht Garschāsps gegen den König von Qairuwān (Kairouan, Stadt in Tunesien) gelingt es dem König, Garschāsps Reitelefanten mit zwei Wurfspießen zu Fall zu bringen. Garschāsp aber springt zu Boden und tötet seinen Feind mit einem gewaltigen Keulenschlag.

Auf schrie im Schmerz und nieder brach der Elefant. Nicht so Garschāsp, der Held. Er hob geschwind die Hand.

Sein unverhoffter Keulenschlag zersplitterte des Königs Haupt. Die halbe Welt erzitterte.

Garschāsp besiegt und tötet den König von Qairuwān (Fol. 93 b)

Auf rosafarbenem Kampfplatz stehen sich Garschāsp und der König von Qairuwān im Zweikampf gegenüber. Garschāsp hat den tödlichen Schlag mit der Streitkeule geführt; sein Gegner bricht zusammen. Im Gegensatz zu dem unbeteiligten Ausdruck des Garschāsp wirkt das Gesicht des Königs mit den geschlossenen Augen fein und konzentriert.

Die Bewegungsrichtung der Kämpfenden wird im Bild durch ihre Reittiere unterstrichen. Das Pferd des Königs, von einem Plattenpanzer bedeckt, sprengt reiterlos nach rechts, während der Elefant, reich geschirrt und mit dem Thronsitz auf dem Rücken, nach links hin zusammengebrochen ist, wie die noch schwingende Glocke andeutet.

Wenn auch die Proportionen des Elefanten im Verhältnis zu den Kämpfern ganz unwirklich sind, ist das Tier in seiner Haltung und in den Details doch so exakt beobachtet und wiedergegeben, wie es ein indischer Maler am Moghulhof nicht besser hätte darstellen können.

Die feindlichen Heere folgen vom Horizont her, durch die Kuppe des Berges voneinander getrennt, mit großer Anteilnahme dem Kampf.

حروش برخزد و پیل آویخت
سپک پهلوان چنگ...

جهان بیه پیش کف کرد ...
که زیر پیش باز پید نه ی ...

نخست از پیاپیش می‌کشیدا سرسیری که چهرم از برد بران وسروش پایس‌سال همه به کرد مش بکست
از آن رو ی ضحاک جوبر خاک کشـ جهان از بداز و سیه پاک شد

کشته شاه خویش بود نک که کرد غازی پشنی
پاور دمسار غازی کران مباندکیکو مدروس لنده بجایی شکیک کرد مرو بر زدست سخی نود ابل بدان تن سختی نماند درو

Die Erde stellte Firēdūn an ihren Ort,
zerriß die Lederhülle, die sie arg gewürgt,

er kettete Zahhāk an Kopf und Hand und Fuß
und machte alle Welt von ihren Ketten los.

Zahhāk sank hin, verging, zerfiel gleichsam zu Staub,
und jedermann ward seiner Übeltaten frei.

Er riß ihn von den Seinen, was ihn noch verband,
das waren nur die Bande seiner Kerkerhaft.

Im Bergesinnern eine bodenlose Schlucht
bestimmte für ihn Firēdūn zum Aufenthalt.

Mit schweren Eisennägeln, um ihn mehr zu strafen,
schlug er ihn fest, doch so, daß sie sein Mark nicht trafen.

In eine enge Schlucht schloß er ihn sicher ein,
wo sie am tiefsten war, zu langer Qual und Pein.

Tausend Jahre regierte der arabische Tyrann Zahhāk die Welt. Er war der erste Herrscher, der nur Verderben über Iran brachte. Der Teufel hatte sich Zahhāk in der Gestalt eines Koches genähert und ihn zum Fleischgenuß verführt. Als der König ihm gestattete, seine beiden Schultern zu küssen, wuchsen daraus zwei Schlangen hervor, die mit Menschenhirn ernährt werden mußten. So verlangte Zahhāk ständig nach Menschenopfern, und diese größte seiner Missetaten führte schließlich zu einem Aufstand des Volkes gegen ihn und zu seiner Gefangennahme durch Firēdūn, den erbberechtigten Fürstensproß. Da Zahhāk aber noch eine bestimmte Rolle beim Weltenende vorbehalten ist, so darf Firēdūn ihn nicht töten, sondern nur für 4000 Jahre in einer Höhle des Demawend, des höchsten Berges Irans, gefangensetzen. Die Sage von den Schlangen, die aus Zahhāks Schultern hervorwuchsen, stellt eine Vermenschlichung einer älteren Version der Überlieferung dar, die Zahhāk als einen mehrköpfigen Drachen beschrieb.

Firēdūn führt den Tyrannen Zahhāk gefangen zum Berg Demawend (Fol. 107 a)

Firēdūn, der Urenkel des Königs Dzhamschēd, hat Zahhāk überwunden und führt ihn gefesselt zum Berge Demawend. Am Ende des Weges ist die dunkle Höhle zu erkennen, in der Zahhāk an den Felsen genagelt werden soll. Firēdūn, im Zentrum des Bildes, wendet sich zu dem Gefangenen zurück und weist mit der Linken auf den weiteren Weg voraus. Auf der Schulter trägt er die Stierkopfkeule, deren Form an die Kuh Purmāje erinnern soll. Diese Kuh hatte ihn als Ziehmutter in der Einsamkeit eines Waldes gesäugt und war später von Zahhāk getötet worden. Zahhāk muß den Weg über die unwegsamen Felsen barfüßig zurücklegen. Seine Hände sind auf den Rücken gefesselt; ein ihm folgender Krieger hält das Ende der Fessel.

Die Bergkette des Demawend teilt das Bild diagonal in zwei Dreiecke. Im rechten unteren Dreieck hält sich das Gefolge des Firēdūn auf. Die Männer verfolgen das Geschehen, deuten darauf hin oder sprechen miteinander darüber. Zwei der Reiter werden mit ihren Pferden in Rückenansicht wiedergegeben, womit die Geschlossenheit der Gruppe unterstrichen wird. Der Page am unteren Bildrand hat sich ganz unkonventionell auf einem Stein niedergelassen und hält ein gezäumtes Pferd bereit. Im oberen linken Dreieck nehmen auch die wilden Tiere, teilweise in den Felsen des Gebirges verborgen, an dem Ereignis Anteil.

Mit der vorliegenden Miniatur wird die Illustration des Schāhnāme in der Handschrift wieder aufgenommen.

Episode aus dem Garschāsp-nāme. Nachdem Narīmān, der Sohn Garschāsps, im Auftrage seines Vaters den Kaiser von China besiegt und den Chāqān der Türken getötet hat, tritt ihm der chinesische General Qalā entgegen. Narīmān überwindet ihn im Zweikampf.

Da lachte Narīmān: »Was schreist du wie ein Narr?
Nicht Prahlerei gilt hier, hier gilt nur Kampfgeschick.

Den leeren Wortschwall des Barbiers, den fürcht ich nicht,
welch Maultier fürchtet sich vor seiner Glocke Ton?

Ich werde dein Gehirn, du Wicht von einem Feind,
den Geiern in der Wüste werfen vor zum Fraß.

Ist auch dein Schwert so reißend wie ein Krokodil,
so fliegt und schwingt das meine doch dem Adler gleich.

Es wird auf dich herniederfahren und dich treffen,
dein Herz und Hirn mit Klauen und mit Krallen schlagen.«

Dies waren seine Worte, und mit Löwenzorn
bestürmte Narīmān den Feind mit scharfem Pfeil.

Den Bogen krümmte er, die Sehne spannte er,
den Pappelpfeil, dem Adler gleich, entsandte er.

Der Pfeil fand seinen Weg und schoß genau ins Ziel.
Er traf des Türken Haupt, der tot zu Boden fiel.

Narīmān besiegt den chinesischen General Qalā (Fol. 119b)

Die Reiterschlacht ist ähnlich komponiert wie auf der Miniatur wenige Seiten zuvor (Fol. 74b). Drei Reiterpaare kämpfen in drei Zonen übereinander. Nach der Schilderung des Kampfes, wie sie der Text bietet, müßte Narīmān der Bogenschütze in der mittleren Zone sein. Er kommt auch auf Grund seiner Stellung in der Komposition am ehesten als Hauptfigur in Frage, liegt sein Kopf doch im Schnittpunkt der Diagonalen. Vor ihm flieht der General Qalā, ausgezeichnet durch ein großes, auf dem Waffenrock getragenes Schmuckstück. Ungewöhnlich ist die Haltung seines Pferdes, das den Kopf vom Betrachter abgewandt hat. War die Farbigkeit auf dem früher beschriebenen Blatt von braunrotem Grund beherrscht, so dominiert hier das helle Violett des Schlachtfeldes.

زبان بر گشند و بگفت از فلک / چه ستوری هنر دید ازین یک نمک / تیر پیش منی را کفن با گهر / که پستیم تیر بدر زمان بری
سم آهـون مغو توا بخم توز / کشم کرگ نـر بدین شست توز / از رویم زیـنت آن دز رزم آنجـــا / از آن پنجـــاه عقابت آیین
مفا رغت بحال بحال

کشـت این از کــش کـل بـه پر / کـر بر دا ارش کــج کش تیر / روبخم کمال دل ذکی / بسـتی کـه پیکان و پــدر / غرو رخت بر بازی بنت شکبار

سر پرده شاه برپوشید / درفش همایون بما بر کشید
همه لشکرہ ما گروہ / چنان تیرہ شد روی گیتی کہ کوہ / جو در یا یا کوشید ما یا کیہ / تو گفتی کہ خورشید نا لا جود

خروشیدن نای رویین ز پشت / خروشیدن تای رویین ز پیل / زلشکر کہ پیلوانی زد پیل / کشیدندی و بیصف پیل

M an sah das Königsbanner durch die Steppe ziehn,
sogar das Herrscherzelt nahm er mit in den Kampf.

Das Heer marschierte Trupp für Trupp ins Feld hinaus,
sein Marschtritt ließ erbeben Berg und flaches Land.

Der viele Staub verdunkelte des hellen Tages Licht,
und schwarzblau wie Lasur erschien der Sonne Rund.

Ein solches Kampfgeschrei erhob sich allenthalben,
daß alle, die gut hörten, wie betäubt dastanden.

Der Trommeln dumpfer Ton erfüllte Luft und Erde,
noch weiter drang der Schrei der edlen Wüstenpferde.

Am Lager zog der Elefanten Treck vorbei.
Zwei Meilen maß ihr Zug, und jeweils gingen zwei.

Firēdūn, der letzte Herr der ganzen Welt, teilt im Alter sein Reich unter seinen drei Söhnen Salm, Tūr und Ēradzh. Ēradzh, der jüngste und fähigste der Brüder, empfängt Iran, das Herz der Welt. Schon bald ermorden ihn aber Salm und Tūr, die Herren Europas und Zentralasiens. Im Auftrag Firēdūns zieht Manōtschihr, der Sohn des Ēradzh, mit einem gewaltigen Heer gegen seine Onkel, besiegt und tötet sie. Das Bild zeigt die Aussendung Manōtschihrs durch seinen Großvater in den Krieg gegen Tūr.

Der iranische König Manōtschihr tritt seinen Onkeln Tūr und Salm entgegen, um den Tod seines Vaters Ēradzh zu rächen (Fol. 154a)

Die Begegnung feindlicher Heere und die herausfordernden Reden der Anführer sind ein häufig dargestelltes Thema (Fol. 202b, 234a, 312b u.a.) im Schāhnāme.

Die beiden Heere werden durch übereinandergestaffelte Reiter an beiden Bildrändern, die sie so anschneiden, daß der Eindruck eines Teiles einer sehr viel zahlreicheren Armee entsteht, wiedergegeben. Ein Hügel am unteren Bildrand, eine Blütenstaude und ein einzeln stehender Baum trennen die Heere voneinander. Über die Heerführer, die hier zugleich Könige sind, werden Würdeschirme gehalten. Zwei der Krieger haben ihre Turbantücher um die Hälse ihrer Pferde geschlungen zum Zeichen dafür, daß ›sie zu sterben entschlossen sind und ihr Leben Gott geweiht haben‹ (vgl. Ibn Baṭṭūṭa: Die Reise des Arabers Ibn Baṭṭūṭa durch Indien und China. Hamburg 1911. S. 266, 374). Die übrigen Krieger nehmen durch Gesten an der Streitrede der Anführer teil. Die Bannerträger, deren Fahnen über den Bildrand hinausragen, und weitere Krieger bilden die übliche Zuschauerkulisse am Horizont.

Auf dem linken Würdeschirm ist als Musterung ein Paar sich verfolgender Füchse dargestellt, ein Textildekor, der schon auf Fol. 53b Verwendung fand.

Dem Helden Sām war ein Kind mit weißen Greisenhaaren geboren worden, Zāl, der spätere Vater Rustams. Sām schämte sich dieses mißgestalteten Sohnes und ließ ihn im Gebirge aussetzen, ohne freilich seinen Seelenfrieden wiederzuerlangen. Da bringt ein glückverheißender Traum Hoffnung, daß sein Kind noch lebt und auch gefunden werden kann. Das Bild zeigt, wie Sām den Mōbads, den zoroastrischen Priestern, berichtet und ihren Rat hört. Die Rede der Priester beginnt mit recht deutlichen Vorwürfen gegen einen Vater, der sein eigenes Kind verstößt.

E r brachte frohe Kunde ihm von seinem Kinde,
von seinem Samen und dem Fruchtzweig seines Baumes.

Vom Schlaf erwacht, ließ Sām die Priester zu sich kommen,
erzählte ihnen wortreich seine schönen Träume,

erzählte ihnen alles ganz so, wie es war,
zudem auch, was von Karawanen man erfuhr.

»Was haltet ihr von der Geschichte?« sprach er dann,
»Meint ihr, daß man das alles wirklich glauben kann?«

Ein jeder, der es hörte, nutzte diese Fragen
und wagte es, dem Recken ins Gesicht zu sagen:

»Wer Dankbarkeit nicht kennt für Gottes Gnadengaben,
der wird an keinen Gütern seine Freude haben.«

Sām berichtet den Priestern über einen Traum von seinem Sohn Zāl und fragt nach der Deutung (Fol. 160 b)

Sām, der Enkel des Garschāsp, thront in der offenen Bogenhalle seines Palastes. Die herbeigerufenen Mōbads haben paarweise zu beiden Seiten der Halle Platz genommen. Die beiden zur Rechten deuten Sām aus einem auf ihren Knien liegenden, aufgeschlagenen Buch seinen Traum. Die beiden Gelehrten zur Linken führen ein Gespräch miteinander. Zwei Diener stehen zur Erfüllung von Aufträgen bereit.

Wirkungsvoll unterscheidet sich das volle Gesicht des Sām von den markanten, bärtigen Gelehrtengesichtern der Mōbads. Alle Personen tragen die für sie typische Kleidung. Sām hat eine große, weiche Mütze auf dem Kopf, um die lose ein Tuch geschlungen ist. Eine Federagraffe kennzeichnet ihn als Würdenträger. Die Mōbads tragen die großen Turbane, die für Mollahs üblich sind. Wie Sām auf dem Teppich sitzt, sich gegen ein Polster lehnt und sich auf ein zweites Polster, das er unter den linken Arm geklemmt hat, stützt, besitzt er ein Gegenstück in einer um 1614 datierten Miniatur des Malers Rizā-i 'Abbāsī.[6] Der Blick in die überkuppelte Halle bot dem Maler die Möglichkeit, die prächtige Innenausstattung zu schildern. Der Boden in der Halle und der gefliese Vorplatz sind mit Teppichen bedeckt. Fliesen verkleiden die Sokkelzone der Wand. Das eigentliche Bogenrund schmückt eine feinteilige Wandmalerei im ›chinesischen‹ Stil. Reiher und Enten sind zwischen Weidengebüsch dargestellt. Die Bogenzwickel mit den Wolkenbändern und das Rechteckfeld über dem Bogen mit den goldgrundigen Kartuschen und Rosetten deuten farbiges Fayencemosaik an. Der geraffte Vorhang an der Rückwand der Halle gestattet einen Blick durch die Türöffnung in den Garten.

و را مژده دادی بعمر دراز به زین الحسن جبر گو به نماز چو پدارش موبد الحکم میان بر و شاخ زرد بسا

بدیشان گفت لحظه درنوید جز آن سرکه از کار گاه غیب

یکی گفت او زان قضا بر سر است هر کس کو بهی پیش آدم پیرست رزبان کن و دلبر پیل ید که هر کو کند دانش پیشه ایش خروشان شست مست نباشد بر این کاری کی شنا سا

Mihrāb, der Herrscher von Kabul, hat eine Tochter von ungewöhnlicher Schönheit, Rōdābe. Zāl, der Sohn Sāms, hier Dastān genannt, verliebt sich in sie, obgleich er Rōdābe bisher nur aus Erzählungen kannte und obwohl ihre Familie von dem Tyrannen Zahhāk abstammt und Götzen verehrt. Da Rōdābe Zāls Gefühle erwidert, der Schāh und Sām aber einen Bund der beiden nie gebilligt hätten, muß Zāl heimlich zu Rōdābe vordringen.

Das Lasso löste Zāl vom Panzer seines Rosses.
Mit leichtem Wurf ließ er es rasch sein Ziel erreichen.

Es schoß empor und schlang sich um des Daches Zinne.
Mit festem Griff packt' er das Seil und klomm nach oben.

Kaum hatte er zu kurzer Rast sich hingesetzt,
da kam mit liebem Gruß das Feenangesicht.

Die Hand Dastāns ergriff sie ohne viele Worte.
Das Liebespaar verschwand. Geschlossen blieb die Pforte.

Von des Palastes Dach ab stiegen sie zu zweit,
in seiner Hand die Hand der gertenschlanken Maid.

Zāl besucht Rōdābe und gewinnt ihre Liebe (Fol. 167 b)[7]

Zāl ist mit Hilfe seiner Fangschnur in den Palast des Mihrāb eingedrungen und mit Rōdābe vom Dach in eines der Gemächer herabgestiegen. Die beiden Liebenden sitzen sich in dem obersten Raum, der von einem dreiflammigen Leuchter erhellt wird, gegenüber. Das weiße Haar des jugendlich schönen Zāl ist unter der Pelzmütze verborgen. Eine Dienerin tritt auf den Altan hinaus, beobachtet die Umgebung und bewacht das ungestörte Zusammensein des Paares.

Ein Stockwerk tiefer wird die verschlossene Tür von zwei schlafenden Wächtern gehütet. Sie sitzen nebeneinander auf einem Teppich und stützen sich im Schlaf auf ihre Streitkeulen. Ein dritter Soldat, vom Alter gebeugt und auf einen Stab gestützt, macht die Runde, wobei ihm ein Jüngling mit lodernder Fackel voranleuchtet und auf die schlafenden Wachen hindeutet.

Auf dem Vorplatz, durch einen Flechtzaun von den Wächtern getrennt, braten zwei Jünglinge und ein alter Mann auf offenem Feuer ein Tier am Spieß. Einer der Jünglinge wendet den Blick zu dem nahenden Soldaten, während er zugleich einen Ast über dem Knie zerbricht. Die beiden anderen sind ganz von ihrer Beschäftigung gefangengenommen.

Die brennende Kerze bei den Männern auf dem Vorplatz, die Fackel des Wachhabenden und der Leuchter im Gemach der Liebenden machen deutlich, daß sich das Geschehen bei Nacht abspielt. Um dem Betrachter die Geschichte erzählen zu können, hat der Maler das Gebäude geöffnet und den Blick in die verschiedenen Räume ermöglicht. Die Ausstattung der Innenräume wird mit allen Details geschildert. Wieder bedecken Teppiche den Boden. Die Wände schmücken Fliesen und feinteilige Malereien. Im Obergeschoß ist der Vogel Sīmurgh, der Ernährer und Erzieher des Zāl, dargestellt, vermutlich eine Anspielung auf den Besucher. Im Untergeschoß sind auf dem Wandbild Steinböcke, ein Fuchs und eine Hirschkuh zwischen Buschwerk zu sehen.

Zwei der Soldaten zeichnen sich durch eine Kopfbedeckung aus, wie sie unter Schāh 'Abbās I. für die höheren Militärs und die Angehörigen der Leibwache verbindlich war.[8] Sie besteht aus einer hohen stabförmigen Kappe, um die ein üppiger Turban geschlungen ist, der wiederum von einem andersfarbigen Tuch zusammengehalten wird. Der Turban des Wachhabenden ist um eine Federagraffe bereichert. Der Maler hat offensichtlich die mythische Erzählung des Schāhnāme mit zeitgenössischen Figuren illustriert, vielleicht mit der Absicht einer spottenden Anspielung.

کمند از ره ببستد لاجرم / پنگفت غاره برآمدیم / جو بر بام آن رپ نشیب یاز / آمد درین باب پریک پیه
حلقه در آمد سر کنگره / بیا مد پری وی بر شا ملا

گرفت آن یکوش درپیش بیست / برشده مر دو یکرد دست / فرو آمد از بام کاخ بلند / ببسا مدر زردوستاخ بلند

شبان ای بوانی خرش عمر ا   شکم گرم و خرمی درکا   کربا رو پرواند رد پنا   همی نیا مدید برین روزگار
شابان ای بوانی خرش عمر ا   بدوکف ابدرکه کیرن جام
جبو بودت که کبیش جنش خام

چنین یاد دارم بامج کومس وروز
ببسی کشیام یوز یاب
نماز مان امدنیم فرار   وزین یخ بروییام یوز   توکوی بیشکتم اکند وپست   ویاتهیت انج میان ست

Nicht lange Zeit verstrich, da spürte Rōdābe
in ihrem Herzen einen frühlingshaften Trieb.

Dann schwoll ihr edler, schlanker Leib und wurde feist.
Die Purpurwangen färbten sich wie Safran gelb.

Die Mutter sprach zu ihr: »O deiner Mutter Seele!
Was ist mit dir geschehn? Fahlgelb sind deine Wangen!«

Sie seufzte tief und sprach: »Ich öffne Tag und Nacht
die Lippen nur vor Schmerz und nur zum Hilfeschrein.

Denn meine Zeit ist da, daß ich gebären sollte,
doch nichts nimmt mir die Last, von der ich frei sein wollte.«

Ihr schwerer Leib war fest und hart als wie ein Stein,
und was ihn füllte, schien aus Eisen gar zu sein.

Nach Überwindung aller Hindernisse können Zāl und Rōdābe den Ehebund schließen, gerade rechtzeitig genug für Rōdābe, um Zāls Kind als seine Frau zur Welt zu bringen. Die ungewöhnlich schwere Geburt deutet bereits auf die Leibesstärke des Kindes hin: es ist Rustam, der größte Sagenheld Irans.

Geburt Rustams. Rōdābe im Kindbett. Zāl ruft den Vogel Sīmurgh um Hilfe an (Fol. 180 a)[9]

Rōdābe liegt in den Wehen in einem Raum, dessen Fenster verhangen ist und der nur durch zwei Kerzen erhellt wird. Junge und alte Frauen umgeben sie, nehmen Anteil an ihrem Leiden und verschaffen ihr Erleichterung, indem sie ihr Wein zur Betäubung einflößen. Ihre Mutter Sīndocht kniet mit aufgelöstem Haar neben dem Lager und schlägt sich gegen die Brust. Ein dunkelhäutiger Diener reicht ein brennendes Kohlenbecken in den Raum, das ihm abgenommen wird.

Zāl, der weißhaarige Gemahl der Rōdābe, ist in seiner Bedrängnis ein Geschoß höher auf den Altan des Hauses gestiegen. Dort hat er eine Feder des Wundervogels Sīmurgh verbrannt, woraufhin Sīmurgh erschienen ist. Er prophezeit die Geburt eines zukünftigen Helden und empfiehlt die Entbindung durch einen Schnitt. Außerdem übergibt er Zāl ein heilendes Kraut und eine seiner Federn, die die Wunden im Leib der Rōdābe sofort heilen werden.

Der Innenraum ist wieder reich mit Teppichen und kostbaren Stoffen ausgestattet. Ein feinteiliges Wandbild schmückt den Hintergrund des Raumes.

Unter dem unfähigen iranischen König Nōzar beginnt ein viele Generationen währender verlustreicher Krieg zwischen Iran und seinem mittelasiatischen Nachbarn Tūrān. Der turanische Thronfolger Afrāsjāb überfällt Iran und schlägt seine Heere im ersten Angriff. Schon ist die Provinz Pārs (heute Fars, Verwaltungseinheit im Süden Irans) gefährdet, in der sich der königliche Harem aufhält. Der Feldherr Qāran beschließt, sich zum Schutz des Hofes auf eigene Faust dorthin durchzuschlagen, er besiegt den turanischen Feldherren Bārmān und tötet ihn. Aber dies ist nur ein geringer Teilerfolg der Iraner. Ihr König selbst gerät in die Gewalt Afrāsjābs und wird von ihm getötet. Afrāsjāb erklärt sich zum Herrscher über Iran, findet aber keine allgemeine Anerkennung, und das Land versinkt in Anarchie.

Als tiefe Mitternacht so Freund wie Feind verbarg,
da machten die Iraner sich zum Marsch bereit.

Sie hatten in der weißen Festung Schutz gesucht,
Nōzar und auch Gustahm und ihre ganze Schar.

Sie wußten, daß Bārmān mit der Turaner Heer
und vielen Elefanten vor den Toren lag.

Qāran, in voller Kampfesrüstung, gab Befehl
und machte seine Mannen für die Schlacht bereit.

Er ritt im ersten Glied, die Seinen folgten ihm,
nach Pārs hin wandten alle Streiter ihr Gesicht.

Doch rasch erfuhr Bārmān von ihrem stillen Aufbruch,
er stürmte wie ein wilder Löwe aus dem Lager.

Qāran erblickte ihn, wie er mit Heftigkeit
und voller Blutdurst auf den Feind sich warf zum Streit.

Selbst einem Löwen gleich, hat er den Kampf begonnen.
Kein Ausweg blieb Bārmān, er ist ihm nicht entronnen.

In seine Leibesmitte drang die Lanze ein,
und nichts wehrte sie ab. Sie teilte Fleisch und Bein.

Der iranische Feldherr Qāran besiegt und tötet den turanischen Feldherrn Bārmān (Fol. 189b)

In den nicht enden wollenden Kriegen zwischen Iran und Tūrān werden zahlreiche Schlachten geschlagen. Bārmān hat Qubād, den Bruder des Qāran, getötet. Qāran rächt nun seinen Bruder und tötet Bārmān im Kampf mit der Lanze. Er sprengt in der mittleren Kampfreihe hinter dem fliehenden Bārmān her, der durch den schräg von oben geführten Lanzenstoß geradezu vom Pferd gewirbelt wird. Sein rechtes Bein schleudert er nach oben, der Bogen ist seiner Hand entglitten. Die Reiter darüber preschen in entgegengesetzter Richtung über das Schlachtfeld. Der jugendliche Reiter am unteren Bildrand, der von hinten auf einen zusammenbrechenden Krieger einhaut, ist eine Wiederholung desselben Motivs in der Schlacht des Garschāsp gegen den König von Kabul (Fol. 74b).

Über das graugrüne Feld sind Leichenteile verstreut. Die Fahnen der kämpfenden Parteien werden über den Horizont gehalten und ragen in die Textreihen hinein. In den Bekrönungen der Banner kann man die Anrufung Muhammads und Allahs lesen. Die Stoffmusterung durch spielende Füchse auf der linken Fahne entspricht der des Würdeschirms über Salm und Tūr (Fol. 154a).

دلیرای شکست کمر بیاز	کمربسته ونوذر گرشتم	به تنگی که شبرا نشیب آمد
کیابن یکایک سپه بست کرد	درنا پزدوی قندز باران بسیله	دلیرا پسر بابا و سم
سوی پشت پس بنهاد کپای	پس و پشت گردنان آن سیا	پوشید قارن سلاح کم	پس کردن پشنه

شدگاه داروز ما راین دلیر	پیش من زد کید کبد دشنه	
بیکبار درگیر و خیز تیر	جو قارن مرا دید جنبان شیر	
کبک یک پشت پنا و پولاد	یک نیزه زد برکه بنداد	سوی باز وجستن تاش مال

خبر گفت نیک اخته شش کیش | سخی کمر ساختم را نه کیش | بهدار ترکان شب آویخت | یکی آورد شیر نک نشست
جو آواز نه زد گک آمد آرش پیل | خروشید کی کس را ندید نیل

کی مژده بردند نزد کیش شاه | که رستم بدرید قلب سپاه | بنزد سپهدار ترکان آس | درفش سپهدار ترکان امید
کرفش کبنده و افکند خاک | خروشنده و آتش آمد آباد خاک | بسندش کجو بدریانی

Falsch war es, daß Rustam des Feindes Hüften packte,
er hätt ihn besser bei den Achseln fassen sollen.

Der Türken Herr in seiner großen Not entkam,
auf einem schnellen Renner suchte er sein Heil.

Da konnte man der Elefanten Glocken hören,
die Pauken waren viele Meilen zu vernehmen,

und frohe Kunde brachte man dem Schāh: ›Rustam
bezwang das Feindesheer, und er zerriß sein Herz!

Zum Türkenfeldherrn drang er vor nach hartem Kampfe,
er packte und zerriß das Banner seines Heeres,

ergriff beim Gürtel ihn und warf ihn in den Dreck.
Die Türken sahn's mit Graun und schrien laut vor Schreck.‹

Dem Feuer glich Qubād, das ohne Maßen frißt,
der Sturmflut glich das Heer, das nicht zu dämmen ist.

Der Krieg zwischen Iran und Tūrān nimmt erst dann eine für Iran günstige Wendung, als Qubād König wird und Rustam sein Reichsfeldherr. Rustam bereitet den Turanern unter Afrāsjāb eine vernichtende Niederlage. Er kann Afrāsjāb sogar an seinem Gürtel packen und vom Sattel ziehen, und nur die Tatsache, daß der Gürtel zerreißt, erlaubt es Afrāsjāb zu entkommen. Nach dieser Katastrophe finden die Turaner sich zu einem Friedensschluß mit Iran bereit.

Rustam hebt den turanischen König Afrāsjāb aus dem Sattel (Fol. 198a)[10]

Rustam, hier jugendlich unbärtig, ist auf seinem goldfarbenen Rachsch in die Reihen des turanischen Heeres eingedrungen und hat König Afrāsjāb am Gürtel gepackt und aus dem Sattel gehoben. Reiterlos trabt das prächtig gezäumte und mit Henna gefärbte Pferd des Königs dahin. Hilflos strampelt der König in der Luft. Das Motiv von Rustam und Afrāsjāb ist in der persischen Miniaturmalerei fest ausgebildet. Ein Jahrhundert früher ist diese Szene im Schāhnāme für Schāh Tahmāsp ganz identisch komponiert.[11]

Die Begleiter des Afrāsjāb richten ihre Waffen gegen Rustam, können ihm jedoch nichts anhaben. Rustam trägt den Leopardenkopfhelm und den Waffenrock von Tigerfell, an dem er immer zu erkennen ist.

Qubād, der iranische Herrscher, schaut gelassen vom Horizont her dem Kampf zu. Im Mittelpunkt der Darstellung steht aber Rustam, für den alle übrigen Personen nur einen Rahmen bilden.

Qubāds Nachfolger, der unfähige König Kai Kāōs, läßt sich zu einem leichtfertigen Eroberungszug in das unheimliche Dämonenland Māzandarān (Mazandaran, heute Verwaltungseinheit im Norden Irans), in dem der ›Weiße Dämon‹ oder Dīw haust, verleiten. Wie zu erwarten, endet der Feldzug mit einer Niederlage. Der Zauber des Weißen Dīw blendet Kai Kāōs und seine Mannen. Sie geraten in die Gefangenschaft des Dämons, ihre Schätze werden seine Beute. Rustam muß zu Hilfe eilen und die bedrängten Iraner befreien.

Von den Iranern kamen viele Männer um.
Das Unglück, das sie traf, war beispiellos und hart.

Als dann die Nacht verging und als es Morgen ward,
da trübte sich des Weltbezwingers Augenlicht.

Weil Kai Kāōs ganz blind dastand vor seinem Feind,
befiel durch ihn noch größre Not sein stolzes Heer.

Der ganze Schatz, die ganze Kriegerschar geriet
in die Gewalt des Weißen Dīw, nur Unglück blieb.

Als dies nach einer Woche noch nicht endete,
geschah etwas, das alle Perser blendete.

Am achten Tag dann rief der Dīw voll Schadenfreude:
»König Kāōs, du Jammerbild von einer Weide!«

Kai Kāōs stößt auf die Dämonen von Māzandarān (Fol. 202 b)

Das iranische Heer unter Kai Kāōs und die Armee der Dämonen Māzandarāns stehen einander vor der Schlacht gegenüber. Die Anführer sind, wie man an der Geste des einen Dämons sieht, im Streitgespräch begriffen. Die iranische Armee ragt keilförmig in die Bildmitte hinein, angeführt von Kai Kāōs, dem ein Page voranschreitet.

Mit großer Vielfalt sind die auf der linken Bildseite gestaffelt aufgestellten Dämonen gestaltet. Einer von ihnen hängt wie ein gewaltiges Tier, mit einem Pferdehuf bewaffnet, in einem mächtigen Baum, dessen Krone in den goldenen Himmel ragt.

Das tiefblaue Feld zwischen den Schlachtreihen wird durch farbig fein differenzierte Gebirgsketten im Vordergrund und am Horizont begrenzt. Sie wirken mit den Blütenstauden und den grotesk verkrüppelten Bäumen im Vordergrund fast stillebenhaft.

ارسلان غرار وان تیره کرد شب / نواندیشت ماند چیر / چو بیگندیشت گریز ورد زیر فلک / همانجوی ماجه مال گریخت

جو تاریک شد چهر کاوس شاه / بیا ندر گردار او سرسپاه

همچو کیج و تاج و شکر کمر / .... / پیدار ایانیاه کین / .... کاوس شاه ولی برگزیدست

بعنبر پریشان بر بیار | چنین گفت در جهم زار دها | زمین کرد پر آتش کارزار | کزا زنگ س چپن بدر یا

صد اندر میان دش خایق | نبندا پیایش کبی بست

مر ان اسپ بیکست با هل سم | جو زور تن اژدها پست من | کرا پیاپ رای و خست پا یش
بمالید کوش در شکست | بمیدان کشید اژدها را کشت | مرد یر حر ش پدایان شیر | ور و خیره شد پهلوان دلیر

Des Drachen Stimme tönte wie ein Lenzgewitter,
die Welt verbrannte fast von seinem Kampfeseifer.

So brüllte er, der grauenvolle Teufelsdrache:
»Nicht einen gibt es, der mir widerstehen könnte.

Dies ganze wüste Land dient meinem Aufenthalt,
der hohe Himmel über dir dient mir zur Lust!«

Der starke Elefant entzog sich nicht dem Kampfe,
doch war's diesmal, als ob das Unglück ihn ereile.

Als Rachsch die Leibesstärke dieses Drachen sah,
und wie er mit dem Königsmacher machtvoll rang,

da legte er die Ohren an, und er zerriß
und trennte durch die Drachenhaut mit starkem Biß,

zerschlug das Schulterteil und stieß das Untier um.
Verwundert sah's der Held. Erstarrt stand er und stumm.

Rustam ist zur Rettung des Königs Kāōs und seines ganzen Heeres in das Dämonenland Māzandarān gerufen worden. Ein weiter, beschwerlicher und gefährlicher Weg führt dorthin. Bevor Rustam seine Aufgabe erfüllen kann, muß er sieben Abenteuer bestehen. Das dritte ist der Kampf mit einem gewaltigen Drachen, den Rustam nur mit Hilfe seines Rosses Rachsch zu bezwingen vermag. Rachsch bewährt sich in diesem Abenteuer als treuer und heldenmütiger, aber auch als wachsamer und kluger Gefährte seines Herren. Denn vor dem Kampf, als Rustam sich ein wenig zur Ruhe gelegt hatte, war es Rachsch, der das sich heimlich nähernde Ungeheuer bemerkte und dreimal seinen ungnädigen Herren weckte. So ist Rustams Pferd der eigentliche Held der Geschichte.

Rustam und sein Pferd Rachsch überwältigen einen Drachen (Fol. 205 a)

Rustam, nun ein älterer bärtiger Mann, erhält von seinem Pferd Rachsch im Kampf gegen den Drachen Hilfe. Die Heftigkeit der Bewegung wird dadurch unterstrichen, daß die linke Bildseite dafür geöffnet wurde.

Der leuchtend blaue Drache hebt sich wirkungsvoll gegen den rosafarbenen Grund des Kampfplatzes ab. Er hat sich um den tapferen Rachsch geschlungen und faucht Rustam Flammen entgegen. Mit einem Hieb trennt der Held dem Drachen das Haupt vom Rumpf. Im Zentrum der Komposition stehen der Drache und Rachsch. Sie werden im Vordergrund und zum Horizont hin von in der Farbigkeit wechselnden Gebirgsketten gerahmt. Blütenstauden, unter denen Tulpe, Malve und Mohn unterschieden werden können, beleben die Berge.

208

چو خون کیان کرد باید بدرنگ / جو خواهی که پیروزبانی بچنگ / نگر دل ندیجی ز بیم گزنگ / مبادا ترا مد بلند قناه
سرهای دیو و دم خام لعنت / بسنده کند یک تن از ما به جنگ / براین حجت آهنگ کن پیش نام / بخواهیم یزدان عدل و کفت نام
میان سپاه مندر آمد چو گرگ / سران را بگفتم همی با سترگ

بدیشان پس اندر پیش الجنگ / بخشت طلا و گرز و کی زنک
وزانجا که مه پیش دید سپاه / کی دار و گرج کی بی به / ن جا دوار شیر کی نام

108

»Du solltest eine Rast dir gönnen«, riet Aulād,
»wenn du jetzt ruhst, wirst du am Tage siegreich sein.«

Rustam war's recht. Es trieb ihn nicht zum Kampf,
bevor die Sonne hoch am Mittagshimmel sich erhob.

Dann fesselte er erst Aulād von Kopf bis Fuß.
Er sprang aufs Pferd, das Lasso hielt er griffbereit.

Nun zückte er das Krokodil von einem Schwerte
und rief mit Donnerstimme weithin seinen Namen,

zerstreute das Dämonenheer wie Staub im Wind
und trennte mit dem Dolche manchen Kopf vom Rumpf.

Nicht einer konnte seinem Angriff widerstehen,
und keiner suchte gegen ihn sich auszuzeichnen.

Und so gelangte er zum Schluß zum Weißen Dīw
im Sonnenglanz des Siegers. Vor ihm tief

tat auf sich eine Gruft, und deren Höllenschlund
verbarg den Weißen Dīw in ihrem schwarzen Grund.

Rustams Kampf mit dem ›Weißen Dämon‹ ist zugleich das siebente Abenteuer, das er auf seinem Wege nach Māzandarān zu bestehen hat. Sein Sieg befreit auch das in die Gewalt des Dämons geratene iranische Heer aus seiner Bedrängnis. Mit dem Blut des Herzens und der Leber des ›Weißen Dämons‹ heilt Rustam die Iraner von ihrer Erblindung und wandelt ihre Niederlage in einen endgültigen Sieg. Der Māzandarāner Aulād, der Rustam als landeskundiger Wegführer wertvolle Dienste geleistet hat, wird als König von Māzandarān von Kāōs' Gnaden eingesetzt.

Rustam tötet den ›Weißen Dämon‹ (Fol. 208 a)

Rustam ist von links kommend durch eine Öffnung in die Höhle eingedrungen, in die dem Betrachter durch den Maler der Einblick von vorn gestattet wird. Der ›Weiße Dämon‹ wird von Rustam zerstückelt und getötet. Nachdem er ihm ein Bein abgetrennt hat, packt er ihn am Geweih und stößt ihm, auf ihm kniend, den Dolch ins Herz.

Vor der Höhle ist Aulād, der Führer nach Māzandarān, an eine Platane gefesselt, die weit über den Bildrand hinausgreift. Am Felsenhorizont sind drei weitere Dämonen und das Pferd des Rustam dargestellt.

Die vorliegende Szene ist unter den Illustrationen des Schāhnāme sehr beliebt gewesen und folgte einem festgelegten Schema. Sehr nahe steht wieder die entsprechende Illustration im Schāhnāme des Schāh Tahmāsp.[12] *Die Kampfszene ist dort entgegengesetzt orientiert. Aulād steht auf der rechten Bildseite, und Rustam stürzt sich von rechts auf den ›Weißen Dämon‹.*

همی کرد پوزش کرده کنا مرا زان نبشته سرپیچ نیست رفت بنده لشکری تهی
رسیده پیامان چو بر کوهسار کز یزدان پاک این بگفت تمام که معشوق تیغ ترا بر نخواهد

زنیکه ست جون تر آسی همی پیش آمد پو یا ئی ورما
پس از تو برین راست ئی کند که شاهی بجا بچ بسج بلند ستاره همی نتيرد

Er rief zu Gott, bat um Vergebung seiner Sünden.
Indessen suchte ihn sein Heer an allen Enden.

Rustam und Gēw und Tōs erfuhren auch die Kunde,
sie brachen sogleich auf mit Pauken und Trompeten.

Am Ende stieß die Kriegerschar auf Kai Kāōs.
Mit scharfem Tadel überhäufte sie den Schāh:

»Da außer Gott dem Herren niemand blieb auf Erden,
sich dem Befehle deines Siegerschwerts zu beugen,

hast du der Erde Ordnung auf den Kopf gestellt
und übermütig mit dem Himmel Streit gesucht.

Wärst du nur eine Handbreit höher noch gestiegen,
dann hätte dich des Himmels Strafgericht getroffen.

Bedenke, wieviel Leid auch jetzt schon du erlitten,
doch ward noch alles gut, dem Tod bist du entglitten.

Erzählen wird von dir, wer dies vernommen hat:
›Ein König stieg empor zum hohen Himmelsrad,

den Mond, die Sonne wollte er von Nahem sehn
und in den Himmel Glitzersterne zählen gehn!‹«

In verblendeter Vermessenheit läßt Kāōs sich einen von Adlern getragenen Flugwagen bauen, in dem er zum Himmel fährt. Aber es gelingt ihm nicht, in Gottes Reich einzudringen oder es gar zu erobern. Die Adler ermüden vor dem Ziel, sinken ab und werfen Kāōs zur Erde. Das Bild zeigt den bußfertigen König im Gebet zu Gott. Er hat Krone und Waffen abgelegt. Unter den Zuschauern erkennt man Rustam mit dem Pantherfellhelm.

Kai Kāōs erfleht Gottes Vergebung für seinen vermessenen und gescheiterten Versuch, zum Himmel zu fliegen (Fol. 219a)

Nach seinem gescheiterten Flugversuch ist Kai Kāōs in einem Wald abgestürzt. Er hat seinen Gebetsteppich ausgebreitet, die Krone abgesetzt, die Waffen abgelegt und betet zu Gott. Dicht hinter ihm steht sein Thron, an den vier mächtige Adler gekettet worden waren. Sie sollten ihn, verlockt durch über ihnen befestigte Fleischstücke, in den Himmel tragen.

Das Gefolge des Kai Kāōs hatte sich unter der Führung Rustams auf die Suche begeben und den König schließlich gefunden. Rustam kniet mit weiteren Kriegern am unteren Bildrand und weist auf den König hin. Sein Pferd Rachsch stillt den Durst in dem durch die Wiese fließenden Bach. Meisterhaft ist die mächtige Platane mit dem Vogelpaar in den Zweigen wiedergegeben.

Die Gestalt des betenden Königs ist sehr ähnlich in einer Schāhnāme-Handschrift von 1617 in der Wiener Nationalbibliothek wiederholt,[13] weniger fein im Detail, aber doch ebenso ausdrucksstark in der Wirkung.

٢٢٧

زمانشان چنین بد ایرانیان / حکم کرده مردان کنداوران
زمانش چنین بد زمین بدین / چو بودا پدر مانده زار و نزار
زمان راگشاد و بچال مگر / میشاخت آمد پیاسش بنهر

جو کشت کسی باز نبرد / چراجک جوی آبی ورنی / جگر های نای نا پی مشور
بدپشت کابت کرونه / مرا او راحد ارجان بازد / میان لیران کرد داشیر
دو نشکل نظامی روز نیاک / ترمی ترمی بود وکنت ای سبب / کون کسی شمیر مجکست / سنا تو کرد دو درگری

›Wenn so beherzt die Frauen der Iraner streiten,
was soll man da von ihren Keulenkämpfern sagen?

Gar wacker stehen sie im Schlachtfeld ihren Mann
und wirbeln gar den Staub bis zu den Wolken auf.‹

Vom Sattel löste er die Schlinge seines Lassos,
er schleuderte es weit, es faßte ihre Mitte.

»Such nicht, mir zu entkommen«, rief er laut ihr zu.
»Was kämpfst du gegen mich, du mondenschöne Maid?

Ein Onager wie du ging mir noch nicht ins Netz.
Aus meinen Armen kommst du nun nicht wieder frei.«

Nach diesem Kampf gab Gurdāfrīd die Hoffnung auf,
und keinen andern Ausweg glaubte sie zu sehn,

als daß sie frei ihr Angesicht Suhrāb darbot.
»Du kühner, löwengleicher Held!« rief sie zurück,

»zwei Heere schauen zu, wie wir den Kampf austragen,
mit Schwertern und mit Keulen aufeinanderschlagen.

Mein langes, offnes Haar sieht jeder ganz genau,
und wer es sah, erzählt's: ›Der Held fing eine Frau!‹«

Die Jagd führte Rustam einst in die turanische Stadt Samangān (Samangan, heute Verwaltungseinheit im Norden Afghanistans), wo er, gewissermaßen en passant, mit der Tochter des Königs einen Heldensohn, Suhrāb, zeugte. Suhrāb wächst, ohne seinen Vater zu kennen, in der Obhut der Mutter auf. Mit zehn Jahren überwindet er jeden Turaner im Streit. Nun vertraut seine Mutter ihm das Geheimnis seiner Abkunft an, er sucht sich ein würdiges Streitroß – natürlich ein Fohlen von Rustams Rachsch –, sammelt eine Armee und fällt mit Billigung Afrāsjābs in Iran ein, um seinen Vater zu finden und ihm als dem Würdigsten die Krone des Landes zu erringen. An der Grenze Irans tritt ihm unter der ›Weißen Festung‹ die im Waffenhandwerk wohlbewährte Gurdāfrīd entgegen. Im Kampf vermag Suhrāb ihr den Helm vom Kopf zu reißen. Ihr lang über die Schultern wallendes Haar verrät, daß sie kein Mann ist. Suhrāb fängt, schont und begehrt sie nun, aber mit List vermag sie sich dem Krieger aus Tūrān zu entziehen.

Unter der ›Weißen Festung‹ entwindet Suhrāb, der Sohn Rustams, dem iranischen Heldenmädchen Gurdāfrīd den Helm (Fol. 227a)[14]

Suhrāb ist es gelungen, Gurdāfrīd den Helm vom Kopf zu reißen, worauf es offenkundig wird, daß ihm ein Mädchen Widerstand geleistet hat. Die beiden Reiter jagen in heftiger Bewegung im Schatten der ›Weißen Festung‹ hintereinander her und greifen dabei über den Bildrand hinaus. Die Pferdeleiber teilen den Grund, der im unteren Bildteil dunkelgrün, im oberen violett ist. Den Vordergrund füllen feinteilige Blumenstauden und Büsche. Von der ›Weißen Festung‹ herab und aus den Bergketten des Horizonts verfolgen Krieger den Kampf des Paares.

Die ›Weiße Festung‹ ist zum größeren Teil auf dem Blattrand dargestellt. Pechnasen und Schießscharten weisen auf ihren wehrhaften Charakter hin. Das zu einem Teil schon geborstene Tor deutet vermutlich an, daß die Festung bald an die Turaner übergeben werden muß.

بدو گفت رستم که ای جنگجوی بدو گفتم مرگ بد گفت و گوی   بد و گفتم که مرگ بد گفت و گوی   ز تیر عمد نم نواید گوش
بس پیر مردم نه مرد جوان یکی شکر بسته ام بر میان   کنم شیمه وقت جام آل آنود   یوز قد ناز برای جهان بان بود
                           بسی کشته ام در فراز و نشیب
نیم مرد کشتار و بند و درپ

بدو گفت سهراب کز مرد پیر   بر آیم بهنگام هموش از بر تیر   کسی کز بر اسب بر سر زمین   بیرو روان زین نزد کلی کنه
مرا ارزو بد که گیرم تو رست

So mahnte ihn Rustam: »Du, den der Ehrgeiz frißt,
wir sprachen nie so frei, jetzt sag ich, wie es ist.

Von Kampfestaten redeten wir letzte Nacht.
Doch nun halt ein! Mich hat noch keiner dumm gemacht.

Ich bin kein kleines Kind mehr, du bist noch ein Knabe,
sieh diesen Gürtel, den ich um den Hüften habe!

Mag jeder von uns zeigen, was er kann und hat,
das Ende unsres Kampfes liegt in Gottes Rat.

Er hat durch viele Höhn und Tiefen mich geführt,
doch Schluß!, ich bin kein Held, der nur die Zunge rührt.«

Suhrāb erwiderte darauf: »Du alter Mann,
der vielen schönen Worte sind genug getan!

Daß man auf deinem Bette dich zur Ruhe legt,
hätt ich gewünscht, wenn deine letzte Stunde schlägt.

Daß jemand von dir bleibt, der über deiner Gruft
auf deine arme Seele den Segen Gottes ruft.«

Bald erkennt man in Iran, daß es nur einen gibt, der dem jungen turanischen Helden die Stirne bieten kann: Rustam, der Herr von Zābulistān. Rustam ist der letzte, der es einsieht. Er unterschätzt seinen Gegner und erzürnt durch säumiges Erscheinen bei Hofe seinen Herrn Kai Kāōs. Schließlich treten Rustam und Suhrāb einander unerkannt gegenüber. Aus einer Regung natürlicher Zuneigung rät Rustam dem Jüngling und Suhrāb dem alten Mann vom Kampfe ab. Aber das Verhängnis ist nicht mehr aufzuhalten. Beide verteidigen den Ruhm ihres Namens im Zweikampf.

Rustam und Suhrāb treten einander, ohne sich zu kennen, im Streitgespräch an der Spitze ihrer Heere entgegen (Fol. 234a)

Rustam und Suhrāb führen auf dem Schlachtfeld an der Spitze ihrer Heere ein Streitgespräch. Gestikulierend streckt Rustam seinem Gegner die rechte Hand entgegen. Er trägt am Daumen, wie häufig auf den Miniaturen dieser Handschrift zu erkennen, einen Bogenschützenring. Einer der Krieger des turanischen Heeres, das Suhrāb anführt, zeichnet sich durch die bei den Völkern Mittelasiens verbreitete Klappenmütze aus.

Suhrāb ist vor die Schlachtreihe geritten. Vater und Sohn überragen ihre Umgebung an Körpergröße. Eine perspektivische Verkürzung bei zunehmender Entfernung vom Betrachter wird nicht angestrebt, vielmehr sind die Krieger am unteren Bildrand von gleicher Größe wie die über den Horizont schauenden. Als ein besonderes Gestaltungsmittel tritt am unteren Bildrand wieder ein Reiter in Rückenansicht in Erscheinung (vgl. Fol. 107a), wodurch Suhrāb wie von einem Kreis umschlossen erscheint.

Der alte und der junge Held folgen in ihrer Darstellung festgelegten Typen. Suhrāb hat das jugendlich runde, von keiner Gemütsregung bewegte Gesicht, während Rustam als Zeichen höheren Alters ein individuell gezeichnetes Gesicht mit bekümmertem Ausdruck zeigt.

Zum ersten Mal wird Rustam im Zweikampf zu Boden geworfen, als er sich mit Suhrāb, seinem unerkannten Sohn, mißt. Suhrāb zückt schon einen Dolch, um dem Leben des Gegners ein Ende zu machen. Da vermag Rustam sich nur noch durch eine List zu retten. Er gibt vor, daß es in Iran zu den Regeln ritterlicher Kampfführung gehöre, seinen Gegner erst zu töten, wenn man ihn zweimal niedergeworfen habe. Suhrāb, der in Tūrān aufwuchs, schenkt ihm Glauben, respektiert den angeblichen Brauch der Iraner und gibt so den einzigen Sieg aus der Hand, den er in diesem Kampf erringt. Der Text schließt unmittelbar an den des vorangehenden Bildes an, beginnt also mit Worten Suhrābs.

»Da ich's nun bin, der dir dein Ende soll bereiten,
so sei's, wie's Gott bestimmt, wir wollen wacker streiten.«

Zu Fuße kamen sie, umsichtig und bedacht
und doch mit stolzem Blick, wie es der Krieger macht.

Die Pferde band man an, sie brauchten sie nicht mehr.
Sie standen kampfbereit, doch war ihr Herz so schwer.

Wie Löwen rangen sie, und ihre wilde Wut
fand neue Nahrung nur an dem vergoßnen Blut.

Suhrāb war wie ein trunkner Elefant im Streit,
war wie ein wilder Löwe auch, zum Sprung bereit.

Er griff Rustam bei seinem Gurt und zog und stieß
mit solcher Kraft, daß fast des Helden Leib zerriß.

Hob hoch empor den elefantenstarken Recken,
um ihn zu werfen und bezwungen hinzustrecken.

Mit lautem Zornesschrei und heftiger Gebärde
bestürmte er Rustam, der Recke stürzt' zur Erde.

Suhrāb hat Rustam niedergeworfen und setzt zum Todesstoß an (Fol. 234b)

Die Gruppe der beiden Kämpfer ist an den unteren Bildrand gerückt und ragt einem Berg vergleichbar bis in die Mitte des Blattes. Die Gestalten sind von ungewöhnlich mächtigen Maßen. In diesem neuen Verhältnis von Gestalt und Fläche äußert sich die sehr eigenwillige Handschrift eines der am Bilderschmuck beteiligten Malers.

Suhrāb als der Sieger ist die Hauptfigur, daher sitzt sein Kopf wieder im Schnittpunkt der Diagonalen. Er kniet auf dem zu Boden geworfenen Rustam und greift nach dem Dolch, um seinem Gegner den Kopf abzuschneiden. Die Kämpfer werden zu beiden Seiten von ihren Pferden gerahmt. Rachsch hebt wiehernd den Kopf, als ob ihm die Gefahr, in der sein Herr schwebt, bewußt wäre. Um für die Gruppe den nötigen Raum zu schaffen, hat der Maler den rechten Bildrand nach außen gerückt, durchbrochen von einer Fahne, zwei Lanzen und Buschwerk. Vom Horizont aus verfolgen links die Turaner, rechts die Iraner mit Kai Kāōs an der Spitze den Kampf.

کسی کو نبود بر تنش یک درست	بقربانم این جان بیم تو پست	زیمان تخی نیا آمد	اینهنوا یکی برکش آمد
پیشه رنگ اسپ بزد	برکه هر دو دستان برد	جوشن انگشتی براود	تنمی جوں فرد ولجنبد

بزد دست سهراب را پس بست	ابی زورکسی نش زبرد	گرفت زریش آن تاس سن	کرفت رستم آں برزمین
گرید رستم گرد وکشیده	چوبه شیرد زده جابجت	برآورد انجا بر نهادست	بزد رستم بر اوخم زین

چو بر خواست او از کنار سرو بن
سپیدم بر از خون دو دیده پر از نم
مرا گفت کاین راز پنهان بدار
از آن تا نماید پدر را بسی

کی چهره برزد ز روی نشست
نهانش از خون دو دیده خجسته است
بدار و به پیش پدر پیاده بیکار
فرستاد باس درس کار زار
سر افراز هاشم به برّ من

کجا نام آن مویز زنده بد
کنون کار کرگشه که کشت
ولی رو و جان خرد پخته
کز دیدم هفتم در خارست
بدان شبگه کجا موکشته
بیاله و گریان سویش پدید
درش کلوش چت پدر کشته
ازی کلوشای شیر خو سری

»Zum Aufbruch rief am Tor der Trommeln dumpfes Dröhnen,
die Mutter stand dabei. Sie weinte blutge Tränen.

Sie war wie krank vor Angst, und doch, in ihrem Harm
kam sie, und ein Juwel band sie um meinen Arm.

Sie sprach: ›Dies gab dein Vater zur Erinnrung mir.
Bewahr es gut, verlier es nicht, dann nützt es dir.‹

Auch gab sie einen treuen Führer mir zur Seite,
daß er mir rate und mich in die Schlacht begleite.

Er hätte mir den alten Vater zeigen können,
den alle rühmen, könnt ich meinen Vater nennen,

sofern man seiner alten Taten noch gedenkt
und einen Ehrenplatz ihm in den Herzen schenkt.

Dann spielte arges Mißgeschick mit mir sein Spiel.
Es kam die Nacht, in der mein treuer Führer fiel.

Nun ist der Kampf zu Ende, und nur noch der Stein
kann dem verächtlichen Verlierer nützlich sein.«

Er klagte, weinte und verbarg sein Haupt im Schmerz.
Rustam schrie auf: »Mein Kind, mein kühner Sohn, mein Herz!«

Einst hatte Rustam so übergroße Körperkraft besessen, daß seine Füße beim Gehen über Felsgestein einzusinken pflegten. Er bat daher Gott, ihm einen Teil seiner Kraft zu nehmen. Nun, im Kampf gegen Suhrāb, fleht er um die Rückerstattung seiner vollen Kraft. Die Bitte wird erfüllt, und darauf ist es Rustam, der seinen Gegner zu Boden wirft und, ohne ihm eine weitere Chance zu geben, tötet. Im Tode erst nennt Suhrāb seinen Namen, und die Erkenntnis, daß er seinen einzigen Sohn getötet hat, stürzt Rustam in tiefe Verzweiflung. Der Beitext des Bildes enthält Worte des sterbenden Suhrāb.

Rustam beklagt den Tod seines Sohnes Suhrāb (Fol. 236a)

Suhrāb, von Rustam tödlich getroffen, liegt neben einem Bach am Boden hingestreckt. Noch im Sterben ist er von lieblicher Schönheit und blickt gelassen aus mandelförmigen Augen auf seinen Vater. Rustam hat ihm den rechten Oberarm freigemacht und den Edelstein erkannt, den er selbst vor vielen Jahren der Mutter des Suhrāb als Erkennungszeichen übergeben hatte. Der Schmerz des Rustam ist gewaltig. Er hat den Leopardenkopfhelm zu Boden geschleudert, hat sich auf die Erde gesetzt und zerreißt im Schmerz mit beiden Händen das Gewand über der Brust. Für die Darstellung des klagenden Rustam hatte sich ein verbindliches Schema entwickelt, dem auch der Maler unserer Miniatur folgt. Ein älteres Beispiel für dieses Motiv enthält wieder das Schāhnāme des Schāh Tahmāsp.[15]

Zwischen Vater und Sohn liegt unübersehbar die verhängnisvolle Waffe am Boden. Sogar Rachsch, das Pferd des Rustam, wendet seinen Kopf dem sterbenden Suhrāb zu. Voller Trauer schauen auch die Krieger über den Horizont.

Vielleicht verfolgte der Maler eine besondere Absicht, wenn er in den aufeinanderfolgenden Miniaturen (vgl. Fol. 234b) die Armschienen von Suhrāb und Rustam getauscht hat. Sie sind unterschiedlich gemustert, die einen mit Arabeskenwerk, die anderen mit Blütenranken und Palmetten.

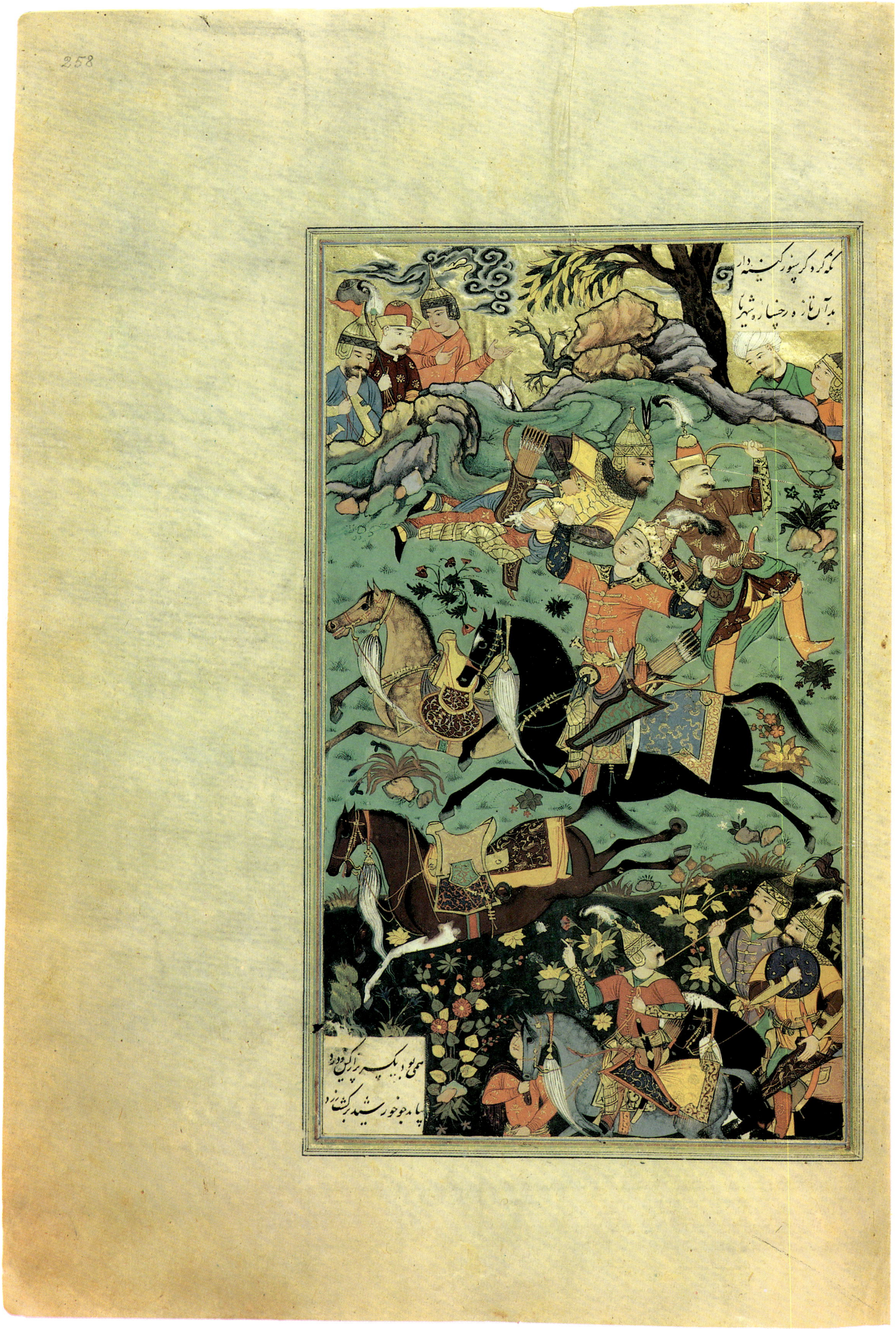
258
نگه کرد گرسیوز کینه دار
بدان تازه رخساره شهریار

Erstaunt sah's Garsēwaz, mit haßerfülltem Blick
verfolgte er des jungen Helden waches Glück.

Der Neid verzehrte ihn, graugelb war sein Gesicht,
wie eine fahle Sonne im Abenddämmerlicht.

Durch die Intrigen seiner Stiefmutter und die Ungerechtigkeit seines Vaters wird Prinz Sijāwusch, der hoffnungsvolle Sohn des Kai Kāōs, aus Iran vertrieben. Er findet ehrenvolle Aufnahme am Hofe Afrāsjābs, des Königs von Tūrān, erhält seine Tochter zur Frau, wird mit Ländern belehnt und gründet Städte. In Wettkämpfen, die während eines Besuches von Garsēwaz, dem Bruder Afrāsjābs, am Hofe Sijāwuschs veranstaltet werden, zeigt der Iraner sich allen Turanern überlegen. Die beiden Helden Gurōi und Damōr hebt er zugleich aus dem Sattel. Das erregt den geheimen Neid des Garsēwaz (wohl oben links im Bild), der an den Hof seines Bruders zurückkehrt, um Sijāwusch zu verleumden und seinen Sturz zu betreiben.

Sijāwusch hebt im ritterlichen Wettstreit zwei Turaner aus dem Sattel (Fol. 258a)

Sijāwusch, der Sohn des Kai Kāōs, hat im Kampfspiel zwei turanische Gegner zugleich aus den Sätteln gehoben. Hilflos zappeln sie in der Luft, während ihre Pferde reiterlos davonjagen. Die Darstellung ist der des Rustam, Afrāsjāb aus dem Sattel hebend (Fol. 198a), sehr verwandt. Sijāwusch ist als jugendlicher Held mit der Herrscherkrone auf dem Haupt wiedergegeben. Der mit der rechten Hand gepackte Gegner versucht, wie Afrāsjāb, den Dolch aus der Scheide zu ziehen.

Vom Horizont her und vom unteren Bildrand verfolgen weitere Krieger und ein älterer Mann mit einem Turban den Kampf. Der Mann mit der Klappenmütze, eine mächtige Keule über der Schulter tragend, soll vermutlich Garsēwaz darstellen. Er ist von Neid und Mißgunst gegen Sijāwusch erfüllt.

Ein Spiegelbild der zeitgenössischen Textilkunst sind die unterschiedlich gemusterten Satteldecken, Bogentaschen und Gewänder. Der Dekor besteht aus Vögeln in Buschwerk, Enten zwischen Blütenranken, aus Wolkenbändern und Einzelblüten.

بر زد یکی تیغ تیز بر زد یکی تیغ تیز آن موبدآن موبدآیین
همه نامدارآن آن انجمن گرفت آفرین بر تن روشن تن
بر از خون و رخ چون پشم از او کوه و بیشه کین دل ولال
روی زرد و داغ و رخسار خشم

بند و یک بلکان در شاه نیز پیا مدسپهبد ماه یا کرد
که دو رخ نخواریم از بوم فرستاد تا بدین کشو آرام خوابیم یا بدبدیدن زار گریکپر یشیم بلبیتار و در بر آ سپبدشیم

»Man schlage sie so lange, bis ihr Teufelsbalg
auf unsre Erde falle und zugrunde gehe.

Nicht soll mir aus der Wurzel dieses Sijāwusch
ein Baum erwachsen, noch ein Trieb noch Sproß noch Blatt.«

Doch all die Edlen, die dies schlimme Wort gehört,
verwünschten ihren bösen König, Mann für Mann.

Sie sprachen unter sich: »Noch niemand hat gesehen,
daß Könige, Wesire, Krieger solches taten.«

Mit blutig-roten Tränen sah es auch Pīlsam,
der bittre Seelenschmerz verzerrte sein Gesicht.

Er ging sogleich zu Farschēdward und zu Lahhāk
und gab von allem, was geschehen war, Bericht:

»Die Hölle kann nicht schlimmer sein als dieses Land,
das unter Afrāsjāb nie seinen Frieden fand.

Wir müssen zu Pīrān, wir müssen eilends gehen,
den anderen Gefangenen darf nichts geschehen.«

Die von Garsēwaz gegen Sijāwusch gesponnenen Intrigen tuen schließlich ihre Wirkung. Afrāsjāb zieht mit Heeresmacht gegen ihn. Auf der Flucht wird Sijāwusch ergriffen. Der König läßt ihn an einem geheimen Ort enthaupten. An der Stelle, auf die das Blut des unschuldigen Prinzen fließt, sprießt eine Blume, ›das Blut des Sijāwusch‹ genannt, empor. Farangīs, die Tochter Afrāsjābs, die treu zu ihrem Mann hält, wird hilflose Zeugin des Unglücks und fast in das Verderben mit hineingezogen. Nur weil Pīlsam, Lahhāk und Farschēdward eilends zu Pīrān gehen und dieser den König gnädig stimmt, kann Farangīs das Kind des Sijāwusch zur Welt bringen. Es ist Kai Chusrau, der künftige König Irans und Rächer seines Vaters.

Farangīs wird von der Stätte der Enthauptung des Sijāwusch gebunden fortgeführt (Fol. 265 a)

Die Trauer um den ermordeten Sijāwusch geht weit über menschliches Maß hinaus. Sie ist aber den hervorragenden und beispielhaften Eigenschaften des Königssohnes angemessen.

In dichtem Kreis stehen alle beteiligten Personen um den Leichnam des Sijāwusch. Die unglückliche Farangīs, von zwei Frauen begleitet, zerfleischt sich die Wangen und rauft sich das Haar. Die drei Frauen bilden eine eng geschlossene Gruppe am rechten Bildrand. Eine ältere Frau kniet unmittelbar neben dem Leichnam und dem in einer Schale liegenden Haupt.

Am linken Bildrand steht eine Gruppe von sechs Kriegern, die auf unterschiedliche Weise an dem Ereignis teilnehmen. Ein Jüngling hält die Krone des Sijāwusch in den Händen, zwei Krieger bedecken die Augen im Schmerz mit der Hand, zwei weisen auf den Ermordeten hin.

Ein Krieger, vermutlich Gurōi, der Mörder des Sijāwusch, stößt Farangīs mit einem langen Stab von dem Toten fort. Garsēwaz steht etwas verdeckt hinter ihm und schwingt drohend einen Stock. Afrāsjāb, der Urheber des Unglücks, verfolgt von seinem Palast aus das Geschehen, während ihm ein Page eine Schale Wein reicht.

مبارز قباسپید بر آبد	زنگش شستی بچپ کویه	کریزان همی شد برپالا
برین منذر الگنگ کز	سوا ورد یا یا کو بز یک شه	هماج س شب تهد با یکت
رشگ کا نش یخلیگنه	بچمید کو بی سرفته	کند اند را گنگ کرفتو
بهرو شم بدوراب جو پا	پچکنه خار و دو پس یتی	سلاح خش وس شید و بخشد

| درشتی کو کنگ بدین | بدید ند نالب آش کل یون | خور برگان ناف ش سهید خشن | خوپس | بدید د با جا رم بش |

Nicht wandte Gēw sich gegen den Verfolger um,
eh dieser durch den Gulzarrjūn gekommen war.

Auch dann vermied er jede offene Attacke,
er tat, als ob er vor Pīrān noch weiter weiche.

Der hatte kaum die Seinen durch den Strom geführt
und seine Keule an dem Sattel festgemacht,

da stürzte er sich auf den Gegner wie im Flug.
O große Not, es war, als würd der Tag zur Nacht.

Doch hatte Gēw indessen unbemerkt und schnell
vom Sattel seines Lassos Schlinge losgemacht.

Ganz plötzlich wandte er sich um und warf das Seil,
es traf Pīrān und schlang sich um ihn wie ein Gurt.

Zu Boden wurde er gerissen wie ein Sack
und hinter Gēw vom Wasserufer fortgeschleift.

Gēw packte seinen Arm und band ihm beide Hände,
verstaute seine Wehr und schwang sich in den Sattel.

Das Türkenbanner hebt er, und im Augenblick
jagt er mit ihm bis hin zum Gulzarrjūn zurück.

Die Türken, die des Feldherrn Flagge vor sich sehen,
erscheinen eilends, um ihm willig beizustehen.

Es gelingt dem iranischen Helden Gēw, dem Sohne des Gōdarz, im geheimen den Prinzen Kai Chusrau in den Weiten Tūrāns zu finden und mit ihm und seiner Mutter Farangīs nach Iran zu fliehen. Pīrān, in dessen Obhut Farangīs und Chusrau lebten, verfolgt die drei und erreicht sie am Flusse Gulzarrjūn (dem Syr-Darja). Durch wohlbedachte Schmähreden reizt Gēw Pīrān dazu, sich von seinen Begleitern zu lösen, als erster den Fluß zu durchqueren und den Iraner zu verfolgen. Dabei wird er von Gēw gefangen und soll auch von ihm getötet werden, denn Gēw hatte geschworen, sein Blut zu vergießen. Chusrau und seine Mutter, die rechts im Bilde Zeugen des Kampfes sind, legen jedoch Fürbitte für ihren Wohltäter ein, und der Schwur wird schließlich so erfüllt, daß Gēw Pīrāns Ohr ritzt und ihm dann die Freiheit schenkt.

Gēw nimmt den turanischen Feldherrn Pīrān gefangen (Fol. 279 a)

Gēw, der als fahrender Ritter sieben Jahre lang durch Tūrān gezogen ist, hat Pīrān, den turanischen Feldherrn, der ihn verfolgt hat, überwunden. Gēw hat seinen Gegner zu Boden geworfen, stemmt ihm das Knie in den Rücken und bindet ihm die Hände. Die Gruppe der beiden Helden ist groß an den unteren Bildrand gerückt. Über sie neigt sich die Standarte des Pīrān, die Gēw ergreifen wird, um mit ihr die Turaner zu täuschen und mit der Streitkeule in ihren Reihen zu wüten.

Vom rechten Bildrand her nähern sich der jugendliche Kai Chusrau und seine Mutter Farangīs, beide durch prächtige Diademe ausgezeichnet.

Die Wellen des Gulzarrjūn trennen Gēw und Pīrān vom turanischen Heer, das durch vier Krieger angedeutet wird. Ein Paar Rebhühner zeichnet sich groß gegen den goldenen Himmel ab, über den kleine bunte Wölkchen segeln.

Das Gesicht des Gēw ist plastisch modelliert und fein differenziert. Der kahl geschorene Kopf des Pīrān erinnert in seiner Gefaßtheit an den betenden Kai Kāōs (Fol. 219 a). Alle übrigen Personen sind im Vergleich dazu sehr schematisch wiedergegeben. Eine Miniatur für sich bietet die Darstellung der Tiergruppe auf dem Köcher des Gēw.

Kai Chusrau beginnt im Einvernehmen mit seinem Großvater Kai Kāōs erneut den Krieg gegen Tūrān, um den Tod seines Vaters Sijāwusch zu rächen. Mit der Führung des Angriffes werden die Feldherren Tōs und Gōdarz betraut. Doch bleiben die Operationen der Iraner so lange erfolglos und sogar verlustreich, wie Rustam, der den Tod seines Sohnes Suhrāb noch nicht verwunden hat, sich dem Geschehen fernhält. So erleiden die Iraner eine schwere Niederlage gegen den turanischen Heerführer Pīrān und müssen auf dem Berg Hamāwan Zuflucht suchen, wo die Turaner sie belagern, bis Rustam eintrifft und sie befreit.

»Seit jenem finstren Tag, da ich geboren ward,
hab ich den schweren Waffenrock nie abgelegt.
Am Ende nun, da ich ein alter Mann schon bin,
nenn viele ich, die vor mir gingen in den Tod.«
Also berichtete Gōdarz sein Leid dem Tōs,
und seine gelben Wangen beschrieben dieses Los.
Ein grauenhafter Schrei entrang sich seinem Herzen,
und Tränen rot wie Blut gebaren seine Schmerzen.

Das Heer der Turaner hat die Iraner in die Berge geworfen und umzingelt (Fol. 312 b)

Unter der Herrschaft des Kai Kāōs stehen sich die Heere der Turaner und der Iraner erneut gegenüber. Am linken Bildrand sind die siegreichen Turaner in grüner Ebene am Fuße des Gebirges aufmarschiert. Der greise Feldherr Pīrān weist mit dem Finger auf die Iraner hin. Er ist dicht neben einem Herrscher dargestellt, der auf goldenem Thronsitz unter einem Würdeschirm einen weißen Kriegselefanten reitet, in den Händen eine mächtige Streitkeule. Nach den Darstellungen auf den folgenden Blättern (Fol. 333 a und 336 b) könnte es der Chān von China sein, der mit den Turanern verbündet ist. Im Schähnāme für Schāh Tahmāsp I. beobachtet ebenfalls der Chān von China, von dem turanischen Helden Kāmōs begleitet, die auf den Berg Hamāwan geflüchteten Iraner.[16] Auffällig ist die Gruppe der beiden in Rückenansicht wiedergegebenen Reiter am unteren Bildrand. Dieses Motiv wird wenige Seiten später (Fol. 333 a) wiederholt. Am rechten Bildrand zieht sich senkrecht der Gebirgszug des Hamāwan hin. Er greift weit auf den Blattrand über. In die Berge haben sich die Reste des geschlagenen iranischen Heeres geflüchtet. Ihr Feldherr Gōdarz weist mit der Hand auf die Turaner und wendet sich im Gespräch zu dem Helden Tōs zurück. Einzelne Waffen und Rüstungsteile liegen zerstreut zwischen den Felsen und deuten auf die Flucht und die Verluste der Iraner hin.

Die Banner der beiden Heere ragen zwischen die Textzeilen und über den goldenen Himmel in den Blattrand hinein.

بدین در نازی کهن زندہ ام رخشان رسان سرخ گلشاد ام
بو جام جدیدین سرخ من پر نیم موم کشہ در پیش من
ز کو در ز جون اگنی شد پکبیں
مرد که در بر خون بن نشستیک

خروش مخالفانی برآوردار
فسداد انمع ا ز بر جہوں کنار

Der Krieg zwischen Iran und Tūrān findet für Iran eine glückliche Wendung, als Rustam in den Kampf eingreift. Kāmōs, einer der ersten Helden der Turaner, fällt in Rustams Hände. Rustam aber überläßt es anderen, ihn zu töten.

›Er wollte wohl Iran zur öden Wüste machen
und seinen Staub den Leoparden überlassen.

In ganz Zābulistān, in ganz Kābulistān
sollt kein Palast noch Garten mehr zu finden sein.

Er ließ in seiner Hand die Keule nimmer ruhn,
bis daß er auf Zāls Sohn, Rustam, im Kampfe traf.

Da wurde ihm sein Panzer bald zum Totenhemd,
und seine Krone fiel, zerbrach und ward zu Staub.

Wohlan, seid ihr nun immer noch zum Kampf bereit,
nachdem Kāmōs, der Held, so kläglich unterlag?‹

Rustam warf ihn dem Heere der Iraner vor,
und voller Blutdurst kamen viele schnell herbei.

Mit ihren Schwertern schlugen auf den Feind sie ein,
besprengten mit dem Blut des Türken Staub und Stein.

Gar manchen, der um Ruhm und Ehre hat gerungen,
hat doch der Arm der Zeit am Ende noch bezwungen.

Iraner verstümmeln und töten den von Rustam bezwungenen Helden Kāmōs (Fol. 326 b)

Nach seinem Sieg über den turanischen Helden Kāmōs ist Rustam mit dem gefangenen Gegner zum Heer der Iraner zurückgekehrt. Gewaltig thront er, der mit einem Berg oder einem Elefanten verglichen wird, auf seinem goldfarbenen Rachsch, die mächtige Stierkopfkeule geschultert. Ihm gegenüber ist das iranische Heer aufgereiht.

Rustam hat den Iranern den gefangenen Kāmōs vorgeworfen. Die Großen des Heeres, unter ihnen ein Jüngling mit Fürstenkrone, stürzen sich auf ihn und hauen mit ihren Säbeln auf den Waffenlosen ein, der zusammengebrochen ist und sich mit der linken Hand auf den Boden stützt. Gōdarz, der greise Held, steht Rustam gegenüber und hat den Blick prüfend auf ihn gerichtet. Rustam, der Held der Episode, steht im Zentrum des Bildes und hebt sich kontrastreich von dem blauen Grund ab. Zum unteren Bildrand hin wechselt der Grund zu kräftigem Grün, vor dem die Gruppe der Krieger und des Kāmōs einen weiteren Schwerpunkt bildet.

Dicht neben diese blutrünstige Szene hat der Maler eine anmutige, vielblütige Narzissenstaude gesetzt. Am oberen Bildrand hebt sich die Felskulisse gegen den goldenen Himmel mit den vielfarbigen Wölkchen ab.

ماند از دراز پای کمان	سام یلگکان و شیرگیر کمان	بر زابلستان و بر کابلستان	نه ایوان و نه پیر دلیر پیر
خاک پی کند و پر کیش	کهن شد کنون رستم زال را	تا نگین بد لگوند زال	که شد گاه پس زیاد

| شدکند زیاد پیش پسر | تنش اسفیر کرد از خاک | خون غرقه شد زیر اسب | مری چلایده شدن دهان | که پر و تازست بستام |

عماد سپه را پسِ هر گرد / برشد یکی گرد ماندیر پیل / سپه و صف برکشید دِبیل
عنان پیل نقش و رنگ نگار / سپه پاک با هم برکشور / میان بند کرد و ببُرزن کم
فرود شد پیش پیل سپاه چین

آمد و ناله کرد بای
افشند پیلان نحلی بیای
پادسوی میمنه مهتری نر / سواران گرگش نژاد / گان گرگ افشاند پشتی سپر

Dann teilte er die ganze Streitmacht in drei Teile,
er ließ die Trommeln schlagen und viel Staub aufwirbeln.

Der eine Teil zog mit den wilden Elefanten,
zwei Meilen maß der Zug, der durch die Wüste führte.

Die Elefanten waren bunt bemalt, ihr Schmuck
bestand aus feinen Glocken, Ohr- und Kopfbehang.

In goldenen Jochen steckten ihre dicken Köpfe,
und goldne Gurte zierten ihre starken Leiber.

Chinesischer Brokat bedeckte ihre Flanken,
auf ihren Rücken türmten Throne sich und Sänften.

Weithin ertönte der Trompeten Klageschrei,
die Schar der Elefanten setzte sich in Marsch.

Der rechte Flügel zählte dreißigtausend Streiter,
und jeder Kämpfer war ein stolzer Panzerreiter.

Ein weiteres Kontingent von dreißigtausend Mann
trat bogentragend auf dem linken Flügel an.

Nach der schweren Niederlage der Turaner am Berg Hamāwan sind es die Herrscher von China und Indien, die im Kampf gegen Iran die Führung übernehmen. Ihnen beiden tritt Rustam an der Spitze seiner Mannen entgegen und bereitet ihnen in einer mörderischen Schlacht eine vernichtende Niederlage. Schangul, der König Indiens, entflieht, der Chān von China wird gefangengenommen. Der Text beschreibt den Aufmarsch des indischen Heeres gegen Rustam. Das Bild zeigt links oben die Herrscher Indiens, Chinas und darunter den turanischen Feldherrn Pīrān, rechts an der Spitze der Seinen Rustam.

Rustam tritt den Herrschern von China und Indien zum Kampf entgegen (Fol. 333 a)

Das Heer der Iraner unter der Führung Rustams und die Herrscher Chinas und Indiens mit ihren Truppen stehen einander vor der Schlacht gegenüber. Rustam ist vor die Schlachtreihe geritten, so daß das iranische Heer einen Winkel bildet, der in das Bildfeld hineinragt.

Die Haltung Rustams ist von einer Eleganz, die ihn als Muster ritterlicher Lebensformen kennzeichnet. Er stemmt den linken Fuß in den Steigbügel und hat das rechte Bein über das linke gelegt, so als säße er auf einem Thronsitz und nicht im Sattel. Die linke Hand liegt in der Kniekehle, die rechte hält die Lanze schräg vor dem Körper.

Die gegnerische Schlachtreihe folgt dem Umriß des iranischen Heeres in einem Halbkreis. Angeführt wird sie von den Herrschern Indiens und Chinas, die ihre Schlachtelefanten reiten. Sie werden von dem weißbärtigen turanischen Feldherrn Pīrān begleitet. Zwei der Reiter am unteren Bildrand wenden dem Betrachter den Rücken zu. Dieses Motiv konnte schon wenige Seiten zuvor (Fol. 312 b) in ganz ähnlicher Zeichnung beobachtet werden, was auf die Hand desselben Malers deutet.

Auf dem hellblauen Grund zwischen den Fronten wachsen rote Blumen, vielleicht ein Vorzeichen auf das Blut, das hier vergossen werden soll. Am oberen und am unteren Bildrand wird das Schlachtfeld von Gebirgszügen eingefaßt (vgl. auch Fol. 202 b).

In der Schlacht gegen die Herrscher Chinas und Indiens, die Afrāsjāb zu Hilfe geeilt sind, gelingt es Rustam, den Chān von China mit einer Fangleine zu fangen und von seinem Elefanten zu ziehen.

»Er weiß sehr gut, daß dieses Heer mir willig folgt,
und weil ich fest beharre, kommt es rasch voran.

So biet ich seinen Kopf, sein Schatz und Thron sei mein,
auch sollen Bild und Krone mir zu eigen sein.«

»O Herr des Rachsch«, erwiderte der Bote ihm,
»verschenk Gazellen nicht, die noch zu fangen sind.

So weit die Ebne reicht, Chinesen überall,
und der Chinesen Chān hat Schätze ohne Zahl.

Und schließlich: wer weiß schon, was das Geschick bestimmt,
wen es verlieren läßt und wem den Sieg es schenkt.«

Rustam vernahm's und gab dem Roß sogleich die Sporen.
»Ich zwinge Löwen«, rief er, »und erringe Kronen.

Mein Leib ist stark, mein Lasso wurfbereit zur Hand.
Ich dulde keinen Spott und brauche keinen Rat.

Kennt der Chāqān nicht meine Hand und ihren Bogen?
Vielleicht will er auch meine Armbandagen spüren?«

Er schleuderte sein Lasso mit gewaltgem Schwung
und fing mit einem Wurf der Häupter viele ein.

So bahnte er sich seinen Weg zum Elefanten,
auf dem der König, um sein Leben bangend, hockte.

Er schlug ihn in die Flucht, bis hin zum Flusse Schahd,
und nahm ihm Reittier, Krone, Thron und Sänfte fort.

Man sah ihn nach dem wohlbewährten Lasso langen,
um mit ihm den Chāqān von China einzufangen.

Er zerrte ihn vom Thron mit seiner langen Leine.
Ergriffen ward der Chān, man band ihm Arm und Beine.

Mit einer Fangleine überwältigt Rustam den Chān von China (Fol. 336b)

Rustam hat dem Chān von China die Fangleine übergeworfen und reißt ihn mit kräftigem Schwung vom Elefanten. Der Maler hat das Bild durch unterschiedliche Grundfarben diagonal geteilt und unterstreicht auch damit die dramatische Bewegung. Im linken oberen Dreieck ist der Chān von China mit seinem weißen Elefanten auf violettem Grund dargestellt. Rustam und Rachsch stehen im rechten unteren Dreieck vor grünem Grund.

Der Chān von China wird durch Rustam von seinem goldenen Thronsitz heruntergewirbelt. Er hat das rechte Bein nach oben geschleudert und faßt haltsuchend mit beiden Händen die straff gespannte Fangleine. Die Krone ist ihm vom Haupt gefallen, die Streitkeule seinen Händen entglitten. Rustam galoppiert auf Rachsch aus dem Bild heraus und wendet dabei den Kopf zurück. Vom Horizont her und von der linken unteren Bildecke verfolgen zahlreiche Krieger den Kampf oder blasen in die Trompeten. Die Satteldecke auf dem Rücken des Rachsch ist mit ihrer Musterung von Wasservögeln zwischen Wolkenbändern auf dunkelblauem Grund ein kleines Meisterwerk für sich.

Die vorliegende Miniatur ist eine der bewegtesten in der ganzen Handschrift. Sie könnte für die 1644 datierte und von dem Maler Afzal al-Hoseinī signierte Miniatur im Schāhnāme des Schāh 'Abbās II. in Leningrad als Vorbild gedient haben. Rustam und der Chān von China bilden dort eine nahezu identisch komponierte Gruppe. Sie werden jedoch von einem vielfigurigen Reitergefecht umgeben, wodurch die Szene an dramatischer Wucht verliert (vgl. Einführung S. 53).

چو آمد که جنگ یکی سخت گشت	شتاب سپاه اندر آمد ز دشت	بجستم شیرمرش در آن کج شتاب	عمادی سگر و بخت ما لیش غراب
فرستاده کس نیک نادیدیش	مهتی نبود خاک در فتنه یش	بروش ور دشت پیل سپاه	جو خاقان کنگ ما کنج و ایست کار
که در آمد که خود حوالی ور در ور	که جز پیه و زرگر دانا کارزار	تن و رنه و بنا در سیک	هم نبک نشیر رتمه تارچ لیش
تن و رنه و بناد ر نیک	نر و زور فنوس است کام	جو خاقان صفی کک م	توبیر شریان پنچ پته بد
ممدآخت آن بانا و گمه	جو آمد آن نزد یک پیل سپرد نه	سدای تنیخ و خفن زود آمد	

پادشاه می آمد ما کوبه شد | چو آمد و نیز م نالگ کنیه | سرشتا و خاقان در آیند | پیل هشت ملک تاج بهند | پیل شتا نمیه اورد برین | زوبی چا قان زدی حصن

چنین است رسم سپهر آن سپهر فروزنده شب / چنین بود تا بود گردان سپهر کسی جنگ کمین کسی تشنه

ازآن پس بزرگان سواران وخود / بزرگ‌کش خال سمای وخود

چنان چم دربه دست اوره گاه / کوتک برموو برسبه رد

پس که شد تیره جون / کمی سبره وکوی تیره سپس / جهان تیره با شد تاریک تیره / هما شب ورورز نیک شد

In diesem Haus des Truges war es immer so,
›bald geht's mit dir hinab, bald steigst du in die Höh.‹

Als er darauf im Streit zur schweren Keule griff,
da wurden Groß und Klein vor seinen Schlägen gleich.

Das Schlachtfeld machte er zur öden Wüstenei,
zur Leichenschlucht, durch die nicht eine Mücke drang.

Die Opfer häuften sich, sie lagen kreuz und quer,
das Blut der Toten und Verletzten ward zum Meer.

Das helle Glück gar vieler wurde trüb gemacht,
und vielen wurde dieser schlimme Tag zur Nacht.

Nachdem ihre Herrscher besiegt wurden, leisten die Heere Chinas und Indiens gegen Rustam und die Iraner keinen Widerstand mehr. Ihre Streitmacht wird dahingemetzelt, während die Verluste der Iraner unbedeutend sind. Wer von den Feinden überlebt, flieht mit Pīrān, das Heerlager fällt mit unermeßlicher Beute Rustam (im Vordergrund rechts) in die Hände.

Die Iraner vernichten die Heere Chinas und Indiens (Fol. 337 a)

Unter der Führung Rustams schlagen die Iraner das turanische Heer und seine chinesischen und indischen Verbündeten in die Flucht. Dicht ineinandergeschoben und verkeilt wälzt sich die Schlacht über das Bildfeld. Am rechten Bildrand ist der iranische Herrscher mit dem Feldherrn Gōdarz zu erkennen. In ihrer Nähe zeichnet sich ein Bogenschütze mit mächtigem Turban aus. Seine Kopfbedeckung charakterisiert ihn als einen Angehörigen der Leibwache (vgl. Fol. 167 b). Mit zusammengerolltem Banner fliehen die Turaner, unter ihnen der weißbärtige Pīrān, vor den Iranern her.

Rustam, die Hauptperson, ist aus dem Gedränge der Schlacht in die rechte untere Bildecke gerückt. Es entsteht dadurch an dieser Stelle ein Schwerpunkt (vgl. Fol. 403 b). Mit einem Säbelhieb zerteilt Rustam den vor ihm fliehenden Krieger. Ein ähnliches Motiv war wiederholt auf einigen der vorausgegangenen Schlachtenszenen an dieser Stelle zu sehen (Fol. 74 b und 189 b). In ihrer Figurenfülle unterscheidet sich die vorliegende Miniatur aber von den übrigen Schlachtendarstellungen, die sich mit der Wiedergabe von drei oder vier Kämpferpaaren begnügten.

Nach dem blutigen Krieg gegen Iran ist Afrāsjābs Macht so gesunken, daß Bēzhan, der Enkel des Gōdarz und Sproß eines der vornehmsten Adelshäuser Irans, heimlich die Liebe Manēzhes, der Tochter Afrāsjābs, erringen und in ihrem Palast verborgen leben kann. Er wird jedoch entdeckt und soll sogleich hingerichtet werden. Erst die Fürsprache Pīrāns verwandelt dieses Urteil in eine Kerkerhaft in einem einsamen Brunnen. Manēzhe wird verstoßen und dazu bestimmt, Bēzhan als seine Wärterin zu begleiten. Wieder ist Garsēwaz, der bereits Sijāwusch verleumdet und ins Unglück gestürzt hatte, Afrāsjābs Werkzeug des Verderbens.

›Verschließt das Brunnenloch mit einem schweren Stein,
bis er verrückt wird, soll er eingekerkert sein!

Ich will, daß ihr euch dann in den Palast begebt,
wo schamlos Manēzhe in offener Schande lebt.

Nimm Reiter mit und plündere die Lasterhöhle,
entreiß die Krone ihr und tu ihr, was sie quäle.

Sprich dann: ›Verfluchte du, von Mißgeschick geschlagen,
der Thron sei dir verwehrt, sollst keine Krone tragen!

Den König hast du vor der ganzen Welt belogen
und seine Krone schamlos in den Schmutz gezogen.‹

Zieh sie dann nackend aus und treib sie ins Verlies,
dort mag sie jenen sehn, den auf den Thron sie ließ.

Sein Frühling war sie da, nun teile sie sein Weh,
ins Kerkerloch mit ihm und sie in seine Näh!‹

Den bösen Garsēwaz erfreute dies nicht wenig,
er hob sein Haupt, denn was er wollte, tat der König.

Mit Elefanten, wie's vom Herrscher ward befohlen,
ließ er den Felsblock auf die Kerköffnung holen.

So zogen sie Bēzhan, Gēws Sohn, vom Galgenjoch
und warfen ihn gebunden in ein Brunnenloch.

Bēzhan wird in einem Brunnen eingeschlossen (Fol. 356b)

Bēzhan, der Sohn des Gēw, ist auf Veranlassung des Afrāsjāb, schwer mit Ketten beladen, in einen Brunnen geworfen worden. Garsēwaz wälzt einen Felsblock, den Stein des Dämonen Akwān, auf die Brunnenöffnung. Der Maler hat den Brunnen für den Betrachter nach vorn hin geöffnet, ähnlich wie auf der Miniatur, auf der Rustam den ›Weißen Dämon‹ tötet (Fol. 208a).

Der Felsenkranz, der die Brunnenöffnung einfaßt, ist farbig reich variiert und in seinen Formen eigenwillig belebt, wie ein Fels in der Form eines menschlichen Profils andeutet. Menschliche Profile in den Darstellungen von Gebirgen finden sich verhältnismäßig häufig. Zwei Beispielen aus der Zeit unserer Handschrift begegnen wir im 1614 datierten Schāhnāme für Schāh ’Abbās[17] oder auf einem Einzelblatt des Malers Rizā.[18]

Bēzhan ist trotz seiner Fesseln in eleganter Haltung wiedergegeben. In der Höhle leisten ihm eine Schlange und ein kleiner Fuchs Gesellschaft. Ein Wasserkrug soll ihn vor dem Verdursten bewahren.

Um das Oval der Brunnenöffnung sind die Beteiligten dieser romantischen Liebesgeschichte versammelt. Am Fuß der Platane erscheint Manēzhe, die Tochter Afrāsjābs, die das Schicksal des Bēzhan teilen muß. Zwei Dämonen stehen vermutlich mit der geheimnisvollen Herkunft des Decksteins, der den Brunnen verschließt, in Verbindung. In ihrer Gestaltung entsprechen sie den Dämonen, denen Kai Kāōs gegenübertritt (Fol. 202b). Unter den vier Kriegern in der linken oberen Bildecke fällt der weißbärtige Pīrān auf, dem Bēzhan sein Leben verdankt. Selbst der Elefant, auf dessen Rücken der Stein des Dämonen Akwān herbeigeschafft wurde, ist nicht vergessen.

پیاده رہ جادہ اورشیش | بیاں باری آمدش پیش | ورانجا پایوں اس سپر | میشہ کرواں پنک کلیہ
رو باپلوان قاچ کن | کہ مجت راہ پسر و تاج کن | کبواین تہین شورپجت | کنگ نو رکشور وتخت
بننگ اہ ایں لگ گوہ ہم | بنہ کشانت بجاں بر | نیال کہ درخت کوسرم | کہ درجا پس امکہ دجانی

بہار شق تی علمگر نوئی
مدین کنگ زملان دارش

خواہید کر شیور اہ پش
پلر دید کام ہہ پیشرو

پیاور سپ کہ فرمو شا | پیاں کر گشتال باں | کشال پسر کیو اپنشال | پیر دزد دست پدا چاور

Eine die Geheimnisse der Welt enthüllende Zauberschale zeigt Kai Chusrau Bēzhans Unglück an. Er sendet Rustam nach Tūrān, damit er den Gefangenen befreie. Als Kaufmann verkleidet, begibt sich Rustam in das Nachbarland, gewinnt Manēzhes Vertrauen und rät ihr, bei Bēzhans Höhle ein Feuer zu entfachen, das ihm nachts den Weg zeigen soll. So geschieht es. Bēzhan wird befreit, er und Rustam nehmen Rache an Afrāsjāb, die Romanze, wohl die schönste Liebesgeschichte des Schāhnāme, findet ein glückliches Ende.

Rustam sprach ihr zum Trost: »O schönes Angesicht,
Gott raube nie dir deine Liebe zu Bēzhan!

Verkünde ihm und sprich: ›Den Herrn des Rachsch hat Gott
zum treuen Helfer und Erretter dir bestimmt.

Von Zābul nach Iran, von Iran nach Tūrān
ist er um deinetwillen durch die Welt geeilt.‹

Sag ihm, daß wir auch noch auf abgewetzten Krallen
dem Leoparden gleich ihm in die Felsschlucht folgen.

Und da von ihm nunmehr ein Lebenszeichen kam,
so soll ihn bald des Menschtöters Schwert befrein.

Doch wenn du zu ihm sprichst, so hüte dies Geheimnis:
wenn's finster ist, halt deine Ohren achtsam offen,

geh in den Wald sogleich und sammle reichlich Brennholz,
und ist es Nacht geworden, dann entfach ein Feuer.«

Ob dieser Worte freute Manēzhe sich sehr,
und ihre Seele grämten keine Sorgen mehr.

Sie kehrte um, lief ins Gebirg, so schnell es ging,
und rief den Freund, der dort in einem Brunnen hing.

Sie sprach: »Was dir geschah, erzähl ich einem Mann,
den jeder rühmt und der den Speer handhaben kann.«

Manēzhe kündigt Bēzhan seine baldige Befreiung durch Rustam an (Fol. 365 b)

Noch immer ist Bēzhan im Brunnenschacht in seinen Ketten gefangen. Die Szene hat sich im Vergleich zur vorangegangenen kaum geändert. Nur das Haar des Bēzhan ist inzwischen gewachsen, was die verflossene Zeit andeutet. Manēzhe hat sich an den Eingang gelagert. Nur ein Paar Füchse oder Schakale, die aus dem die Höhle rahmenden Felsenkranz schauen, leisten dem Liebespaar Gesellschaft.

Manēzhe hat Bēzhan die Nahrung gebracht, die sie tagsüber erbettelt hat. Rustam hat ihr, als Kaufmann verkleidet, zubereitetes Geflügel übergeben, in dem er seinen Siegelring verborgen hatte. Bēzhan hat den Ring in einem Huhn entdeckt und als den des Rustam erkannt. Er hält den Ring in den Fingern und erkundigt sich bei Manēzhe nach seinem Besitzer.

Manēzhe hat auf Anweisung Rustams Holz zusammengetragen und neben dem Eingang zur Höhle ein loderndes Feuer entfacht, das über den Schriftspiegel hinausgreift. Das Feuer soll Rustam bei Nacht den Weg durch die Wildnis zu dem gesuchten Ort zeigen. Die Befreiung des Bēzhan durch Rustam steht kurz bevor. Die Nacht ist inzwischen hereingebrochen, strahlen doch vom dunkelblauen Himmel die Sterne.

نخچیده کنفش کرائی خرد جست / تا درید یزد اوار تحبش
زیر پایت بیران زیبتن / بکوکن کشتی مائی باک پنگ
کنون تا برست ماد آرتنفاغ / زپر تو پود مراش بدود / سبرازی تاکرکمرکان
شب تیره تاکوکب باز آر / نیمی پست مرد کشان / حوا را کوپی شخ اندا

رنج بش فرا آزار مبترخز
شب آید یکایک شنی فیروز

پیاده مارو قامان جان / کویود بش جادراز نجابی / کشنگ کرد ادم سه پسا / مدار نیک ی شح بنگلا

شیره ز گش را وست
شن ناله د شن ای ش

Durch die Mitschuld des iranischen Königs Kāōs lebt der alte Krieg Irans mit seinem mittelasiatischen Nachbarn Tūrān und dessen König Afrāsjāb mit größter Heftigkeit wieder auf. Im Kampf tut sich auf iranischer Seite vor allen anderen Gōdarz hervor. Rustam bleibt dem Geschehen fern. Das Bild zeigt den Zusammenstoß des iranischen Heeres unter Gōdarz mit den Turanern unter Pīrān. Der Beitext wurde entsprechend dem Manuskript übersetzt. Seine fast wörtliche Wiederholung zweier Verse sind Verderbnisse.

Wie Berge standen sich die Heere gegenüber.
Die Mannen hatten ihre Helme umgebunden.

Der Staub, der sich erhob, verdunkelte den Tag,
die Lanzen kleideten die Luft ins Panzerhemd.

Der Pferde Wiehern und der Staub des Heeres –
sie ließen Mond und Sonne schreckerfüllt erstarren.

Als der Trompeten heller Ruf mit Macht erschallte,
da war's, als ob die Berge ihren Grund verließen.

Von Kanābad bis nach Raibad stand Mann an Mann,
die schwarze Heerschar füllte Ebene und Paß.

Der Staub, der sich erhob, verdunkelte den Tag,
die Lanzen kleideten die Luft ins Panzerhemd.

Vom lauten Wiehern der zum Kampf bereiten Rosse
entschwand entsetzt der Glanz der Sonne und des Mondes.

Die Speere waren Sterne, die Schwerter sonnenhell.
Aus Eisen schien die Erde, wie Wolken stieg ihr Staub.

Schwer wog der Pferde Last, die Erde stöhnte laut,
ein Eisenhimmel ward aus Helm und Speer gebaut.

Gōdarz sah weit vor sich der Türken großes Heer,
in Fluten kam's heran, es wogte wie das Meer.

Das iranische Heer unter Gōdarz und das turanische unter Pīrān treffen aufeinander (Fol. 373 b)

Die Reiterheere der Iraner und der Turaner sind vor der Schlacht aufmarschiert und stehen einander gegenüber. Über ihnen wehen die Banner. Auf beiden Seiten wird die Trompete zum Angriff geblasen. Die Feldherren beider Heere sind erfahrene, graubärtige Krieger. Nur die türkischen Klappenmützen auf der linken Front deuten an, daß es sich auf dieser Seite um die Turaner unter ihrem Feldherrn Pīrān handelt. Ihnen stehen die Iraner unter Gōdarz gegenüber, der mit der Hand auf die Feinde weist. Auch andere Krieger deuten auf die Gegner hin oder wenden sich im Gespräch einander zu.

Ein Hügel am unteren Bildrand und einer am oberen, ein Bäumchen und zwei Stauden zwischen den Fronten unterstreichen die Zweiteilung des Bildes. In der Komposition zeigt das Blatt viele Beziehungen zur Miniatur ›Der iranische König Manōtschihr tritt seinen Onkeln Tūr und Salm entgegen‹ (Fol. 154a).

بگیر و دار که موز و روی سپاه | سپر برنهادند از آن روی گاه
از آواز پیلان و گرد سپاه | همی خیره شد چشم خورشید و ماه
زد پید ترمیس ای گاه بان | بر و دشت ریشان کو

بز گرد پسه روز بدوش مناه | زنیزه موجو کوه جوش مناه
از آواز اسبان و گرد سپاه | بشد روشنایی ز خورشید و ماه
نبود آزاد و اسیر و شبان و شاه | تزگ سپاهی آهن به سینه
همه یک‌دل و زور و توز و سیه | که کوه بر سپان توزره یا زمین دژم

Im Kampf der Turaner gegen Iran erweist Hūmān sich allen iranischen Helden überlegen. Allein der jugendliche Bēzhan, der Enkel des iranischen Feldherrn Gōdarz, wagt es, sich mit Hūmān zu messen. Der Kampf endet mit Hūmāns Tod.

Die beiden Helden machten sich sogleich bereit,
um ihre Kraft im Kampf zu messen und im Streit.

Ihr Letztes gaben sie, sie setzten alles dran,
vom Rücken seines Pferds den andern Mann zu ziehn.

Der Stärkre war's, der seines Feindes Gürtel suchte,
um schmählich aus dem Sattel ihn hinabzustoßen.

So groß war die Gewalt, daß Steigbügel zerrissen
in diesem grauenvollen Ringen ohne Gnade.

Doch keiner wankte oder stürzte aus dem Sattel,
und keiner konnte so die Oberhand gewinnen.

Am Ende stiegen beide von den Pferden ab
und gönnten eine Pause sich im harten Kampf.

Die Tiere ließ man von dem Dolmetscher bewachen,
sie selber, wie die wilden Löwen, wie die Drachen,

begannen ohne Zaudern wiederum den Streit.
Zum harten Ringkampf machten sie sich nun bereit.

Bēzhan ringt mit dem turanischen Helden Hūmān (Fol. 380b)

Bēzhan und Hūmān, der Bruder des Pīrān, fechten auf einem einsamen Platz in den Bergen ihren Zweikampf aus. Nachdem sie mit Pfeil und Bogen, mit Lanze, Schwert und Streitkeule keine Entscheidung herbeiführen konnten, stehen sie sich nun zu Fuß im Ringkampf gegenüber. Die beiden Helden haben die rechte Hand ihres jeweiligen Gegners ergriffen. Der jugendliche Bēzhan packt den Gürtel des Hūmān, der hat wiederum seine linke Hand auf die Schulter des Bēzhan gelegt. In weitem Ausfallschritt gegeneinanderlaufend, bilden die beiden Kämpfer ein Dreieck vor dem goldenen Grund.

Am unteren Bildrand stehen ihre Waffenträger und Knappen, die auch die Pferde halten. Über den felsigen Horizont schauen Angehörige des iranischen und des turanischen Heeres.

Das Blatt gehört zu den sehr übersichtlich komponierten Miniaturen unserer Handschrift. Bēzhan, der künftige Sieger, wird besonders hervorgehoben. Sein Kopf liegt genau im Schnittpunkt der Diagonalen, sein Körper auf der einen Diagonallinie. Diese Bewegung wird zusätzlich durch den über den Hang fließenden Bach und die nach links geneigte Felsgruppe in der rechten oberen Bildecke unterstützt. Die Pferde und Knappen bilden für die Kämpfenden einen Sockel, das wehende Banner grenzt sie nach oben hin ab. Das Motiv des Ringkampfes, einer traditionsreichen iranischen Sportart, hat in der persischen Miniaturmalerei seine vorbildliche Gestaltung besessen. In einer Schähnäme-Handschrift der Nationalbibliothek in Wien aus dem zweiten Viertel des 17. Jahrhunderts findet sich eine sehr verwandte Darstellung eines solchen Ringkampfes.[19]

وزان پس میان نهادند کار
که نزد آزمایند در کارگاه
کمربند کیک و کمرگاه پوش
بباید زد الگن بدن خویش
همی کوشد از تا برآمد خوی
بزد چنگ و بگرفت کیک پشت

جهان کن نجوید بیک گاه نبرد
بدنی وی سباهی الکس کشید

پس زاسب فرود آمده
بیکار یک لحظه بر زده
کشتی گرفتن بر آسید

کرشه بدست سیستانی بدید
جهان زیرکی برجوشید

جنگ ایرانیان بیکو در رز دیگر بار

دو رویه پیش برا دو دیں
سپاه اندر آمد ز مردو گو
پوشیده درحوش ش دشت گو
دو سالار برده پیمان
که بردار نان را سیاه
باریده تیر اندران ماه

حنان جنگ سخت پس از نیز تیغ
ز زبر خسته زیر باغ مکان
ز میں آتش گرد اسپ تو نبال
را آورد کو جان کشتن نباش
هوا برد بزرگی زنشش و بر تیغ
پریده بدنشان ملک برده

Der zweite Streit und Kampf Pīrāns mit Gōdarz

Der beiden Heere Kampfgeschrei erhob sich mächtig,
der Tritt der Pferde ließ die Erde gleichsam kochen.

Und als die wilden Scharen aufeinanderstießen,
da war's, als hätten Berg und Ebne sich gepanzert.

Die Feldherrn beider Seiten, wie die Leoparden,
sie ließen ihre Krieger aufeinanderschlagen.

Und wie die Regentropfen einer schwarzen Wolke,
so regnete es Pfeile über beide Heere.

Das Heer selbst ward zur Wolke, seine Wehr zum Regen,
die Welt ward finster wie des Winters lange Nächte.

Der Tritt der Hufe schlug die Erde hart wie Eisen,
und blutrot färbten sich der Helden Brust und Hände.

Verletzten wurden ihre Köpfe abgeschlagen,
man warf sie fort und ließ sie liegen, wo sie lagen.

Im Kampfgedränge war nicht Raum zu Flucht und Kehr,
und Pferd und Reiter sahn nicht Ziel noch Richtung mehr.

Nach Hūmāns Tod übernimmt Pīrān die Führung im Kampf gegen die Iraner. Der iranische Feldherr Gōdarz selbst führt seine Truppen gegen ihn in die Schlacht.

Die Iraner unter Gōdarz schlagen die Turaner unter Pīrān in die Flucht (Fol. 390a)

Der Kampf der beiden Heere ist wieder als ein Reitergefecht dargestellt, in dem die siegreichen Iraner von rechts gegen die Turaner anstürmen. Wie auf früher betrachteten Miniaturen (vgl. Fol. 189b) kämpfen drei Reiterpaare gegeneinander. Einzelne Motive sind daher schon bekannt, wie der die Lanze zum Stoß führende Reiter und der vom Pferd sinkende, getroffene Gegner. Im Zentrum der Gruppe steht ein jugendlicher Krieger mit mächtigem goldenem Turban und violettem Waffenrock, der seinem Gegner mit einem Säbelhieb den Arm abtrennt. Die besondere Bedeutung dieser Turbanform wurde schon erläutert (Fol. 167b und 337a). Dieser Turban wurde unter Schāh 'Abbās für die höheren Ränge des Militärs und für die Angehörigen der Leibwache eingeführt.

Über den Kampfplatz sind Leichenteile und Waffen verstreut. Hinter dem Horizont hervorblickend, sind die beiden weißbärtigen Feldherrn, umgeben von Trompetern, Trommlern und Bannerträgern, dargestellt. Mit bekümmertem Gesichtsausdruck verfolgen sie das Wogen der Schlacht.

Um der blutigen und unentschiedenen Schlacht ihrer beiden Heere ein Ende zu machen, vereinbaren die Feldherren Gōdarz und Pīrān, daß ihre stärksten Helden sich im Zweikampf messen sollen. Als zweiter tritt Gēw, der Sohn des Gōdarz, gegen Gurōi an. Es gelingt ihm, sich seines Gegners zu bemächtigen und ihn gebunden in das Lager der Iraner zu führen.

Und reiche Beute fiel den Persern in die Hände,
den Helden allesamt bei ihrem Heldenkönig.

Der Kampf Gēws mit Gurōi, dem Sohn des Zirih

Darauf erkühnte sich Gurōi, der Sohn Zirihs,
und trat mit Gēw, dem Sohn Gōdarz', zum Kampfe an.

Die beiden brauchten und zerbrachen viele Lanzen,
vergossen Blut und lechzten nur noch mehr nach Rache.

Im Eifer jenes gnadenlosen Kampfgeschehens
zerbarsten Schäfte, und manch Spitze fiel zu Boden.

Dann griffen sie zum Bogen und zum Pappelpfeil
und stürmten wie die Parder aufeinander los.

Lebendig sollt es sein, daß Gēw den kühnen Gegner
von seinem Pferde zöge und gefangennähme,

dem König führe vor, gefesselt und gebunden,
als edeles Geschenk, den Türken kühn entwunden.

Gēw kam und überwand, Gurōi ward übermannt.
Er stürzte, Pfeil und Bogen entfielen seiner Hand.

Gēw führt den Turaner Gurōi gefangen in das Lager der Iraner (Fol. 395 b)

Der Zweikampf zwischen Gēw und Gurōi wird nicht, wie zu erwarten, in einer Phase des langdauernden Kampfes dargestellt, sondern in seinem Ergebnis. Gēw hat Gurōi überwunden und führt ihn gefesselt als Gefangenen ab. Gēw, als der Sieger im Bild höher stehend, wendet sich zu seinem besiegten Gegner zurück.

Gurōi war maßgeblich an der Ermordung des Sijāwusch beteiligt. So gehört sein Blut nun Kai Chusrau, dem Sohn des Ermordeten, für dessen Rache sein Leben aufgespart wird. Gurōi wird reitend und im Besitz seiner Waffen gezeigt. Die Pferde der beiden Helden unterscheiden sich anschaulich in ihrer Ausrüstung. Das Pferd des Gēw ist ungeschützt, zeichnet sich aber durch eine prächtige, mit breiten Arabesken dekorierte Satteldecke aus. Das Pferd des Gurōi trägt einen Kopfpanzer und auf dem Körper einen Stoffpanzer. Die Steigbügel sitzen unter dieser Panzerung, so daß der Fuß des Reiters durch einen Schlitz geführt werden muß.

Die beiden Reiter traben über eine Ebene, die am unteren Bildrand und zum Horizont hin von Gebirgen eingefaßt ist. Über den Horizont schauen die Bannerträger. Das Banner des Gēw mit dem Bild des Löwen vor der aufgehenden Sonne, für Jahrhunderte das Staatswappen des Iran, wird stolz nach oben gereckt, wohingegen das Banner des Gurōi gesenkt wird.

| سرمشتند ایرانیان یک قبال | جنگ کیو با گردی رزه وگرد قا رشدن گردی رزه | که بود مندگر دایش پاپال |
| دیگر کرد ی نزدیک گرد گیو | برون رفت پاپور کو درز گو | نپیره فزاوا ن بجهشد | سمی پهر ماحون اکخشید |
| سپاهای یزد بجنگ |
| و زو برخت اسبول ان گار |

| کجای گرفشد و برگزید | یک خدبای پست مکیوا | سمی مذبای پست مرکیوا | کخان مذراد و دلران خورا |
| چنان پشته در پش چشما | نزدگان بگی مه بیه نوپد | جو مذراند آمد گردی لهبی | گزاسب مذراد و لران خورا |
| کمان شد و پش پی |

Gegen Pīrān, den Feldherrn der Turaner, stellt sich der iranische Heerführer Gōdarz selbst zum Kampfe. Er überwindet und tötet seinen Gegner nach langem Ringen, kehrt in das Lager der Iraner zurück und erteilt Ruhhām Befehl, den Leichnam Pīrāns vom Kampfplatz zu tragen und dem herannahenden Kai Chusrau vorzuführen.

Im Staubgewirbel war ein Banner nun zu sehn,
und stolz und siegesfroh erschien alsbald Gōdarz.

Da schlugen der Iraner Trommeln einen Wirbel,
sie selber wirbelten den Staub bis auf zum Himmel.

Die Edlen eilten ihrem Helden froh entgegen,
erleichtert kamen sie herbei, vor Freude lachend.

Die Masse der Gemeinen rief: »Was ist geschehn,
ob wohl der Kerl mit finstrer Seele wiederkommt,

Pīrān, der wilde Mann mit einem Löwenherzen,
der jahrelang nur Streit gesucht und Kampf und Hader?«

Da nahm Gōdarz das Wort und rief, und allsogleich
liehn jung und alt und hoch und niedrig ihm ihr Ohr.

Mit seinem Finger wies er auf den Ort des Kampfes
und zeigte, wo und wie das Los entschieden hatte.

Ruhhām befahl er, sich zum Kampfe zu bereiten,
sein Pferd zu rüsten und ohn Säumnis loszureiten,

nach seinem Wort Pīrān zu suchen und zu finden
und seinen Leichnam auf ein Tragepferd zu binden.

Kai Chusrau beklagt den gefallenen Pīrān. Gēw führt den gefangenen Gurōi vor (Fol. 398 b)

Die Miniatur illustriert den Text auf Fol. 403 b, in dem Kai Chusrau den Tod des Pīrān beklagt. Da die Miniatur auf Fol. 403 b den nebenstehenden Text auf Fol. 398 b schildert, ist dem Maler offensichtlich ein Versehen unterlaufen. Er hat die Abfolge der Miniaturen vertauscht. Die bisherigen Deutungsversuche haben diese Tatsache nicht berücksichtigt und daher verschiedene Unstimmigkeiten nur unbefriedigend erklären können. Die Feldherren der Iraner und der Turaner, Gōdarz und Pīrān, hatten die Schlacht abgebrochen und Zweikämpfe zwischen je zehn Helden vereinbart. In allen Kämpfen überwinden die Iraner ihre Gegner, töten sie und schlagen ihnen die Köpfe ab bzw. nehmen sie wie Gēw den Gurōi gefangen (Fol. 395 b). Schließlich überwindet Gōdarz auch Pīrān (Fol. 403 b).

Kai Chusrau ist mit seinem Gefolge auf dem Kampfplatz erschienen. Der über sein Haupt gehaltene Schirm unterstreicht seine Herrscherwürde. Gōdarz und seine Helden treten ihm voller Respekt zu Fuß entgegen. Gōdarz weist mit der Rechten auf den Herrscher hin. Sein Gegner, Pīrān, liegt tot am Boden, das graubärtige Kinn emporgereckt. Gēw führt den gefesselten Gurōi vor, blickt zu Kai Chusrau auf und deutet auf seinen Gefangenen zurück. Die übrigen Helden haben die Köpfe ihrer Gegner triumphierend auf die Spitzen ihrer Lanzen gespießt.

Die Komposition wird von den beiden einander gegenüberstehenden Gruppen auf ockerfarbenem Grund bestimmt. Sehr fein sind der Gebirgsstock mit dem Steinbock und die ineinander verschlungenen Bäume vor dem goldenen Himmel gemalt.

در مشتِ پیلاندار، نیزه گرد	کز آن زمان شاد و آن زشتنج	بزرگانِ پهلوان‌ان	همی کرد بر پا ایستاده اویم
آن زبر و گشتِ سگِ کآی کهن	پراکنده و شاد، از آن آمدن	که پیل‌کی شکیل مُرد	نه بازو گرد دیدم
چنین گفت سگِ سگ پهلو	همه سالم‌جویای آوردند		سپرده مبارکِ کوبِ دولت
سگل دیگر دانست، دی بنان			

گفت منرو و جای بنید	بر نام فرمود نشست		
گفتمنی و بو زنا زنگرد	آوردن و میل‌کر ساخت		
پای رخ‌خان تائیدان مل کند	بد و گفت که رازبری بنا		

Kai Chusrau, der Herrscher Irans, hält selbst die Leichenrede auf den erschlagenen und in die Hände der Iraner gefallenen turanischen Heerführer Pīrān.

Chusrau, der Sieger, gab sich edler Trauer hin.
Er rühmte seines toten Gegners Heldensinn.

Gar heftig brannten Leid und Schmerz in seiner Seele,
es schien, als sei ein Feuer in ihm, das ihn quäle,

und seine Augen füllten sich mit blutgen Zähren,
als er das Wort ergriff, den großen Feind zu ehren.

»Das Unglück«, sprach Chusrau, »es gleicht dem wilden Drachen.
Im Handumdrehn kann es den Leun zum Opfer machen.

Mich hast du, als ein Kind ich war, umhegt,
hast mir geholfen, mich gefördert und gepflegt.

Das Blut des Sijāwusch bereitete dir Pein,
daß es vergossen ward, die Schuld dran war nicht dein.

In seiner Liebe groß, in seinem Haß nicht klein,
Iran tat gut daran, den wackren Mann zu scheun.

Er zog zum Kampfe aus als kriegerischer Held,
und seine kühne Schar verfinsterte die Welt.«

Gōdarz, vom Kampf erschöpft, berichtet von seinem Sieg über Pīrān (Fol. 403 b)

Die Miniatur illustriert, wie bereits ausgeführt, infolge einer Verwechslung des Malers den Text auf Fol. 398 b.

Nachdem die zehn iranischen Helden ihre turanischen Gegner überwunden haben, hat auch Gōdarz den turanischen Feldherrn Pīrān besiegt und getötet. Gōdarz ist zu seinen Gefährten zurückgekehrt und läßt sich Waffen und Rüstung abnehmen. Er ist mit drei Kriegern in der rechten unteren Bildecke dargestellt und bildet einen Schwerpunkt der Komposition. Mit dem Finger weist er, wie es im Text beschrieben wird, auf den in den Bergen liegenden, getöteten Pīrān hin. Ruhhām, der den Leichnam des Pīrān holen soll, ist schon aufs Pferd gestiegen und blickt zu Gōdarz, der ihm den Auftrag erteilt, zurück. Über den Horizont schauen weitere Krieger. Ein Leopard, zum Teil von einer Felskuppe verdeckt, wendet sich zu Pīrān hin.

Der Bildgrund ist in mehrere Farbpartien gegliedert. Die Gebirgskulisse des Horizonts hebt sich golden gegen den blauen Himmel ab. Der lilafarbene Gebirgszug, der schräg über das Bild führt, stößt dann gegen den grünen Grund des unteren Feldes.

که کشتی کنای آتش و زنگ	به پی کش مال به بیاب شو	جوکرد از نیکش و را با کو	فرود برگ آب زه زد وپدید
بد را مآورد بش شیر بیشم	که نحبت مدست ار دهائی	بنخون و دو دیده بپالودی	یکی داستان دیس از

کشید ی بحی سا له نیا من
میان بسته بودی پگان

جهان رم بابغ و دو شکیخ	ازو شاد ایران و شکیم	بیاد ملک پیش پیشم	خون سیاوخش راوبرد
جهان کر دبر نام دران ببلا	بپا مبک پش سنا	ام ا کنو ز و کین بیاز ببود	

تبارکی مدر طلایه بد | بشد اندر آواز ایشان شنید | فرو ماند در کار ایشان شگفت | سپاهی ز اندیشه اندر گرفت
همه کوهه لشکر و بر یخته | بشیری روان اندر و بیخته | به پیش اندر و زیر خم پلنگ | پس پشت شاه و پشت کنگ
کسی را که زخمی یک اندرش خوان | و را زنده اند یشه دل در آن

پرسید کاین کیا به جا داربد | چکین گفت با مو رنجا می پی | که بهشت کنگ این جا یک شخ | بحای است آن مورخ نیک | زمین هفت رنگ بالایی | ما ما جارست سپاهی

Im Dunst sah er die Vorhut der Iraner kommen.
Schon war das Wiehern ihrer Pferde zu vernehmen.

Das rasche Tun Rustams verwirrte Afrāsjāb.
Verzweiflung packte ihn. Er trieb sein Pferd zur Flucht.

Sein Heer ließ er erschöpft und hoffnungslos zurück,
es mochte um sein Leben kämpfen ohne ihn.

Von vorn bestürmte es Rustam mit starker Hand,
die Nachhut ward indes von Kai Chusrau berannt.

Da griff sich Afrāsjāb den nächsten, den er fand,
und fragte ihn in seiner Angst: »Hast du Verstand,

so rate mir, was mach ich nun, was soll ich tun?«
Der Mann erwiderte sogleich: »Entschließ dich nun,

nach Kang zu fliehn, es gleicht dem Paradiesesgarten,
wo Thron und Schätze ohne Zahl des Königs warten.

Vier Parasangen ist der Raum der Festung weit,
die Erdendecke über ihm ist sieben breit.«

Der lange Krieg zwischen Iran und Tūrān geht seinem Ende zu. Afrāsjāb, der König von Tūrān, muß in das Zentrum seines Reiches weichen. Rustam greift endlich auf iranischer Seite in den Kampf ein, und auch der Kronprinz Kai Chusrau ist an die Spitze seiner Truppen getreten. Von beiden bedrängt, sucht Afrāsjāb eine letzte Zuflucht in seiner befestigten Hauptstadt Bihischt-i Kang.

Afrāsjāb wird von den Iranern unter Kai Chusrau und Rustam in seiner Hauptstadt Bihischt-i Kang belagert (Fol. 420a)

Mit der Belagerung der Stadt Bihischt-i Kang ist der Krieg gegen die Turaner unter Afrāsjāb in seinen letzten Abschnitt getreten. Die Darstellung einer Belagerung ist ein seltenes Thema in der persischen Miniaturmalerei, in der vorliegenden Handschrift des Schāhnāme die einzige.

Die Bildfläche ist in zwei etwa gleich große Abschnitte geteilt. Im unteren Teil ist das iranische Heer aufgezogen. Es wird von Rustam und Kai Chusrau geführt, die an ihrer charakteristischen Kleidung und an der Krone zu erkennen sind. Die Belagerer senden zu den Verteidigern Pfeile hinauf und haben am Tor eine Leiter angelegt, über die ein Krieger, in seltsam verschränkter Haltung dargestellt, einzudringen versucht. Mauer und Tor werden von den Turanern durch einen Hagel von Pfeilen und herabgeschleuderten Steinbrocken verteidigt. Unter den Turanern fällt Garsēwaz neben dem Herrscher Afrāsjāb auf, über den auch hier ein Würdeschirm gehalten wird. Die Disproportionen von Mauer und Verteidigern sind hier ebenso auffällig wie die von Landschaftselementen und Menschen auf den übrigen Blättern.

Einer Erklärung bedarf der kleine halbrunde Brückenbogen links neben dem Tor, der nicht ohne weiteres als solcher zu erkennen ist. Eine ähnliche Brücke wird in Zusammenhang mit der Erzählung von König Schāpūr (Fol. 582b) dargestellt.

Die Bewegungen auf dem Blatt folgen in ihrer Richtung den Diagonalen. Dabei ist es bemerkenswert, daß im Schnittpunkt der Diagonalen die den Bogen haltende Hand des Rustam sitzt.

Noch einmal gelingt es Afrāsjāb, den Iranern zu entkommen. Er entflieht aus seiner Hauptstadt Bihischt-i Kang zum Kaiser von China, doch fällt sein Harem Kai Chusrau in die Hände. Nicht vergeblich flehen Afrāsjābs Frauen ihn um Gnade an. Er schont ihre Ehre und schenkt ihnen die Freiheit.

Wie blinde Heiden einem Abgott ehrend nahen,
so kamen sie, um Kai Chusrau als Herrn zu preisen.

Das Schicksal, das sie traf, beklagten sie.
Sie alle weinten laut und riefen schmerzerfüllt:

»Die stets nach Wunsch gelebt in Reichtum und Genuß,
die stießest du – verzeih! – in Armut und in Not.

So müssen wir dir unter Schmerzen Ehr erweisen,
o Königssohn, des Bahn ein guter Stern regiere.

Wie schön wär es gewesen, hätte nicht Tūrān
in deinem Herzen diesen Schmerz und Haß genährt.

Dann wärest du zu Freudenfesten hier bei uns,
und andre Herrscher hätten herzlich dich begrüßt.

Der Hausherr dieses Landes wärst du gar geworden
und hättest auf dem Thron der Ahnen Platz genommen.

Doch Mond und Sonne haben anders es gefügt
und Sijāwusch gestürzt, bezwungen und besiegt.

Die Schuld trägt Afrāsjāb, des Herz der Bosheit voll
und der von deiner Gnad nicht einmal träumen soll.

Wir rieten ihm zum Heil, er ließ sich nicht belehren,
und was er nicht verstand, das konnt ihn nicht bekehren.«

Kai Chusrau schenkt den Frauen des in seine Hände gefallenen Harems Afrāsjābs die Freiheit (Fol. 425 b)[20]

Der jugendliche Kai Chusrau thront in einer Bogenhalle im Palast des geflohenen Afrāsjāb. Die Türöffnung hinter seinem Thron erlaubt den Blick in den Garten. Links neben der Halle ist eine Türöffnung mit gerafftem Vorhang dargestellt, in der eine Dienerin mit einer Weinflasche steht. Darüber ragen eine Zypresse und ein Blütenbaum in den Himmel. Die Zusammenstellung dieser beiden Bäume erscheint sehr häufig auf persischen Miniaturen.

Das Schema der offenen Bogenhalle und der an einer Seite liegenden Türöffnung wird in dieser Handschrift mehrfach (Fol. 160 b, 180 a, 640 b, 698 b) angewandt. Auch die Ausstattung der Halle mit einem Teppich und reichen Wandmalereien begegnet uns wiederholt. Ungewöhnlich sind die kleinen Figuren in der Sockelzone, die in der Art von Karyatiden mit emporgehobenen Armen die aufsteigenden Wände der Halle zu tragen scheinen. Mit ihren lose wehenden Gewändern wirken sie geradezu antikisierend. Vor dem Prinzen sind zwei Frauen erschienen, die auf kleinen Platten Flaschen und Trinkschalen halten. Hinter dem Thron steht ein Page. Zu Füßen des Throns kniet ein jugendlicher Schenk mit einer Porzellanflasche in der linken Hand und mit einer ganzen Gruppe von Gefäßen und einer Platte mit Früchten vor sich. An dem Wasserlauf, der sich vor der Halle zu einem Becken erweitert, steht ein älterer Würdenträger, vielleicht eine Aufsichtsperson. Sie kehrt auf einer der folgenden Miniaturen (Fol. 582 b) noch einmal wieder.

سمان پروردهٔ تاج و تخت و ناز / بر آنکو نه بر ون پیش کسی / آن پوشیدنی / کسی مندیدہ سیج کانرا / سخن خواهند افزونی ندارد / گرای شاه نیک اخترا
جه نیکو مهدی از نو دوستی / نه تو ای دل خرّم خرام باز / کوه / نه شاهان درو دو پتا / آبی

بریم پایشاه کنیم / شب نیا کرده دوبار / ولیکن خسن جهلاس سپنده
جهان گرد کو مرا کرد یاد / سی ادش پوزش نیکو / نهند و پذیرد رایشاه کرد

433

چو لشکر بیامد سپهدار گیو
همان شاه پیران سر نامدار
یکی گفت شاها سپه بیشمار
بپیش زرگان میں نیل
یکی گفت شاها هر سر شام
عقب اندرون ز ره پشت کردن پیش
نه باشد مرا زین نبرد گریز

سر شیران بنیزه روشن چین
کمر مرد ازبر هم چنین
بر میلغان میدشاه را بیازست
خانون روشن ماه را یاست
بپوشید روشن جنین
سواران کرد انجمن

156

Im Zentrum stieß der Feldherr Tōs mit Macht voran,
der Lärm der Pauken und Trompeten füllt' die Welt.

Das Kajanidenbanner trug man vor ihm her,
ihm folgte seine Kriegerschar in goldnen Schuhn.

Die Luft, die Erde füllten Pfeil und Elefanten,
ein Blutstrom überschwemmt' die Welt, dem Nile gleichend.

Da ward im Mittelfeld der König von Mukrān
vom Speer getroffen, so daß keine Hoffnung blieb.

Man rief zu Kai Chusrau: »Wir bringen dir sein Haupt!«
Doch dies verbot der Herr. Er schonte seinen Feind.

»Wer ein gekröntes Haupt vom Rumpf zu trennen wagt«,
sprach er, »der muß ein finstres Balg des Teufels sein.

Errichtet ihm ein Grab, bringt Moschus, Rosenwasser,
so wie es schicklich ist für einen toten Herrscher.

Entblößet den geweihten Leib des Königs nicht,
stellt nicht die Wunde unter seiner Wehr zur Schau.

Bedecket sein Gesicht mit feiner Chinaseide,
denn groß bleibt ein Monarch auch noch im Todeskleide.«

Zweitausend seiner Ritter trug man tot von dannen,
sie alle schwertbewährte, kampfbegehrte Mannen.

Der Herrscher von Mukrān (Mukran, heute Verwaltungseinheit in Baluchistan, Südpakistan) tritt auf seiten Tūrāns in den Krieg gegen Iran, wird aber von Kai Chusrau besiegt und getötet.

Der im Kampf gegen Iran gefallene König von Mukrān zu Füßen Kai Chusraus (Fol. 433 a)

Kai Chusrau erscheint auf dem Schlachtfeld, umgeben von seinem Gefolge und begleitet von Tōs, dem Feldherrn der Iraner, der einen Kriegselefanten reitet. Ein Page mit modischer Mütze hält den Würdeschirm über das Haupt des Prinzen. Vor Kai Chusrau liegt der König von Mukrān, durch seine Krone ausgezeichnet, mit verdrehten Armen und zurückgeworfenem Kopf tot am Boden. Die Rückenwunde rührt von dem tödlichen Lanzenstich her. Neben dem Leichnam des Herrschers steht ein Krieger, mit dem Kai Chusrau das im Text geschilderte Gespräch führt. Um die Gruppe des Kai Chusrau und seiner Begleiter wird der Kampf fortgeführt. Am unteren Bildrand haut ein Reiter von hinten auf einen Flüchtenden ein. Dieses Motiv kam schon mehrfach vor (Fol. 74 b, 189 b). In der Bildmitte reiten zwei Krieger auf den Prinzen zu. Die Personengruppe am unteren Bildrand erhält in dem knorrigen Baum und den beiden Kriegern am Horizont ein Gegengewicht. Kai Chusrau und sein Gefolge bilden eine Gruppe von dreieckigem Umriß, die von rechts her in das Bild hineingreift. Dabei sitzt der Kopf des Pferdes des Kai Chusrau genau im Zentrum, also im Schnittpunkt der Diagonalen. Der Aufmarsch des Kai Kāōs gegen die Dämonen (Fol. 202 b) war identisch komponiert.

پیر بفکند از فراز آن کشید / کنون وه از را نمی برید / با اور گفت ای کسی جوی / نیا و جدا کشت هوای جو
چنان این پلیخ کوی کشت / سر او را مینار دو زنش / ز خون او در ت کو نشست / که سر کربلای بهای نگشت
ز نام چو خاک سایش جست / و کر خنده روزی کسی بشناسد

در که نوز ناموری شیا / هزار رایح کی دیگار / بی ید سرشن برا سپند / سمی کوهی تسخ طلب
سرشد راه یه کنش / زاد ایرکی از کرد ینا / تو اب گرا زکر وی یا / حسن و مرد باکودی بگا

»Gar oft hat sich das hohe Firmament gedreht«,
»rief Afrāsjāb, »eh sein Geheimnis ich erriet.

Es gab den Sieg dir, Kai Chusrau, der Rache sucht.
Doch willst du wohl den eignen Ahn ermorden, sprich!«

»Du Elender, du Missetäter«, rief Chusrau,
»der nichts als Schimpf und Schande, Fluch und Schmach verdient!

Punkt eins: des eignen Bruders Blut hast du vergossen,
der nie versucht hat, einem edlen Mann zu schaden.

Die zwei, drei Tage, die er hier auf Erden sah,
die füllte ihm sein bittres Los mit schwarzem Staub.

Punkt zwei: ich sage nur Nōzar, der edle Herr!
Der ganzen Welt war er ein anderer Ēradzh.

Du hast enthauptet ihn, wie man ein Schaf umbringt,
und hobst den eignen Kopf, so hoch der Himmel ist.

Du glaubtest dich vom Schöpfer und vom Schicksal frei
und fürchtetest den Tadel nicht. Und nun Punkt drei:

Obwohl du meinen Vater grausam umgebracht,
hast du an einen Tag wie diesen nie gedacht?«

Von allen Kampfgefährten und Verbündeten verlassen, fällt Afrāsjāb, der Herrscher von Tūrān, schließlich dem iranischen Kronprinzen Kai Chusrau in die Hände und wird von ihm mit eigener Hand erschlagen. Chusrau wirft ihm die Ermordung seines eigenen Bruders Aghrēras, des iranischen Königs Nōzar und des jugendlichen iranischen Helden Sijāwusch, des Vaters Kai Chusraus, vor.

König Afrāsjāb von Tūrān wird von Kai Chusrau enthauptet. Garsēwaz wird zur Hinrichtung geführt (Fol. 439a)

Kai Chusrau ist mit einem weiten Schritt aus der Gruppe seiner Begleiter nach vorn getreten und schlägt Afrāsjāb den Kopf ab. Einer der Krieger hält sorgsam die Krone des Afrāsjāb empor. Rustam und ein weiterer Held führen vor Erschütterung ein Tuch vors Gesicht. Kai Chusrau rächt ja nicht nur den Tod seines Vaters Sijāwusch, sondern er tötet seinen Großvater, und vor allem vergießt er das geheiligte Blut eines Königs, das von einem gemeinsamen Vorfahren stammt.

Kai Chusrau ist hier bärtig dargestellt (wie auf Fol. 398b), während er meist, so auch auf dem folgenden Blatt, jugendlich unbärtig wiedergegeben wird (Fol. 446b). Eine Abstimmung zwischen den verschiedenen Illustratoren der Handschrift über einen solchen Punkt erfolgte offensichtlich nicht.

Unter den Kriegern steht der Eremit Hūm in der Kleidung eines Derwischs. Er hatte Afrāsjāb mit seiner Fangschnur gefangen und ist der eigentliche Held der Geschichte. Nun weist er auf den Prinzen hin und wendet sich wie im Gespräch zurück. Er trägt eine mit dem Turbantuch umwundene Filzkappe und ein um die Schultern geworfenes Tuch, die für Derwische typische Kleidung.[21] Garsēwaz wird in Ketten herbeigeführt. Ihn erwartet ein besonders martervoller Tod. Er soll in der Mitte durchgehauen werden. Einen großen Teil der Darstellung nimmt das Gebirge ein, das für die Handlung von besonderer Bedeutung ist. Unterhalb des Berggipfels ist der Eingang der Höhle zu erkennen, in der sich Afrāsjāb verborgen hatte. Um den Berg fließt der Fluß, in den er sich nochmals geflüchtet hatte, bevor er endgültig gefangen wurde. Krieger mit ihren Pferden, ein Bärenpaar und zahlreiche, verschiedengestaltige Bäume beleben die Landschaft.

Schon bald nachdem Kai Chusrau zum König der Könige Irans geworden ist, kündigt der Engel Surōsch ihm im Traum das nahe Ende seiner Herrschaft an. Chusrau bereitet seinen Abschied vor, und dazu gehört auch eine vermächtnishafte Rede an die Großen seines Reiches (deren einige versehentlich doppelt genannt werden).

Zu seinen Füßen saßen Tōs, Gōdarz und Gēw,
Ruhhām, Schāpūr, Gurgēn und mancher andre Held.

Bēzhan und auch Gustahm und viele edle Herrn
aus dem Gefolge sah man hinterwärts plaziert.

Auf goldnem Thron – der König aller Könige
mit der berühmten Stierkopfkeule in der Hand,

an seiner Seite Zāl und dessen Sohn Rustam,
dem wilden Löwen und dem Elefanten gleich,

an seiner andren Seite Tōs, Gōdarz und Gēw,
der Held Bēzhan und auch der tapfere Ruhhām.

Und jeder blickte voller Spannung auf Chusrau,
ein Königswort erwartend, das das Heer betraf.

Mit lauter Stimme nahm der Herrscher nun das Wort:
»Ihr edlen Männer«, sprach er, »meines Reiches Hort,

Verstand und Einsicht hat der Mann, der dies versteht,
daß Freud und Leid, daß alles einst zu Ende geht.«

Vermächtnisrede Kai Chusraus vor den Großen seines Reiches (Fol. 446 b)

Kai Chusrau, hier wieder ein unbärtiger Jüngling, hat die Großen des Reiches auf einer mit Blumen bestandenen Wiese um sich versammelt. Sein Thron steht unter einem Sonnensegel. Die Würdenträger haben auf goldenen Sitzen zu beiden Seiten des Thrones Platz genommen. Zusammen mit dem Tamburinspieler und dem Wachhabenden bilden sie einen Kreis. Der greise Zāl und der Held Rustam sitzen zur Rechten des Herrschers, haben also die Ehrenplätze inne. Über ihnen erhebt sich ein Sonnenzelt. Ein Schenk, der Kai Chusrau ein Schälchen reicht, und eine Harfenspielerin bilden eine Diagonale, die auf den Herrscher hinweist. Der Maler hat drei Gesprächspaare gebildet, Kai Chusrau und Zāl stellen das wichtigste Paar dar. Aber auch Rustam und sein jugendlicher Nachbar, Gōdarz in der rechten Bildecke und Gēw wenden sich im Gespräch einander zu, um die Rücktrittsabsichten des Kai Chusrau zu besprechen.

Die Miniatur steht Blättern aus dem Anfang der Handschrift besonders nahe. Die Anordnung des Sonnenzeltes und des -segels erinnert an die Szene, in der Garschāsp zwei Tiger tötet (Fol. 33 a). Die Haltung des Gōdarz, der sich auf seine Streitkeule stützt, entspricht der Darstellung des Garschāsp vor König Mahrādzh (Fol. 43 a) bis in die geringfügigsten Einzelheiten. Liebe zum Detail wird im Schmuck des Thrones deutlich. Seine Lehne ist mit Landschaftselementen wie Bäumchen, Vögeln und Wolken dekoriert. Die Darstellung der Musikinstrumente, der Waffen und anderer Utensilien bietet darüber hinaus eine Fülle von Informationen.

بپش آمد مرا طالع سرکش بر ** جو نام چو ساپور و کی کی منم ** پس پشاور شهرکه ستم ** بزرگان که یوند نامدار بهم
شهنشاه بر پیکر آهنین ** یکی زده که ای پلک بست ** بیک دست ازان بر کشیدم ** جو سل یغفر آن ریشم

نهاده همه چشم بر چهر ما ** بدان جبه که ید کار آرای و
یا آنکه گشت بدنام شیر کز ای مداران بزرگ نای ** را کس دارد این کین نیک پدرز

Guschtāsp, der Sohn des Königs Luhrāsp, des Nachfolgers von Kai Chusrau, muß manches Abenteuer bestehen, ehe er in seine Heimat zurückkehren und den Thron seiner Väter einnehmen kann. Dazu gehört auch der Kampf mit einem Nashorn, das im Römischen Reich Schrecken und Verheerung anrichtet. Im Kampf mit ihm wird Guschtāsps Pferd zerrissen, Guschtāsp selbst aber kann das Ungeheuer bezwingen.

Er stieg vom Pferd und traf das Untier auf den Kopf.
Er spaltete zugleich ihm Rücken, Hals und Brust.

Stark wie ein Löwe stand er wieder auf vom Kampf.
Ob je die Welt wohl einen solchen Helden sah?

Als so der Weltbezwinger seine Beute sah,
der Kraft der Bosheit ganz beraubt und zweigeteilt,

da nahte er ehrfürchtig sich dem einen Meister,
der Gut und Böse lenkt und aller Tiere Herr ist.

Aus tiefster Seele spendete er Lob und Preis
dem Schöpfer dieser Welt und der Bedrängten Hort.

»Du bist«, sprach er, »der wahre Führer der Verirrten,
gerecht und einzig, unser allerhöchster Gott.

Nach deinem Wohlgefallen schenkst du Glück und Heil,
in deinem Namen wird uns weiser Sinn zuteil.«

Der Lobpreis war zu Ende, und mit starker Hand
brach er des Untiers Hauer aus als Siegespfand.

Guschtāsp tötet ein Nashorn (Fol. 457 b)

Nachdem das Nashorn dem Pferd des Guschtāsp den Leib aufgerissen hat, aus dem die Eingeweide herausquellen, greift es den Helden selbst an. Guschtāsp hat einige Pfeile auf das Untier abgeschossen und spaltet ihm mit dem Säbel den Schädel. Mit der Linken hat er einen Zipfel des Gewandes gefaßt und schreitet mit weitem Ausfallschritt auf das Nashorn zu. In ähnlicher Fechterstellung war schon Garschāsp (Fol. 33 a) wiedergegeben. Noch enger verwandt ist die Gestalt des Isfandjār auf einer Miniatur in einer Schāhnāme-Handschrift der John Rylands Library, datiert in das Jahrzehnt von 1590 bis 1600.[22] Das vorliegende Blatt gehört innerhalb der Handschrift zur Gruppe der Miniaturen mit wenigen großformatigen Figuren. Guschtāsp, Nashorn und Pferd bilden eine Dreiergruppe, deren Kampf vom Horizont aus von zwei Kriegern und einem Steinbock verfolgt wird. In den Proportionen stehen die Figuren der Miniatur nahe, auf der Rustam und Rachsch den Drachen töten (Fol. 205 a). Rustam schreitet allerdings von links ins Bild, ist also in entgegengesetzter Richtung orientiert.

In auffälligem Gegensatz zu dem grausigen Zustand des Pferdes steht die erlesene Qualität seiner Zäumung. Die Satteldecke zeigt eine figürliche Darstellung. Zwei Schakale tummeln sich unter einer Blütenstaude.

پیاده بر آن میان دشت ** همی دید و بگرد میان یال گشت
پیاده جوان ملک زاده بود ** سر خویش ازان دشت بگشت
یمی آفرین خط بر کرد گار ** که یا افرید و اورد گار

نویی کام و پیروزی از گنج نست ** فرو رود از ماهی پشت نیست
نوی بر نبرود و گر یکیست ** جو بر گرد نان نامگاه نیست

همی و تا روا نه کشت | بزمرا نجز روی لشکرشت | پس آنکه ره پیاده نه نشیند | نجست
نگهبند او را و ندانست | حرو شان بغلطید خاک | مدا سان مثل کمی کو
بپشت خو و منده وزگر | کو وا و دین نگاه زنگ | مدار کنگ وال ره های
همی گفت وا ور و داور | مدین جای پیکار زبان

توتی مه پنگ نگر توی مست | کینه و نجر توکمی سیست | روش به و وال وزدرود | خاک
سانک هم اسب و فرج ززر | شد ندار تمام کشا سپیم | تجرنج و سختی نگم نهم | فلک دم حسن اژد رها را
پا کند جای تزیک زنر

D er Drache wusch mit seinem Gift den ganzen Platz,
bis er erschöpft hinsank und seine Kraft verlor.

Doch wußte er noch immer sich so stark zu wehren,
daß Kai Guschtāsp, sein Gegner, wirklich staunen mußte.

Dann siegte er und brach dem Drachen beide Hauer.
Er wusch sich rasch von Kopf bis Fuß, um rein und würdig

vor Gott den Herrn, den Sieggewährer, hinzutreten
und Dank bekennend vor ihm in den Staub zu sinken.

War er es doch, der ihn dazu in Stand gesetzt,
den stolzen Drachen zu bezwingen und das Nashorn.

Er rief: »Gerechter Richter aller Richter du,
auch Lenker dieser Schlacht, wild wie das Meer.

Getreuer Helfer und der Beistand meiner Hand,
der allen Hilfsbedürftgen seine Hand hinstreckt.

So war es möglich, daß auch ich mit reinem Sinn
das grauenhafte Untier traf und niederwarf.

Mein Vater, Kai Luhrāsp, der ruhmreiche Zarēr,
sie fragen nicht nach mir, sie brauchen mich nicht mehr.

Vom Rad des Schicksals traf nur Mühe mich und Not,
ein Retter, der statt Gegengift nur Gift mir bot.«

Ein weiteres Mal wird Guschtāsps Mut und Kraft auf die Probe gestellt, als er im Römischen Reich gegen einen Drachen kämpfen soll. Guschtāsp besiegt den Drachen wie zuvor das Nashorn. Er vollbringt diese Taten zwei römischen Adeligen zu Gefallen, die zum Lohne mit Töchtern des Kaisers vermählt werden.

Guschtāsp dankt Gott für seinen Sieg über einen Drachen (Fol. 460a)²³

Guschtāsp hat, wie viele Helden des Schāhnāme, einen Drachen getötet und verrichtet daraufhin ein Dankgebet. Er hat eine Gebetsunterlage ausgebreitet und sich als ein Zeichen der Demut vor Gott seiner Waffen entledigt. Hinter ihm liegen Köcher, Bogentasche, Säbel, Dolch, Gürtel, Stiefel und Armschienen. Guschtāsp hat die Krone auf dem Haupt behalten, hat aber die Federagraffe abgenommen und sie mit zu den Waffen gelegt. Der Maler hat das Gebet in islamischen Formen dargestellt. Nicht nur, daß Guschtāsp barfuß betet, deutet darauf hin, sondern auch der Schriftzug ›Allah‹ und der Rosenkranz auf dem Tuch. Guschtāsp kniet genau in der Mittelachse des Bildes. Ein Gebirgszug trennt ihn von dem Kadaver des Drachen, der als ein riesiger, blauer Wurm auf der sandfarbenen Ebene liegt. Pilzförmige Felsen ragen in den goldenen Himmel, bekrönt von bizarren Bäumen. Der einzige Zuschauer ist das Pferd des Guschtāsp, das am Horizont erscheint.

Das Gebet eines Königs wurde in ganz ähnlichen Formen anläßlich des Flugversuchs des Kai Kāōs (Fol. 219a) dargestellt.

بدید نزد کرکان و یال و کپالی / میان پلنگ کپالی / اوبیل تیز و آز و چنگ جوی
کمانرا بزه کرد مرد دلیر / بغرید برسان شیر / بشد یکی کم وال ران
پیکان پولاد بکشید / نیا مد یکی موی و تند / غما زار کران کر دو سر
لکه کرد و شهل ز مرد سیند / یکی تیغ ہرا گوں کشید / برد نا کمان صف کشید

سه ره پشت شکار کرد چاک / گل گنج از خویش پاک / پر وای آمدار ناسور باری

D as Nashornpaar erblickte kaum des Isfandjār,
des hünenhaften Recken Brust und Arm und Faust,

als es sich auch schon auf ihn warf mit Kampfbegier,
den wilden, mordberauschten Elefanten gleich.

Der kühne Jäger spannte furchtlos seinen Bogen,
den Kampfruf eines zornen Löwen ließ er hören.

Die beiden Teufel überschüttete der Held
mit scharfen Pfeilen, traf sie aus dem Hinterhalt.

Die Eisenpfeile brachten ihren Untergang,
so daß nicht eins der Tiere bis zum Reiter drang.

Erleichtert und voll Freude sah es Isfandjār,
sein Pfeilschuß hatte beide Bestien fast erlegt.

Nun zückte er sein schmutzig-graues Schwert aus Stahl,
trieb seinen Renner mit dem Zügel, duckte sich

und hieb die Tiere mitten durch mit starker Hand.
Blutrote Rosen sah man blühn im Wüstensand.

Er stieg vom Roß. In Demut und Aufrichtigkeit
bekannte er vor Gott des Menschen Nichtigkeit.

Als der zweite große Held der iranischen Sagengeschichte tritt neben Rustam unter König Guschtāsp Isfandjār hervor. Guschtāsp, sein Vater, blickt bald voller Neid und Sorge auf den jungen Helden und unterwirft ihn immer neuen Bewährungsproben. Er schickt ihn schließlich nach Tūrān mit dem Befehl, die ›Erzfestung‹ zu erobern und zwei gefangengehaltene Prinzessinnen zu befreien. Isfandjār wählt dorthin den kurzen Siebentageweg, muß aber an jedem Tage ein gefährliches Abenteuer bestehen. Als erstes hat er zwei wehrhafte Nashörner zu bezwingen.

Isfandjār jagt zwei Nashörner (Fol. 475 a)

Das erste Abenteuer, dem Isfandjār auf der Heerfahrt nach Tūrān begegnet, besteht in dem Kampf gegen zwei riesige Wölfe.²⁴ In unserer Handschrift sind es zwei Nashörner, denen Isfandjār entgegentritt.

In gestrecktem Galopp reitet Isfandjār auf die beiden Nashörner zu, die er mit Pfeilen erlegt. Die Nashörner sind von der gleichen Gestalt wie das Nashorn, das sein Vater Guschtāsp bezwang (Fol. 457 b).

Die Landschaft ist in mehrere farbig kontrastierende Zonen zerlegt. Die Nashörner bewegen sich vor dunkelgrünem Grund. Isfandjār, der vom Blattrand her in das Bildfeld hineinreitet, ragt in den hellgrünen Grund des Mittelfeldes. Die obere Zone wird von den in der Farbigkeit lebhaft wechselnden Felsen des Gebirges beherrscht. Drei Angehörige des iranischen Heeres beobachten den Kampf Isfandjārs vom Horizont her.

Die Gestalt des galoppierenden Pferdes und das Größenverhältnis von Reiter und Pferd zum gesamten Bildfeld erinnern an den Polo spielenden Garschāsp (Fol. 27 b), der allerdings in entgegengesetzter Richtung über das Spielfeld jagt. Sogar die Dekoration der Satteldecken, die in beiden Fällen aus Spiralranken besteht, erscheint verwandt.

سپ دوم چو رنمیم رزسا
بہ کنگ کلی بشکرف پرا
ہمای دل سیر تار کشد
پامد چو با شیر زور کشد
گلی بر و در گزره شیر
بر شید چو آمد کی تیغ زد
کہ رنگ پریش کنک مند
چو زا مند بر آمد کی تیغ زد
ول شد یر تمکرد
نسے تامیا نش کم
چو ماد برا شت بدا
بہ یک مدر رنا و عالی کش
جو مون لعل شد و سہ جا کی شد

آب آندرزمان سروش ست
کنار چنپاک زیو انچہ پت
چنین گفت کی اورداد
بریشتم و را نو گردد نبی
سم مدر زمان دشکرا شد
یشون تن بروبال شیرمید
برا سپید آفرین خویش
و را پہلوان میں عیا ند

Zu seinem Bruder Baschūtan sprach Isfandjār:
»Ich laß das Heer in deiner Hut und geh allein.«

Er ging und fand ein Löwenpaar so stark und wild,
als ob's die ganze Welt verfinstern könnt im Graun.

Ein starker Löwenmann, ein wildes Löwenweib,
die Furcht nicht kennend und allzeit zum Kampf bereit.

Als erstes kam der Mann, ihn traf des Helden Schwert.
Da färbte sein Gesicht korallenrotes Blut.

Das Schwert zerhieb den Leun bis zu des Leibes Mitte.
Vor Schreck und Furcht gepackt ward da das Löwenweibchen.

Nervös und voller Unruh stellt' es sich zum Kampf.
Das Schwert des Helden traf den Hals mit voller Wucht.

Es trennte Rumpf und Kopf. Der rollte in den Sand.
Ein Strom von Blut färbt' Brust und Bein rot wie Rubin.

Zum Quell ging Isfandjār und wusch sich Haupt und Leib.
Es drängte ihn, sich Gott dem Herrn mit Dank zu nahn.

Er sprach: »Gerechter Richter, der das Unrecht richtet,
du hast durch meine Hand die Bestien vernichtet.«

Zur selben Stunde traf das Heer am Kampfplatz ein,
erstaunt sah Baschūtan den hingestreckten Leun.

Man tat viel Lob und Preis mit lauter Stimme kund.
»Du größter Held der Welt!« scholl es aus einem Mund.

Isfandjārs zweites Abenteuer ist der Kampf gegen ein Löwenpaar. Er trennt sich von seinem Heer, das er der Obhut seines Bruders Baschūtan überläßt, und zieht allein in den Kampf. Nur staunende Tiere werden Zeugen seiner Heldentat.

Isfandjār tötet zwei Löwen (Fol. 476a)

Isfandjār, der Heldenjüngling, besteht auf dem Weg nach Tūrān allein den Kampf gegen ein Paar gewaltiger Löwen. Eines der Tiere liegt bereits erschlagen am Boden. Den zweiten Löwen trifft der tödliche Streich, den er mit einem Griff der Pranke in den Säbel abzuwehren versucht.

Die Taten des Isfandjār sprengen jeden Rahmen und verlangen daher ein größeres Bildfeld. Die Felsen des Gebirges greifen weiter auf den Blattrand über als sonst. Auch für die Gestalt des Helden ist ein neuer Maßstab gefordert. Er wird zwar als ein zarter Jüngling dargestellt, doch hat er die doppelte Größe der sonst abgebildeten Helden. Die Tiere, die den Kampf verfolgen, und die Bäume sind dagegen im gewohnten Maßstab wiedergegeben.

Isfandjār schreitet groß vom Rand her ins Bild hinein. Mit den beiden Löwen bildet er eine Gruppe, deren Umriß einem gleichseitigen Dreieck entspricht. Unter seinen Waffen fällt der Dolch mit dem kostbaren Griff besonders auf. Der Kronreif, der sich um den Helm zieht, kennzeichnet Isfandjār als Angehörigen der Herrscherfamilie.

همی جست گردنده پیل ژیان	مرو در کشید اسب را ارد شیر	به دم در کشید اسب را ارد شیر	نعره و تیغ کت جنگی درم
یکایک ز بر تیغ شمشیر شیر	چو دریا یی ژرف روانکشتنا	نه بر توانست کردی گام	جوشید بر تیع و کاش ما
برون ماند گامه بهمتر	برآورد آمد دمی لخت کی	بزد وانداز تند دید مرد و شیر	
		گراید برسمت ییلان دلیر	

بسی نعره شیر کوه بام	از آن دود دان سر بهوش	سی دود و بیلش دید یکجا	پیشا و بر جای بی هموش
	نزدیک او آن مارد دمان	بشتر ست رکا غرم فرزند زشت	وتش پرخون گشت تری

Die Pferde suchten vor des Drachen Atem Rettung.
Umsonst, sein Feuerschlund verschlang die Tiere alle.

Im Nu verschwanden Pferd und Wagen, nur die Kiste
hielt stand, und in sie kroch alsbald der schlaue Ritter.

Die Klingen dieser Kiste drangen tief ins Maul,
und aus den Wunden quoll ein Meer von Blut hervor.

Die Klingen staken so wie Schwerter in der Scheide,
wie sehr die Bestie sich auch dagegen bäumte.

Der Wagen und die Messer waren ihr Verderben,
sie drangen Stück für Stück in ihren Schlund und tiefer.

Nun wagt' es Isfandjār und sprang aus seiner Kiste,
das scharfe Schwert schwang er in seinen Löwenpranken.

Dem Drachenmaul entsprang geschwind er wie ein Pfeil,
des Untiers finstrem Schlund entkam der kühne Held.

Er spaltete mit einem Schlag des Drachen Hirn,
da floß viel Gift zur Erde, und sein Rauch stieg auf,

umhüllte Isfandjār und machte ihn bewußtlos.
Wie ein gewaltger Berg, so fiel der Mann zu Boden.

Sein Bruder Baschūtan erschien zur rechten Zeit.
Vor ihm lag Isfandjār, gefallen selbst im Streit.

Er war herbeigeeilt mit Sorgen und mit Bangen,
mit Blut wusch er sein Herz, mit Tränen seine Wangen.

Isfandjārs drittes Abenteuer, ein Drachenkampf, erweist sich als besonders gefährlich. Aber klug und umsichtig hat er sich dafür gerüstet. Er zieht auf einem Streitwagen und in einem eigens für ihn gebauten hölzernen, mit Schwertern bewehrten Käfig gegen den Drachen, und nur im Schutze dieser Vorrichtung kann er das Ungetüm bezwingen.

Isfandjār tötet einen Drachen (Fol. 477a)

Isfandjār hat einen Schwerterwagen bauen lassen, in den sich der Drache verbissen hat. Der Held ist daraufhin aus dem Wagenkasten gesprungen und spaltet dem Untier mit einem Hieb den Schädel. Er eilt von rechts auf den Drachen zu und ist in der schon vertrauten Fechterstellung (vgl. Fol. 457b) dargestellt. Seiner Bedeutung entsprechend, überragt er weit alle übrigen Personen, so auch die Angehörigen des iranischen Heeres, die sich unter Führung des Baschūtan nähern. Sie beobachten den Kampf, deuten darauf hin und unterhalten sich darüber. Der pilzförmige, mit bizarren Bäumen bestandene Felsen, meist am Horizont dargestellt, ist hier in die rechte untere Bildecke gerückt. Er setzt die Reihe der Krieger fort und bildet mit ihnen zusammen einen Sockel für den Drachen und den Drachentöter. Die Farbigkeit des Blattes unterstreicht das ungewöhnliche Ereignis. Die Personen und das Untier heben sich klar von einem goldenen Grund ab.

Isfandjār führt seinen vierten Kampf gegen die Hexe Ghūl, den ›Dämon der Wüste‹. Sie naht sich dem Helden in Gestalt eines verlockend schönen Mädchens. Als Isfandjār ihr aber eine ihm von Zarathustra gegebene magische Stahlkette umlegt, verliert die Hexe ihre Zauberkraft und zeigt sich in ihrer wahren Gestalt als weißhaarige, schwarze Vettel.

Er hieb den spitzen Dolch der Hexe in den Kopf,
ein Kopf so scheußlich, daß kein Mensch ihn anschaun mocht.

Da ward der Himmel finster wie der Straßengrund,
sein klares Auge schien vom Schreck gebannt und starr.

Ein Wirbelsturm weht' schwarzen Staub zum Kampfplatz hin,
und Sonn und Mond verhüllten ihr Gesicht vor Graun.

Auf einen Hügel stieg der Welteroberer.
Mit lauter Stimme schrie er wie ein wilder Leu.

Rasch eilte Baschūtan herbei mit seinen Mannen.
»Du hochberühmter König«, rief er aus der Ferne.

»Dem Schlage deines Schwerts erliegt das Krokodil,
der Zauberer, der Löwe, Wolf und Leopard.

Erhobnen Hauptes geh nun hin, so reich an Ehren,
denn deine Liebe wird die ganze Welt begehren.«

Nur einer sah den großen Sieg mit Grimm und Wut,
Gurgsār, in seinem falschen Sinn glomm finstre Glut.

Isfandjār tötet die Hexe Ghūl (Fol. 478 b)[25]

Isfandjār hat die Hexe Ghūl an ihren weißen Haaren gepackt und stößt ihr den Dolch in den Nacken. Die Hexe, ein Dämon der Wüste, versucht mit der rechten Hand den Dolchstoß abzuwehren und mit der linken Isfandjār am Gürtel zu packen. Der jugendlich schöne Prinz und die häßliche schwarzhäutige Alte bilden ein denkbar ungleiches Paar. Die beiden stehen am unteren Bildrand und ragen bis in die Mitte des Bildfeldes.

Isfandjār hatte die Hexe mit Gesang, Lautenspiel und Wein herbeigelockt. Am Ufer des Baches steht noch die Weinflasche, ihre Öffnung ist durch eine kleine Trinkschale verschlossen. Die Langhalslaute liegt, den farbigen Boden nach oben gekehrt, am Boden. Deutlich sind die drei Wirbel des dreisaitigen Instruments zu erkennen.[26] *Vom Horizont aus beobachten mehrere Krieger den Kampf. Unter ihnen fällt ein Turaner auf, der durch ein Gabelholz gefesselt ist. Die Gabel hält den Kopf fest umschlossen. Die rechte Hand, die Schwerthand, ist an das Längsholz gefesselt.*[27] *Dieser Gefangene ist Gurgsār, der Isfandjār die Abenteuer ankündigt und die Wege zu ihrer siegreichen Lösung beschreibt.*

Der Himmel hat sich beim Tod der Hexe Ghūl verfinstert. Er wird auf der Miniatur tief dunkelblau wiedergegeben.

یکی شهر بحر بوم و پر سر کشش
بیابان و کوهی پر از آتش

چو جاده ی یک دشت آسمان دشت
بد اینکا گزیم مرد روش

یکی دو که رویی پر از بیستون
پر از بید و خرد خروشان

بشوی تیغ یلان پرکسانا
چنین کشف کای نام بردار شاه

نه با رخم تو پای و آهنگ
نه با ز ونه گرگ و نه پشنگ

لیبانی بدین نشان فراز
جهان باز مهرم و آید نیاز

یکی آتش از تارک کر گسار
بر آمد ز پیکار اسفند

Als fünften Gegner bezwingt Isfandjār Sīmurgh, den mächtigen Wundervogel, aber nicht jenen, den wir bereits als Ziehvater Zāls, Geburtshelfer Rustams und seinen beständigen treuen Beistand kennengelernt haben (Fol. 180a, vgl. auch Fol. 509b). Isfandjār bedient sich mit Erfolg derselben Instrumente, die er bereits im Kampf gegen den Drachen verwendet hatte. Auch der Sīmurgh verletzt sich und verblutet an den scharfen Schwertern des Holzkäfigs.

Die vielen Wunden hatten den Sīmurgh entkräftet,
mit seinem Blute wusch er Kasten, Pferd und Wagen.

Aus seinem Kasten kroch nun Isfandjār hervor,
sprang auf und brüllte wie ein kampfbereiter Leu.

Mit seinem Schwert aus Stahl und seinem Kettenpanzer
glich er dem Krokodil – vom Greifen unbezwingbar.

Er schlug und hieb und spaltete den Leib Sīmurghs,
der große Helfer wußte keine Hilfe mehr.

Dann trat der Held vor seinen Herrn, der Weisheit ihm
und Kraft verlieh und selbst des Mondes Bahnen lenkt.

»O du gerechter Richter«, betete der Schāh,
»der Reinheit Spender, Herr der Kraft und jeder Kunst.

Die böse Hexe hast du ganz und gar vernichtet.
Auch diesmal hast du meine Schritte wohlgerichtet.«

Da jagten laut Fanfarenstöße übers Feld.
Das Heer erschien mit Baschūtan und Königszelt.

Isfandjār tötet den Vogel Sīmurgh (Fol. 479b)

Wie der Drache (vgl. Fol. 477a) wird auch der Wundervogel Sīmurgh mit Hilfe eines von Pferden gezogenen Kastens, aus dem Schwerter und Lanzen ragen, überwunden. Der Vogel verbeißt sich in den Kasten und wird daraufhin von Isfandjār mit einem Säbelhieb getötet. Das Pferdegespann und der Wagen sind an den unteren Bildrand gerückt, gleichsam als Sockel der Kampfszene. Auffällig sind die geschlitzten Nüstern der Pferde.[28]

Isfandjār, teilweise durch den Kasten verdeckt, ist wieder der schöne, vom Kampf unberührt wirkende Jüngling. Er trägt dieselbe Bewaffnung wie im Kampf gegen die Löwen (Fol. 476a) und ist auch in ähnlicher Haltung dargestellt. Wieder sitzt ihm auf der rechten Schulter der Schild.

Der Vogel ist in seiner Pracht und Größe ein würdiger Gegner des Helden. Sein Auge blitzt dämonisch wild. Sein Federkleid und die langen, wehenden Schwanzfedern sind unendlich sorgfältig gezeichnet und von märchenhaft reicher Farbigkeit. Die gewaltigen Klauen heben sich wirkungsvoll gegen den goldenen Grund ab. Auf den Felsen des Gebirges thront das Nest des Sīmurgh. Zwei Junge, durch die lange Schwanzfeder mit dem Sīmurgh verbunden, verfolgen von dort den Kampf.

بوموغ ازان جنگ نا کشت	چنون سیہ فضندی کر کشت	بزد بیرون شیر دلگار
زره در بر و تیغ هندی بچنگ	جوزو را بر دیوبح پلنگ	میبال جالی و کرم چ پارہ ست
	یم یمرن را یسش خضا وندنا	کہ او داد آن و روزی دہندا

چنین گفت کای اور دو گر		
خدا وندی پاکی و زور و ہنر	تو بودی ازین نکلیم ریستگار	بیوشی پا و پردہ سر
تو بر ویز جا گار از جاے	نماکہ خرد وش آمد گار	

Als sechste Bewährungsprobe verkündet der turanische Führer einen verheerenden Schneesturm, gegen den Waffen und Kampfesmut nichts vermögen. Da verzagt das ganze Heer und bittet Isfandjār umzukehren. Natürlich weist der Held dies entrüstet zurück und stellt sich der Gefahr. Aber nicht er, sondern sein glaubensstarker Bruder Baschūtan wird ihrer Herr. Baschūtan vereint das ganze iranische Heer im Bittgebet zu Gott und wird erhört. Der Schneesturm endet so plötzlich, wie er begann, und die Frühlingssonne gewinnt ihre alte Kraft zurück.

So sprach Gurgsār. Das Heer der Perser, das er führte,
vernahm die schlimmen Worte voller Furcht und Sorge.

Sie riefen wie aus einem Munde: »Isfandjār,
o edler Schāh, wälz dich nicht selbst im Staub des Leids.

Wenn wahr ist, was Gurgsār zu uns gesprochen hat,
so wird es bald sich zeigen kund und offenbar.

An diesem Orte schlagen wir die Türken nicht,
hier können wir nichts weiter tun als untergehn.

So einen mühevollen Pfad bist du gegangen,
bist keinem wilden Tiere aus dem Weg gegangen.

Wer hat wohl sieben Abenteuer im Triumph
bestanden so wie du? Nun danke Gott dafür,

bist du auf diesem Wege siegreich heimgekehrt
und vor den König hingetreten frohen Muts.

Wenn dir die Streitlust einen andern Weg erlaubte,
so würden Herrscher dir bald Huldigung erweisen.

Recht spricht Gurgsār. Hör seinen Rat, er rät dir gut.
Sei nicht zu stolz. Befolge ihn. Vernunft ist Mut.

Riskiere nicht der Deinen Blut, wie's dir gefällt,
denn immer neue Spiele spielt das Rad der Welt.«

Der Turaner Gurgsār kündet Isfandjār und seinem Bruder Baschūtan einen verheerenden Schneesturm an (Fol. 480 b)

Isfandjār thront unter einem Sonnensegel, das neben einem Zelt aufgespannt worden ist, im Kreise seiner Krieger. Sie bilden zusammen mit dem Schenken einen Kreis, ähnlich wie auf der Thronszene des Kai Chusrau (Fol. 446 b). Isfandjār hat den Blick auf den im Kreis am Boden knienden Gurgsār gerichtet. Der Turaner ist durch ein Gabelholz gefesselt (vgl. Fol. 478 b). In der linken Hand hält er ein Trinkschälchen, wird er doch nach dem bestandenen Abenteuer von Isfandjār zum Gelage geladen, um seinen Trübsinn zu verscheuchen. Isfandjār steht sein Bruder Baschūtan gegenüber, ausgezeichnet durch die Fürstenkrone. Er hält über die Schulter gelegt den Säbel des Isfandjār. Der Griff seines eigenen Säbels wird am linken Unterarm sichtbar. Baschūtan dient seinem Bruder also als Schwertträger. Ein weiterer Krieger steht hinter dem Thron und hält Bogen und Köcher des Isfandjār.

Zu Füßen des Prinzen ist ein Tuch ausgebreitet. Darauf stehen eine Blau-Weiß-Schale, Weinflaschen und Platten mit Früchten. Alle Personen nehmen durch Gesten oder Haltung am Gespräch teil. Selbst der Schenk, der sich auf eine Weinflasche stützt, weist auf Gurgsār hin. Dieser kniende Schenk erinnert in seiner Haltung an Pinselzeichnungen von Schenken, die dem Maler Rizā-i 'Abbāsī zugeschrieben werden.[29] Auch der ältere Mann mit dem großen Turban am rechten Bildrand zeigt den Stil dieses Malers. Von Interesse ist die Darstellung des Zeltes. Der Blick durch die vordere Öffnung erlaubt einen Blick auf das hölzerne Gitterwerk, das das Zelt trägt. Die Abdeckung ist mit Medaillons geschmückt, in denen Tiere und Arabeskenwerk dargestellt werden. Hinter der Horizontlinie werden zwei Kamele und der ausdrucksvolle Kopf ihres Führers sichtbar.

جو ایران بیاید این گرد گرد | شنیدند مردم کشید ملا درد | کشید کای شاه آزاد مرد | پیکر و ملا ما تو اسیر
اگر پارس بجها کف | بدین جایگه مرگ را نهایت است | چنین جایگه مرگ را آدم | نه سر خسروی گنگ آدم
چنین از شور بکل کشتی | بلای دود دام روستی | کر پیش تو آمد معصوم | بدین جهاں آفرین الجمیل
جو فیروز روز گار کروی | بدل شاد و خرم زنوی

براه و کر کشوی بر زم سار | شهریاران مدنسا
بدپسای کو بدی میسی کپسا | تن خویش راهر ز نیه مدد | محجن جاں کی بش کروند میشو | کرخ کهن بازی آر انبو

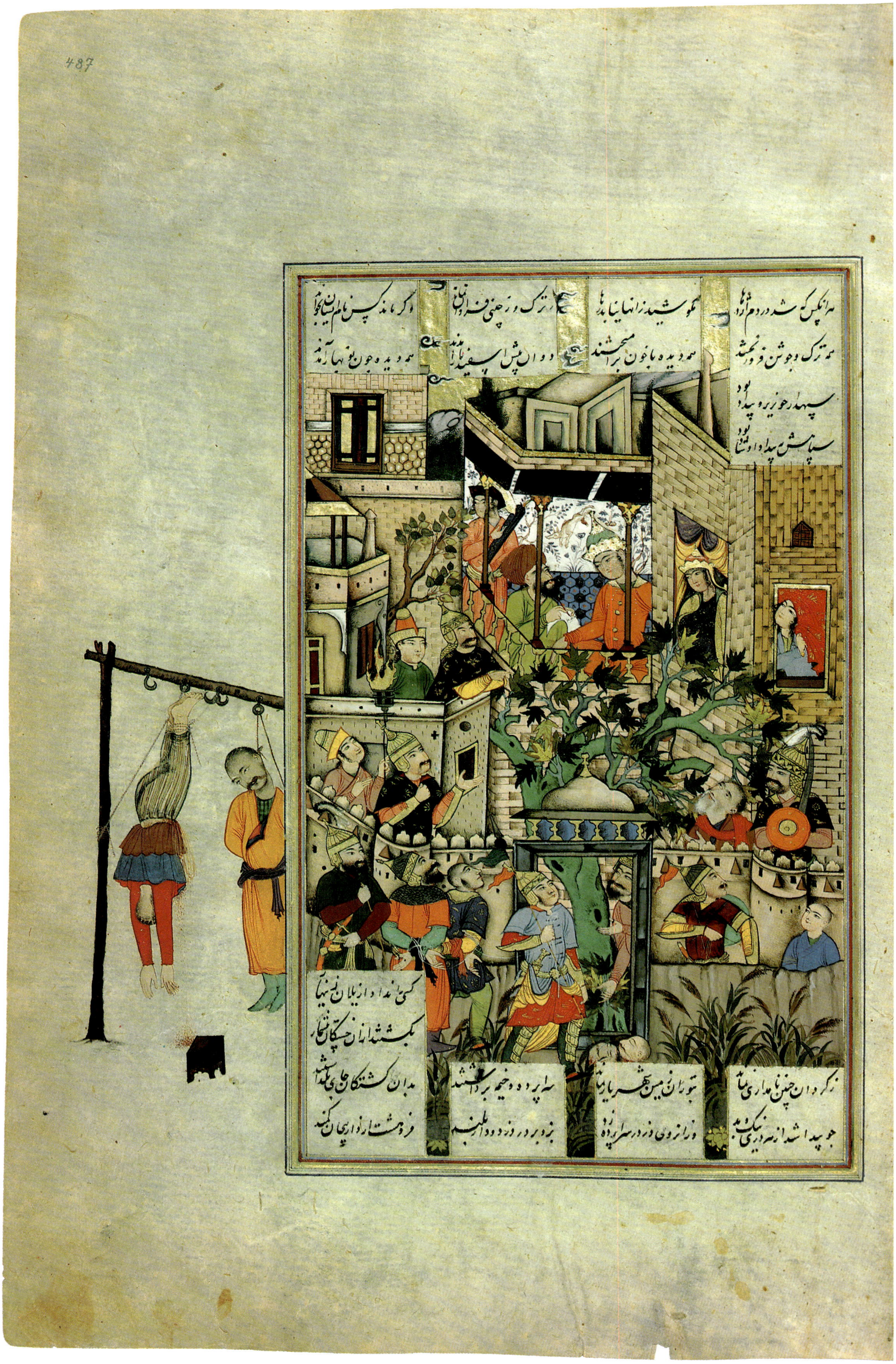

Wer Isfandjār, dem Drachen, in die Falle ging,
für den gab's keine Rettung, er kam nicht mehr frei.

Kaum ein Chinese oder Türke blieb am Leben,
und die, die übrigblieben, hatten keinen Namen.

In Panik warf man Helm und Panzer von sich ab
und schrie vor Angst, die Tränen aber waren Blut.

Gar mancher war, der Schutz gesucht bei Isfandjār,
auf Schonung hoffend, barg er sich beim jungen Schāh.

Doch dessen Blutdurst kannte weder Recht noch Gnade,
und alle seine Krieger freuten sich des Unrechts.

So ward nicht einem der Besiegten Schutz gewährt,
und die verwundet waren, schlug man auch noch tot.

In China blieb kein Held, der einen Namen hatte,
im Land Tūrān war nicht ein Herrscher mehr zu finden.

Am Ende brach der Sieger Zelt und Lager ab und ging,
die Walstatt überließ er den Erschlagenen.

Am Tag, da Recht und Unrecht so zum Vorschein kam,
da Isfandjār im Schloß Ardzhāsps sich Wohnstatt nahm,

da pflanzte man am Tor des Schlosses Galgen auf,
und zu den Balken zog man Nackenschlingen auf.

Nachdem Isfandjār die sieben Abenteuer bestanden hat, kann er sein Heer siegreich durch das Land Tūrān führen und schließlich die ›Erzfestung‹ mit List und Mut gewinnen. Dabei tötet Isfandjār selbst den turanischen König Ardzhāsp und richtet unter seinen Gefolgsleuten und Untertanen ein Blutbad an, das Firdausīs offene Mißbilligung findet. Isfandjārs Sieg setzt dem viele Generationen währenden Krieg zwischen Iran und Tūrān ein Ende.

Strafgericht Isfandjārs in der ›Erzfestung‹ Ardzhāsps (Fol. 487 a)

Nachdem der turanische König Ardzhāsp getötet worden ist, residiert Isfandjār in der ›Erzfestung‹. Isfandjār sitzt auf einem Altan und diktiert einem Schreiber einen Brief an seinen Vater Guschtāsp, um ihm den Sieg mitzuteilen. In den Fenstern neben ihm zeigen sich seine Schwestern, die als Sklavinnen bei Ardzhāsp dienen mußten und nun befreit sind. Eine der beiden trägt wieder die Krone einer Fürstin. Krieger und Gefangene bilden auf dem Blatt einen Kreis, an dessen Scheitelpunkt Isfandjār sitzt. In der Mitte dieses Kreises steht eine mächtige Platane, die hinter dem Tor wächst.

Die ›Erzfestung‹ ist innerhalb der Umfassungsmauer dicht mit Gebäuden gefüllt. Die lodernde Fackel eines Knappen zeigt an, daß Nacht herrscht. Außerhalb der Mauer werden Gefangene herbeigeführt. Neben dem Tor liegen die Köpfe bereits Enthaupteter. Das Tor mit der Kuppel liegt in der Mittelachse des Blattes, die auch durch die Platane betont wird und die auf Isfandjār hinführt.

Auf dem äußeren Blattrand, außerhalb des geschlossenen Bildrahmens ist ein Galgen aufgerichtet, an dem Guhram und Andarīmān, der Sohn und der Bruder des Ardzhāsp, gehenkt worden sind. Sie hatten sich gegenüber den Iranern durch Grausamkeit ausgezeichnet und haben nun ihre Strafe erhalten.

Nachdem Isfandjār alle Taten, die sein Vater, König Guschtāsp, ihm auftrug, glanzvoll ausgeführt hat, wird ihm eine letzte, schwerste und, wie sich zeigt, unerfüllbare Aufgabe gestellt. Isfandjār soll Rustam, den Herrn von Zābulistān, der sich seit dem Tode Kai Chusraus dem Hofe ferngehalten hat, gefangen vor den König bringen. Da Rustam dem Gebot seines Herrn nicht Folge leistet, kommt es zum Zweikampf, den beide Helden nicht nur mit ihrer ganzen Kraft, sondern auch mit magischen Mitteln bestreiten. Isfandjārs Leib ist durch Zarathustra gegen Hieb und Stich gefeit. Rustam läßt seine Wunden durch seinen Beschützer, den Vogel Sīmurgh (vgl. Fol. 180a), heilen und empfängt von ihm einen Tamariskenzweig, mit dem er den tödlichen Schuß gegen seinen Widersacher führen kann.

Auf Befehl des Sīmurgh schießt Rustam einen Pfeil in Isfandjārs Augen.

Er spannte seinen Tamariskenzweig im Bogen,
genauso, wie ihm der Sīmurgh befohlen hatte.

Er zielte auf die Augen Isfandjārs und schoß
und traf, da ward dem Sohn Guschtāsps die Welt zur Nacht.

Die edele Zypresse krümmte sich vor Schmerz,
die Sinne schwanden ihm, sein Herrscherglück verging.

Das Haupt des frommen Schāhs sank kraft- und haltlos nieder,
und aus der Hand entglitt ihm der Chinesenbogen.

An seines Rosses Mähne hielt der Held sich fest,
rubinrot färbte er den Grund der Schlacht mit Blut.

Da rief Rustam: »Du selbst hast es so weit gebracht,
den schlechten Keim in dir hast du zur Frucht gemacht.

Warst du's nicht, der da sprach: ›Ich bin aus Erz gegossen,
den Himmel hob ich ab, hab ihn zur Erd gestoßen.‹

Mit sechzig Pfeilen hast du mich geplagt, gejagt.
Ich sprach von Ehre nicht, ich habe nie geklagt.«

Rustam schießt einen Tamariskenzweig in Isfandjārs beide Augen (Fol. 509b)

Rustam hat den gegabelten Tamariskenzweig, den er in der vorangegangenen Nacht mit Hilfe des Vogels Sīmurgh vom Ufer des Meers von Tschin geholt hat, soeben in die Augen Isfandjārs geschossen. Seine rechte Hand schnellt nach dem Schuß nach oben. Der tödlich getroffene Isfandjār packt den Pfeil mit der rechten Hand. Durch einen Zauber gegen jede andere Art von Verletzung gefeit, konnte Isfandjār nur durch einen Schuß in seine Augen getötet werden. Damit hat der langdauernde Kampf zwischen dem Rekken Rustam, der inzwischen 600 Jahre alt ist, und dem heldenhaften Königssohn Isfandjār ein Ende gefunden.

Der Bedeutung der beiden Helden entsprechend, sind Rustam und Isfandjār gleichgewichtig auf die beiden Seiten des Blattes gesetzt. Über ihnen türmt sich ein Felsen empor, der ebenso wie das Bäumchen zwischen den Pferden die Mittelachse betont. Die beiden Helden sind sich am Grenzfluß zu Zābulistān gegenübergetreten. Am oberen Bildrand heben Krieger die Banner der beiden Kämpfer empor. In der linken Bildecke wird der Palast des Rustam sichtbar.

Für die vorliegende Szene gab es ein festes Darstellungsschema. In keinem Schāhnāme wurde auf die Darstellung dieses Höhepunktes in der Handlung verzichtet. Im Schāhnāme des Schāh Tahmāsp haben die Helden nur die Seiten gewechselt.[30]

بهتن کز آمد رگمان راند	بد اپنان کسپرغ نبود	شد تیر و شد عیش اوبال
بزد تیر برچشم سفندیار	خم آورد بالای سرو سهی	از و دور شد دانش پهلوی
تیر دن رستم بر چشم اسفندیار بر جان سپرد		منا جسی تکجای است
نکوشد سر شاه پر زیدنست	کرشمه پیل مال اسپ سیا	که آوردی این چشم بلاد
زخون مژه نیل شانک آمج	چنین گفت رستم بسفدیار	

| توآنی که کشتی ودین وتنم | علیم آنهبا آدین من مزبهم | مهی ترسبی توقف قدیم کیم | بجز رام نباشد دم فم |

پری رئی بیں بہ چہرہ روی / کنوں تا جو دیدار نوماں روی / و مقانی توبنشید ایسے / کہ یا و آرد گفت بہاں / کار
کہ پروری محمد پر بپشیر / شو و تیز و مذاں و بہ بدیدِشکار / جو کرد و مذاں و بہ بدیدِشکار / تخت نہد یدہ پوروار
و پہلو برا و سوہ و زاغہ بر / نخستین از رخ باربد آ

کہ تند کشتہ بانہی محبی اسپید / بہ میم زین پس بار بر آر
زو ہمی سہ پدر زیں اپتیاں / بہ چنگ کردو نشو و داں / کلل بلستاں / بیش
پس رخ تو فلک بلتیاں / یا بہ آرِی در این کو کب تیاں / ملک کو ک جرم و کف بستماں / شیا بدیدوش ملکی نگیاں

»Von ihm ist dir dies fremde Kind nun anvertraut.
Gib acht, was das Geschick mit ihm im Schilde führt.

Denk auch daran, was ein Dehqān aus alter Zeit
als Sagenweisheit treffend zu erzählen weiß:

›Ziehst du ein Löwenjunges auf mit eigner Hand,
so spürst du bald schon, wie es Kraft gewinnt und Mut.

Wenn dann in ihm die Gier und Beutelust erwacht,
dann wird, der es genährt, sein erstes Opfer sein.‹

So muß, was hier geschah, zwiefältig Unglück bringen.
Das Land Iran wird seinen ersten Schlag erleiden,

denn wo ward je ein Herr wie Isfandjār getötet?
Danach seh ich das böse Schicksal auf uns kommen.

Bahman trägt Not und Unglück nach Zābulistān,
ab wenden sich die Helden von Kābulistān.

Einst wird ein jeder seinen großen Namen kennen
und ihn den Rächer Isfandjārs, des Vaters, nennen,

so wie er jetzt den Vater aus Zābulistān
heimführt, den edlen Rächer in sein Land Iran.«

»Laß gut sein«, sprach Rustam, »denn was der Himmel tut,
das ändert niemand, er mein's böse oder gut.«

Das Bild zeigt Baschūtan und Bahman, die ihren erschlagenen und in Rustams Palast aufgebahrten Bruder und Vater Isfandjār beklagen, beide als Zeichen ihrer Trauer barhäuptig. Im Hintergrund stehen Rustam und sein greiser Vater Zāl. In seiner Todesstunde hatte Isfandjār die Erziehung seines Sohnes Bahman Rustam anvertraut. Der Beitext enthält Mahnworte Zawāres an seinen Bruder Rustam, in denen er vorhersagt, wie Rustams Bluttat schreckliche Vergeltung finden wird. Bahman selbst werde einst für den Tod seines Vaters Rache nehmen.

Baschūtan und Bahman beklagen ihren toten Bruder und Vater Isfandjār (Fol. 512 a)

Isfandjār ist im Palast des Rustam vor einer Bogenhalle unter einem vorspringenden Dach aufgebahrt. Er ist in eine Matte gewickelt, auf der Zweige und Rosen liegen. Sein Bruder Baschūtan und sein Sohn Bahman halten mit entblößtem Kopf die Totenklage. Hinter Baschūtan stehen Rustam und Zāl, die ein Gespräch führen. Auf dem Vorplatz der Halle befinden sich zu beiden Seiten des achteckigen Brunnenbeckens weitere Trauernde. Einer von ihnen führt im Schmerz ein Tuch an die Augen.

Die Bogenhalle folgt in ihrer Ausstattung mit Fliesen, Teppichen und Wandmalereien den schon mehrfach beobachteten Prinzipien (vgl. Fol. 160 b und 425 b). Besonders qualitätvoll ist wieder die Wandmalerei auf der Rückwand der Halle ausgeführt. Auf der linken Seite fällt ein Affenpaar auf.

Das Blatt ist sehr durchdacht komponiert. Isfandjār, Baschūtan und Bahman bilden eine Gruppe von dreieckigem Umriß. Die Köpfe von Baschūtan und Bahman sitzen genau in der Mitte des Blattes zu beiden Seiten des Schnittpunkts der Diagonalen.

Einzelne Köpfe sind von besonderer Qualität, so zum Beispiel die Porträts von Rustam und Baschūtan. Sie besitzen die größte Verwandtschaft zu den Darstellungen von Rustam und dem Herrscher von China auf einem der früheren Blätter (Fol. 336 b), so als stammten sie von der Hand desselben Malers.

Rustams Sieg über Isfandjār ist sein letzter Triumph. Bald darauf gerät er in einen Hinterhalt, den sein Halbbruder Schaghād ihm bereitet hat. Er stürzt während der Jagd in eine Grube, in die viele Spieße und Schwerter eingelassen sind. Er, sein Bruder Zawāre und sein Pferd Rachsch finden so den Tod.

Zwei Tage, eine Nacht nur dauerte die Heimfahrt
in aller Eile und auch ohne abzusetzen.

Die ganze Welt durchdrang der Klageschrei der Menschen,
es schien, als höbe selbst die Wüste an zu kochen.

Der eine konnt des andern Wort nicht mehr verstehn,
man hörte Schluchzen überall und weiter nichts.

Im Garten baute man ein Grabmal für Rustam,
so hoch, daß seine Spitze in den Wolken stand.

Im Grabesinnern ward ein Platz zur Rast bereitet.
Hier ruhte der Verstorbene in Glück und Frieden.

Ein zweites Lager ward für Zawāre errichtet,
er blieb an seines mehr gerühmten Bruders Seite.

Aus Moschus- und aus Rosenwasser mischte man
ein edeles Parfüm und goß es in das Grab.

Ein jeder rief: »O edler Held, warum, warum
hat es nach Moschus und nach Ambra dich verlangt?

Du leerst nicht mehr den Festpokal zur Freudenzeit,
du legst nicht mehr den Harnisch an zu Kampf und Streit.

Du teilst nicht Geld mehr aus noch Schätze hochbegehrt,
all dies gilt dir nichts mehr, es ist nun ohne Wert.«

Totenklage für Rustam und seinen Bruder Zawāre (Fol. 519b)[31]

Rustam und sein Bruder Zawāre ruhen auf einem goldenen Katafalk. Zu ihren Häupten hält der greise Vater Zāl die Totenklage. Zwei junge Männer eilen mit Kerzen herbei. Auf dem Rücken eines Elefanten wird auch der tote Rachsch gebracht, der mit seinem Herrn zusammen bestattet wird. Ein barhäuptiger Diener trägt einen großen Korb, der bis zum Rand mit Rosen gefüllt ist.

Vom oberen Geschoß des Bauwerks schauen die klagenden Frauen des Harems über die Brüstung herab, führen die Hand an die Augen oder schlagen sich die Brust. Ungewöhnlich wirkt die Darstellung eines frontal zum Beschauer blickenden Mannes, der sich vor der Kuppel des Baues auf die Dachbrüstung stützt.

Ganz am unteren Bildrand sitzen drei Mōbads mit Büchern in den Händen. Die beiden vorderen nehmen an der Klage um die Toten keinen Anteil, sondern wenden sich im Gespräch einander zu. Sie scheinen in ihren Büchern nach dem Schicksal des Hauses des Sām zu forschen. Die Gestalten der beiden Gelehrten sind groß in den Vordergrund gerückt. Ihre Gesichter haben ausdrucksvolle, porträthafte Züge. Ähnlich ausdrucksvoll waren auch die Gesichter der Mōbads, die dem Großvater des Rustam, Sām, den Traum deuteten (Fol. 160b).

Charakteristisch für die persische Malerei ist die Wiedergabe der beiden nebeneinanderliegenden Toten, die in Aufsicht gegeben werden. Bemerkenswert an der Architekturausstattung sind die beiden Darstellungen eines Tierkampfes. Auf grünem Grund wird ein schwarzes Rind von einem Tiger geschlagen, ein Tierkampfmotiv, das uralte orientalische Vorbilder besitzt.

به روز و به گیش ایل بهند پس زمین بهاوند تو کوهی نمیم زد و در دشت
کسی تیزنش بیاین آبس همه بو بهاسویه زبیدتوس سرفشن بایدار وحس حضرت
براین نمادب وازبن نوشت آن جعاکو بدشد کوشب

مد مشک بگل بریخت چای کوه مسلمن کحشت مد رخوا بهست بیکدیگر قبل
بسارخ نبه بپلوی آن نامری کمیری سرع عالم ببکه بکام عاک که نده بیش نوعه نمن

Von Alexander dem Großen werden im Schāhnāme viele Taten berichtet, die der Alexanderroman des Pseudo-Kallisthenes ihm zuschreibt. So soll er auf seinen weltweiten Kriegs- und Abenteuerzügen das Volk der Narmpājān oder ›Weichfüße‹ besiegt und auf einem hohen Berg einen gefährlichen Drachen durch List getötet haben. Er wirft ihm fünf mit Gift und Naphtha gefüllte Ochsenhäute vor, die der Drache verschlingt und an denen er elendig krepiert.

Ein Berg erhob sich dort, des Haupt die Sterne streifte,
man konnte denken, daß das Himmelsrad ihn zöge.

Doch auf dem Berge waren Menschen kaum zu finden,
und wenn die Nacht sich senkte, wich auch noch der letzte.

Die Alexander oben traf, befragte er
nach einem sichren Wege für sein großes Heer.

Die Leute priesen insgemein den kühnen Helden:
»Berühmter Herrscher dieser Erde«, riefen alle.

»Es gibt zwar über dies Gebirge einen Paß,
und auch ein Wegeführer stünde dir bereit,

doch auf der andren Seite lebt ein schlimmer Drache,
sein Gift kann wohl gar einen Wolf bewußtlos machen.

An diesem Drachen wagt kein Heer vorbeizuziehn.
Glaub uns, bis auf zum Mond steigt seines Giftes Rauch.

Aus seinem Rachen schießen heiße Flammenstöße,
und Elefantenschlingen sind des Drachen Haare.

Fünf große Rinder frißt das Untier jede Nacht,
sie werden von der Stadt, die's tun muß, ihm gebracht.

Wir kaufen und wir bringen sie zur Bergeshöh
und lächeln ängstlich, wenn wir gehn in seine Näh,

damit er diese Bergwand ja nicht überquere
und unser aller Not und Unglück noch vermehre.«

Iskandar (Alexander der Große) wird ein Drache gezeigt, der das Volk der ›Weichfüße‹ bedrängt (Fol. 551b)

Iskandar ist von rechts herangeritten und hört sich die Klagen von zwei Vertretern des Volkes der ›Weichfüße‹ an. Er ist als iranischer Herrscher mit Krone und Gefolge dargestellt. Neben ihm reitet sein Wezir, ein Geistlicher, auf einem Maultier. Gefolgt wird er von dem Falkner, einem Jüngling mit dem Jagdfalken auf der Faust. Ein Page schreitet dem Pferd des Herrschers voran. Er trägt für ihn in der linken Hand eine Weinflasche, in der rechten eine kleine Weinschale. Diese Personengruppe füllt vor nachtblauem Grund die untere Bildhälfte. In der oberen Bildhälfte windet sich auf den Gipfeln des Gebirges der graugoldene Drache. Von seinem Gifthauch sind alle Bäume des Gebirges verdorrt. Die Hauptfigur der Szene ist der Drache, dessen Kopf und Auge in der Mittelachse des Blattes liegen.

سه بر آذر ستاره یکی کم بود | تو گفتی که کاروان خواب شد | بدان که به بد مردم آنکه | شبیخون ز پیش بیا مد کی
به سپیده دمان ریش بسکه گشت | همی کیکه و خواندش دادنی | یکی مرده شستی همه راه | کرانی موضع تاریش پدر بن
برفن بر یکی که در پیشی | یکی ازدها است زه این گویی | کوه گ آرد پایدار جز متن
نیاز شکسته کوه من بر پیامه
مسی بود مریش دیانها

مسی بش مرد ورا کم | و گیسو بود مثل جا برم | پر اند شم و پر درم | نجیم بر که با لا بر بم | تم ستر ها | مدارم تم ناب | بدای نیا میدین کوی | نه پماند از ما که ناکره
خوش بر یش با مش شی | گاج

Schāpūr II., König Irans aus der Dynastie der Sassaniden von 309 bis 379, wurde bereits im Leib seiner Mutter zum Herrscher Irans gekrönt. Schon als Kind bewies er jenen praktischen Verstand, der ihn zu einem der erfolgreichsten Könige Irans werden ließ. Als in der Hauptstadt Seleukia-Ktesiphon die einzige Tigrisbrücke dem wachsenden Verkehr nicht mehr genügt, da ordnet der jugendliche König den Bau einer zweiten an. Im Hintergrund des Bildes ist die alte Tigrisbrücke zu erkennen.

So laut war das Geschrei, daß es der König hörte.
Er fragte, was das sei, das die Passanten störte.

Der Priester nahm das Wort, er sprach zum jungen Schāh:
»Mein schöner edler König, kluger Held, ich sah,

vom Tigris kommen viele Leute zum Palast,
Abhilfe suchen sie von einer schweren Last.

Wenn sie den wilden Tigris überqueren müssen,
dann gibt's nur eine Brücke unter ihren Füßen.

In Panik fällt ein jeder, stößt den Nebenmann
und kräht den Nachbarn an, so wie der Hahn den Hahn.«

Was sagte da Schāpūr zu seinen Priesterlehrern,
den edlen Glaubensführern und den Weisheitsmehrern?

»Noch eine zweite Tigrisbrücke muß entstehn.
Auf jeder soll man dann in einer Richtung gehn,

auf daß die Untertanen, die sich an Uns wandten,
die Marschkolonnen Unsres Heeres, die Gesandten

sich auf den Brücken nicht mehr stören und bedrängen.
Der Schatz des Königs zahlt's, und zwar in jeden Mengen.«

Die Priester freuten sich, und was sie hochbeglückte,
war, daß ein junger Baum mit erstem Grün sich schmückte.

So wie's Schāpūr gebot, befahl es der Mōbad,
und dieser zweiten Brücke Bau fand alsbald statt.

Des freute sich das Mutterherz, und damals schon
ließ sie Erzieher kommen für den reifen Sohn.

Der junge König Schāpūr II. befiehlt, zur Entlastung des hauptstädtischen Verkehrs eine zweite Brücke zu bauen (Fol. 582 b)

Der jugendliche Schāpūr thront an einem Bach auf einer Blumenwiese. Zu seiner Rechten sitzen zwei Mōbads am Boden auf einem Teppich, im Schatten eines am Thron wachsenden Baumes. Einer von ihnen zeigt durch eine Geste an, daß er mit Schāpūr, der die Gebärde erwidert, spricht. Sein Nachbar hat die Hände respektvoll in den Ärmeln verborgen. Hinter dem Thron stehen zwei Pagen, die sich untergehakt haben und ebenfalls im Gespräch einander zugewandt sind. Zwei weitere Personengruppen sind unterhalb des Thrones verteilt, getrennt durch eine Platte mit Flaschen und einer Amphora. Links unterhalten sich ein jugendlicher Musikant, der eine Laute hält, und ein Wachhabender. Rechts knien zwei Würdenträger auf einem Teppich, von einem zweiten Wachhabenden flankiert. Am oberen Bildrand ist zwischen den Felsen des Gebirges die Brücke von Ktesiphon zu sehen. Das Blatt wird in der Mittelachse durch die Gefäße auf der Platte und die Stufe vor dem Thron betont. Auf der Mittelachse liegt auch die rechte Hand des Herrschers. Seine Rechte garantiert Frieden und Gerechtigkeit.

خروش غلغلی که پیش | پرسید از و عده که پسندم | چنین گفت بتان شاه مزور | کوی نیکیش شاه و دانائی گر
کنون مرد بازی حساب | زو چله سوی چابک کلید هی | چو جله بلک که کلید زود | خیال کس پیل پی پی نشست
| | نیز سه چیش هر کلک کریم |
| | بنهی خروشید نموج ورنگ |

فیش کفتا پور بامو بند | شستن کف چنین کوی زال | کی می کر ببا پادش بن
کی ای راه زر زبون جون دل | | ربن کرد پشند زلیشا قم | کنجی ین کرد دکر درم |
مان شکر در دوستان | مای چین پریش ها | | ارزش و ماش چاک جنگ |
| که سپرزان رشیده ای | عمار غبار دشت جنت | | لقر یا آی آی کجک حج |
| | کمی بل یک مو نه مود کر | بیا رر وفر هنگ جو بی نی

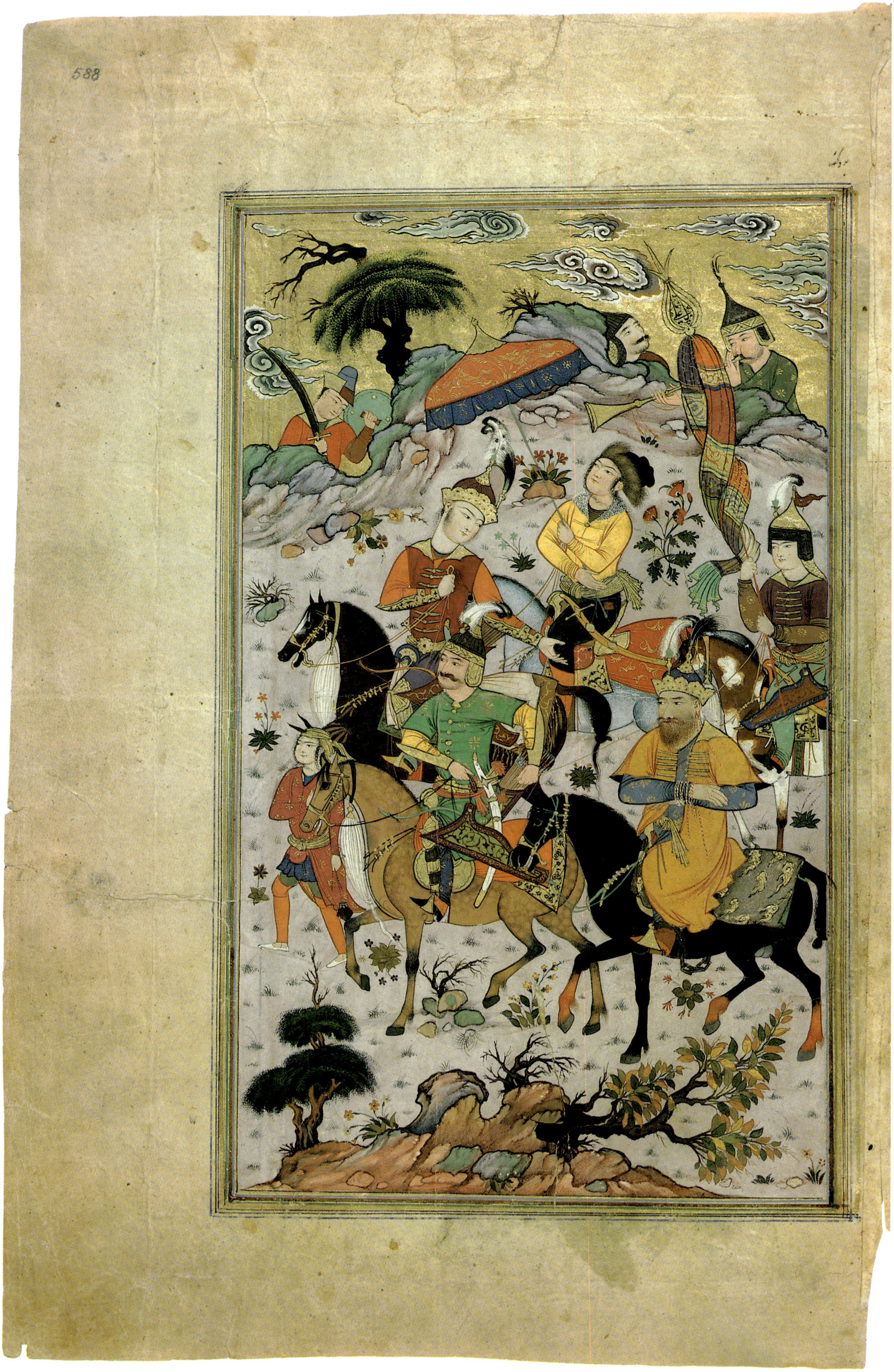
588

Unter der Herrschaft Schāpūrs II. erleidet Iran den Angriff eines römischen Heeres unter Kaiser Julian, der bis zur Hauptstadt Seleukia-Ktesiphon vordringt. Während der Kämpfe verliert der Kaiser sein Leben. Darauf müssen die Römer sich zurückziehen und einen verlustreichen Frieden schließen. In der Darstellung des Schāhnāme, das Ereignisse der Regierungszeit Schāpūrs I. und II. durcheinanderbringt, gelingt es dem persischen König, den römischen Kaiser gefangenzunehmen, was tatsächlich einmal unter Schāpūr I. geschah. Das Bild zeigt den Kaiser mit gefesselten Händen auf seinem Pferd im Vordergrund.

Schāpūr II. und der gefangene Kaiser von Rom (Fol. 588 a)³²

Schāpūr führt den Kaiser von Rom im Triumph gefangen nach Hause. Schāpūr, durch den Würdeschirm ausgezeichnet, wendet sich zu seinem Gefangenen zurück und weist mit der Hand auf ihn hin. Das Gefolge des Königs umfaßt den Pagen mit dem Schirm, den Bannerträger, den Krieger, der den Kaiser führt, und einen Pagen, der mit einer Kugel in der Hand vor dem Pferd des Königs herläuft. Der Kaiser ist als älterer, bärtiger Mann dargestellt, dem die Hände gefesselt und die Füße mit einer Kette beschwert sind.

Am unteren Bildrand sind auf dem Felsen zwei Bäumchen dargestellt, deren Wuchs der Stellung der Herrscher entspricht; der Baum links unterhalb Schāpūrs senkrecht emporwachsend, der Baum rechts unter dem Kaiser von Rom niedergebeugt. Am oberen Bildrand sind vor goldenem Himmel Krieger des siegreichen Heeres zu sehen. Einer von ihnen stößt siegverkündend in die Trompete.

Die Figuren sind im Maßstab gegenüber denen auf dem vorangegangenen Blatt gewachsen.

Unter König Qubād (488–531) verkündet Mazdak eine neue Religion mit einem sozialrevolutionären Programm. Die Besitztümer sollen nicht mehr einzelnen gehören, und die Ehen sollen aufgelöst werden. Für eine gewisse Zeit unterstützt Qubād Mazdak, läßt aber gegen Ende seiner Regierung den Feinden Mazdaks, dem Adel, den zoroastrischen Priestern und dem Thronfolger Kisrā, freie Hand. Mazdak und seine vornehmsten Anhänger werden hingerichtet, die Bewegung wird verfolgt und bis auf geringe Reste ausgerottet.

So sprach im Rate der Mōbad: »Mazdak, o Mann,
der Wissen sucht und guten Rat gebrauchen kann.

Mit einer Religion beglückst du diese Erde,
die will, daß Groß und Klein nicht offenkundig werde.

Wer wird sich da noch mühen in Bescheidenheit?
Und wer ist Größe zu erringen noch bereit?

Wer will dann wohl dein Diener oder meiner sein?
Wer trennt die Menschen, teilt in gut und schlecht sie ein?

Die ganze Welt macht dein Gebot zur Wüstenei.
Doch nicht bei uns! Das darf nicht sein, Iran bleibt frei!

Wenn alle Herren sind, wo bleibt der Arbeitsmann?
Wenn alle Schätze haben, wer bewacht sie dann?

Die frommen Männer würden so etwas nie sagen.
Solch Wahnsinn hast du heimlich in dir selbst getragen.

Wo ist dann wohl ein Sohn, der seinen Vater nennt?
Und wo der Vater, der den eignen Sohn noch kennt?

Die Menschen führst du in die Hölle, was nicht recht ist,
das Böse achtest du und nennst nicht schlecht, was schlecht ist.«

Der Zorn packte Qubād, als er dies Wort vernommen,
und er beschloß, zu einem Urteil gleich zu kommen.

Die Rede des Mōbad bekräftigte Kisrā,
den glaubenslosen Mann entsetzte, was er sah.

Und nun fiel auch die ganze Ratsversammlung ein:
»Mazdak soll länger nicht im Glanz des Hofs gedeihn!«

Mazdak disputiert mit den zoroastrischen Priestern und Prinz Kisrā über seine Lehre vor König Qubād (Fol. 640 b)³³

König Qubād thront in einer offenen Bogenhalle. Neben dem Thron kniet Mazdak, der es sogar wagt, seine Hand an den Thron zu legen. Qubād und Mazdak führen ein Gespräch, an dem sich auch ein Mōbad, der am unteren Bildrand kniet, beteiligt. Die Halle ist dicht mit weiteren Personen gefüllt. Da sind zwei Schenken, ein kniender Krieger, der sich auf eine Keule stützt, und der Page hinter dem Thron in europäischer Tracht.

Am Hof von Isfahan war es Mode geworden, die Pagen mitunter die exotische europäische Kleidung tragen zu lassen.³⁴

Durch die häufigeren Besuche europäischer Gesandtschaften war man in Isfahan mit der europäischen Tracht bekannt geworden. Hier trägt der Page einen hohen Hut und einen steifen Spitzenkragen. In der geöffneten Tür neben der Halle steht ein Angehöriger der Leibwache.

In der Ausstattung der Halle fällt wieder die feine Wandmalerei, hier besonders das Löwenpaar, auf. Da der Thron etwas nach links gerückt ist, wird der Blick in den Garten auf die beiden Zypressen frei. Auf diese Weise ist der Thron aber in die Mittelachse des Bildes gerückt worden. König Qubād sitzt genau im Schnittpunkt der Diagonalen.

چنین گفت عودبه پیش کرد
که مازده که جود درکه تی
جهان زین بخل یک دریغ نیست

یکی دیر تر ساختن درهجا
حکر تو تن ساختن پدیذ
بنا باید کو این مزار پاک ش

باشو ند ین کهان جهان
جو بودم جبا مانذ از تبه
کو ید کوای مرد دانش پر وه

آزوبن ماوران بس سخن کیم کفت
همی ما ماناسرا مورخ بری
سه قواره که پری کنگان

که یوا کی دوستی درن هفت
مسکی امید بذ یدنهم
پرا وارگرت این پر سپر

جو پیش بند گشاد بر و قنا
دل مرویبی دین پاذار
که مزد ک ساذ ا بری حما

بزد کوس و برخاست آوای کوس / همی ماه خورشید و پیگر بیوس

یکی لشکری کامد اندر نهان / به ره بر کسی نامد آسان کشان

خور و خورسنی تاکه گرم گاه / میان دوستی تاکه پیش گاه

کرای بر به دستان پای جناب / محیشمند نادم از تنگ آب

که داراگر گوی می وز نهان / از یکی بیل گرگ گرگ کشی

Er ließ die Trommeln schlagen und das Heer marschieren.
Starr standen Mond und Sonne, die es sahn, vor Staunen,

die große Zahl der Krieger, ihre Hoheitszeichen,
die goldnen Gürtel und der Silberschilde viele.

Es schien, als hätten alle Minen sich geleert,
in denen Gold und edeles Gestein sich fand.

So zog er wohlgemut zur Mark von Churāsān.
Sein Heer hielt er, wie's Sitte ist und guter Brauch.

Wo immer er auf seinem Zug zu Menschen kam,
da weilte er und gab Audienz im Königszelt.

Weit klangen der Trompeten Stimmen übers Land,
die Königsboten luden ein mit lautem Ruf:

»Hat jemand aus dem Volke ohne Unser Wissen,
und doch durch Uns veranlaßt, Schaden leiden müssen?

Die Furcht vorm König soll euch euren Schlaf nicht rauben,
befreit euch von der Angst, ihr könnt dem Herrscher glauben!«

So kam des Königs Zug mit Thron und Troß voran,
und diese erste Fahrt führte bis nach Gurgān.

Unter König Kisrā (das heißt Chusrau I., 531–579) erlebt die Herrschaft der Sassanidendynastie über Iran ihre letzte Blütezeit. Die kraftvolle Regierung dieses Königs und sein Bemühen, die Schäden und Leiden der vorangegangenen Krisenzeit zu heilen, in die auch die mazdakitischen Volksaufstände fallen, blieben unvergessen. Eine wohlwollende Geschichtsschreibung nannte Chusrau ›den Gerechten‹ und strich seine Maßnahmen gegen Korruption, Behördenwillkür und die Gewalttätigkeit des Adels groß heraus. Dazu gehörten auch Inspektionsreisen durch das ganze Land, deren eine bis zur Provinz Gurgān (Gorgān, historische Landschaft am Südostufer des Kaspischen Meeres, heute Stadt und Fluß ebenda) führte.

König Kisrā reist durch sein Land, um zu erfahren, wem seiner Untertanen Unrecht geschehen ist (Fol. 644a)³⁵

König Kisrā reitet von rechts über eine mit Blumen bestandene Aue. Er wird von seinem Wezir begleitet, der auf einem Maultier reitet. Der König wendet sich ihm im Gespräch zu. Zum Gefolge gehören außerdem zwei Waffenträger und der Falkner. Ein Page hält den Würdeschirm über das Haupt des Königs. Vor dem Pferd des Herrschers laufen zwei bewaffnete Pagen. Am unteren Bildrand sind zwei Soldaten in malerischer Tracht mit ihren Gewehren dargestellt. Sie haben ihre Luntenflinten beim Lauf gefaßt und geschultert. Eine Gruppe von zwei solchen Soldaten begleitet auch Schāh ʾAbbās I. auf einer Miniatur aus einem Schāhnāme im British Museum.³⁶

Dem Herrscher treten zwei Vertreter des Volkes entgegen, ein Viehzüchter mit einem Lamm auf den Armen und ein Landbauer mit einem Korb voller Früchte. Beide besitzen charaktervolle Gesichtszüge. Das obere Bilddrittel nimmt ein Gebirgszug ein, in dem eine Stadt liegt.

Die Gruppe des Herrschers mit seinem Gefolge ist von dreieckigem Umriß und ragt bis in die Bildmitte hinein. Das Bildfeld ist in verschiedene Farbzonen gegliedert, wobei der Herrscher vor goldenem Hintergrund erscheint.

693

هرکه داد و گهربخشی نبود	از و ماندی در جهان باد گاه	بدیشان کی کسری بشیر	کرد خاک شد نام از و
چنین گفت با نامه بیست	دفاتر کردن کسری خبر بردن رسول نزد		نگشای آن انشی سپاه
که کی سینه آمد بنامم	فیصر روم		نه بر ماند از کسری زنگ
که نوزده باشی گهگهری	پراند شبنانشی گهگهری سپرد		شد آن سرو خضاب جوی رنگ

گرکی کدام بر ابران می بستا نو	بزرگ	جها ببنید و فرزند آورد	گر کی کدام در می بستایم
بد آن پسر تفاخ برومند		کسی بسرنت بارکی	سخن گفت سلام بکسی
پر آب آمد و خیاره			

Wenn dein Gericht gerecht ist, edler Herr und König,
vergißt die Welt dich nicht, das Volk preist dich nicht wenig,

wofür Kisrā Nōschīrawān ein Beispiel ist,
der, auch zu Staub zerfallen, höchsten Ruhm genießt.

Der Kaiser von Rom stirbt, und ein Bote überbringt Kisrā die Kunde davon

Hört, was in einem alten Buch man lesen kann,
von Dingen, die berichtet hat ein wackrer Mann.

Die Kunde kam aus Rom ins wohlbestellte Land
zu Schāh Kisrā, dem hohen Herrn von Meer und Land:

›Dem König Heil! Des Kaisers Leben ging zu Ende.
Das Schicksal gab sein Regiment in andre Hände.‹

Kisrā vernahm zutiefst betrübt Gruß und Bericht,
wie Herbstlaub gelb und grau und welk ward sein Gesicht.

Er rief: »Ich brauche einen welterfahrnen Mann,
den ich als Boten zu den Römern schicken kann,

zum Kind des Kaisers als ein altbewährter Rat,
zu jenem grünen Fruchtzweig in dem andern Staat.

Gar freundlich rede er den neuen Kaiser an:
›Dich traf ein Leid, dem niemand einst entgehen kann.‹«

So schrieb Kisrā mit Tränen auf den edlen Wangen,
sein Brief war so voll Schmerz, daß Seufzer aus ihm drangen.

Im Jahre 540 brachen erneut Feindseligkeiten zwischen Iran und Rom aus. Chusrau I. konnte beachtliche Anfangserfolge erzielen, sogar Antiochia erobern und viele Einwohner der Stadt als Gefangene fortführen, mußte sich dann aber wieder zurückziehen und einen Frieden ohne Gewinn schließen. Das Schāhnāme schreibt den Römern die Schuld am Kriege zu. Ein Kaiser sei gestorben, Chusrau habe gebührend kondoliert, doch sei er von dem neuen römischen Kaiser durch die demütigende Behandlung seines Gesandten beleidigt und zum Kriege gereizt worden. Der geschichtliche Verlauf stellte sich jedoch anders dar. Den Krieg führte Chusrau gegen seinen alten Rivalen Justinian. Die beiden ersten Verse beenden ein Gespräch Chusraus mit einem zoroastrischen Priester, in dem der König Proben seiner Lebensweisheit und Welterfahrung gibt. Der volle Wortlaut des Briefes ist:

›Ein Lobpreis war des Briefes weite Eingangspforte, / und unsres Herren Name zierte seine Worte.

‚Dem König Heil! Des Kaisers Leben ging zu Ende. / Das Schicksal gab sein Regiment in andre Hände.'‹

König Kisrā diktiert einen Kondolenzbrief zum Tode des Kaisers von Rom (Fol. 693 a)³⁷

König Kisrā hat seinen Thron im Freien aufstellen lassen. Sein Thron ist der größte und prächtigste, der in der Handschrift wiedergegeben wird. Nicht umsonst ragt seine Spitze bis in den Himmel. Umgeben ist der Thron von Waffenträgern und von Pagen, die Erfrischungen bereithalten. Vor dem Thron steht ein Turbanträger, der König Kisrā einen Brief entgegenhält.

Unterhalb des Thrones sitzen auf einem Teppich zwei Musikantinnen, deren Tamburins vor ihnen auf dem Boden liegen. Unter den Kriegern, die am unteren Bildrand stehen, ist der in Rückenansicht gegebene besonders auffällig. Für ihn gibt es ein Gegenstück auf einem Einzelblatt in der Walters Art Gallery in Baltimore (Abb. 8).³⁸

Im Zentrum der Darstellung steht der Thron des Kisrā, den die übrigen Dargestellten in einen Kreis einbinden. Der Herrscher thront in der Mittelachse, außerdem im Schnittpunkt der Diagonalen. Er ist das Zentrum, auf das sich die Blicke richten.

Chusrau II. (590–628) war mit Hilfe des Kaisers Maurikios auf seinen Thron gekommen. Er hatte auch dessen Tochter zur Frau genommen und hielt mit Byzanz Frieden, solange Maurikios lebte. Seiner Gesandtschaft soll der Kaiser einst ein Kunstwerk seiner Philosophen, eine roboterartige Gliederpuppe, die eine sich im Schmerz verzehrende Kaisertochter darstellte, vorgeführt haben. Alle Iraner ließen sich von ihr täuschen, nur der Gesandte Charrād Barzīn selbst fiel auf die Zauberkünste der ›Philosophen‹ nicht herein.

›Dann muß ich diesen Anblick länger nicht ertragen,
den meiner Tochter Tränen ständig mir bereiten.‹

Da gingen die drei Männer noch mal zu der Stummen,
sie redeten von Schande nur und rechteten.

Nicht einen aber würdigte das arme Mädchen,
mit eignen Worten seine Rede zu erwidern.

Geradewegs zum Haus des Kaisers liefen sie,
den Klägern, die den Richter rufen, glichen sie.

»Wir haben«, sprachen sie, »mit Worten nicht gespart.
Doch was tat dieses Weib? Sie sagte nichts, sie schwieg.«

Der Kaiser sprach: »Charrād Barzīn, geh du allein,
du königlicher Sproß aus Ardaschīrs Geschlecht.

Wenn du allein vertraulich bei dem Mädchen sitzt,
dann faßt es sich vielleicht ein Herz und spricht zu dir.«

Er sandte mit ihm einen wohlvertrauten Mann
aus dem Palast zu jenem tiefbetrübten Weib.

Charrād Barzīn erschien, trat bei ihr ein und grüßte,
er musterte genau Gesicht und Haupt und Krone.

Als er recht lange Zeit in ihrer Näh geweilt,
bot ihm das schöne Trugbild schweigend seinen Gruß.

Von Kopf bis Fuß sah er sich an die stumme Frau,
betrachtete die Dienerinnen auch genau.

Er redete mit ihr, doch blieb ihr Mund verschlossen,
erst wunderte es ihn, dann ward auch er verdrossen.

Der persische Gesandte Charrād Barzīn und die Gliederpuppe des Kaisers von Rom (Fol. 698 b)[39]

Charrād Barzīn hat in der Bogenhalle auf einem goldenen Sitz Platz genommen und hält der Gliederpuppe die Hände gestikulierend entgegen. Er trägt den Turban der höheren Militärs und der Angehörigen der Leibwache (vgl. Fol. 167b). Es wird damit angezeigt, daß dieser Personenkreis für diplomatische Missionen herangezogen wurde.

Die Gliederpuppe sitzt, von ihrem Hofstaat umgeben, auf dem Thron. Es sind vor allem Mädchen und Frauen, die um sie versammelt sind. An dem vierpaßförmigen Wasserbecken kniet eine Alte mit einer Platte in den Händen. Die Musikantinnen spielen das Tamburin und ein Streichinstrument, vermutlich eine Kamāndzha.[40] *Von den beiden Dienerinnen auf der rechten Seite schöpft die eine mit einem Krug Wasser aus dem Becken. Einer der beiden Diener, vermutlich Eunuchen, ist ein Schwarzer.*

Die Ausstattung der Halle mit dem Wolkenbandteppich und dem feinteiligen Wandbild ist aufwendig und prächtig. Kulturhistorisch interessant ist die Darstellung einer Vase mit Narzissen, also frischen Blumen. Diese Blumen, die zwischen dem Gesandten und der Gliederpuppe stehen, bilden das Zentrum des Blattes.

شوم رو بسه ارد ایلوی کولوکا / کجو نماندان سر سه روی کبا
ارزیش کسی روی ماه نبند / بر مبده ای یک قاضی کرد
که خنده کشم رو وارد وپنج / نشسته سوی هندوان است
ییی سوی راه هفتار دورو
کجو کیکه آور روی شی

فرستاد با بارو ی کی ستاور
از نیوان غز بک اوکولو

چو خواجه از برگ پسیل / کجه رو به آسر واکرش
سرای آن رامیا سنگ نوید / بستیگ کلک بکایک

برشد نویدم امیر
چنین گفت کاکنون چه بوم و برم
بگردید پهلوان سپہ پی
مهه می‌روم از شهر پهبر دگر
گرامی به دستور با شهریار
چنین گفت کای مرد نیک پی
نشست به که به پهلوان پی
که ایزد نمان کی رسید این
دبستو گفت کای نامور شهریار
که مرد به سر بر به کم می‌کند
نباشد پی هم برادر

یکی مرد دین ایزدی مرد زبان
مرو گفت هم بارک‌که شیر
تجویم در این یا به آب دژم
مرد که به‌بی سپائی‌ام
چنین گفت حمسه که که پاک
بزد یک‌سر اینها دیم به خوی
یکی و رخی هم به دو دز بار

»Verflucht seist du, Bahrām«, so riefen alle Zecher,
»der jenen Becher einst besaß, Fluch auch dem Becher!«

Der König schrie im Zorn: »Nun schlagt die Stadt von Rai
kaputt und ganz entzwei, macht sie zur Wüstenei!

Man treibe erst die Bürger alle aus der Stadt,
dann Elefanten rein, die trampeln alles platt!«

Der würdige Wesir fand Worte, zu ermahnen
des Königs Zorn. Er sprach: »O denke deiner Ahnen!

Vom großen Rai kannst du in allen Ländern hören,
es ziemt sich nicht, daß Elefanten es zerstören.

Gott wird sein Ja dir dazu nicht bewilligen,
und kein Gerechter wird solch Unrecht billigen.«

Darauf erwiderte der König dem Wesir:
»Beschaffe einen üblen Kerl und bring ihn mir.

Der eingebildet ist und der nicht reden kann,
das wär als Gouverneur von Rai der rechte Mann.«

»Jawohl«, sprach der Mōbad, »wenn dies des Königs Rat,
besorg ich einen Mann, der nichts zu bieten hat.

Ich such und finde ihn, ich schaffe ihn herbei,
doch so, daß ein Begleiter ständig bei ihm sei.«

»Du redest viel«, erwiderte Chusrau, »sei still!
Ein Unglücksmensch mit Zottelhaar ist, was ich will,

mit Hakennase, Krüppelleib und Krötenschlund,
dem Paradiese fern, ein wahrer Höllenhund.«

Viele Jahre lang muß Chusrau II. sich gegen den revoltierenden General Bahrām Tschōbīn wehren. Als er ihn vernichtet hat, sucht er jedes Andenken an ihn auszulöschen und nimmt selbst an seiner Stadt Rai (beim heutigen Teheran) Rache. Er gibt ihr ein Scheusal von Gouverneur, das die Bürger mit allerlei Unfug so lange schikaniert (beispielsweise alle Katzen umbringen läßt), bis sie schließlich fliehen und ihre Stadt dem Verfall preisgeben. Der Untergang des einst blühenden Rai soll auf diese Weise anekdotisch erklärt werden.

Chusrau II. befiehlt, die Stadt Rai durch einen bösen Gouverneur zu plagen (Fol. 720a)

Kisrā II., sehr jugendlich und von kleiner Gestalt, thront im Freien. Vor ihm stehen vier Personen, zwei unbärtige Jünglinge und zwei bärtige Würdenträger. Sie bilden eine gleichförmige Gruppe. Zu Füßen des Throns kniet ein Schenk, hinter dem Thron steht ein jugendlicher Schwertträger.

Die Darstellung greift weit auf den Blattrand hinaus, auf dem eine Stadt, vermutlich Rai, dargestellt ist. Über den Horizont schauen vier Krieger und ein Elefant.

Eine Reihe von Zeichen deutet darauf, daß das Blatt wesentlich später entstanden ist als die übrigen Miniaturen der Handschrift. Dazu gehören die gleichförmig lieblichen, wenig differenzierten Gesichter der Dargestellten, das andere Verhältnis der Figuren zur Gesamtfläche, die sparsame Farbigkeit und der geringere Aufwand bei der Wiedergabe der Details.

Anmerkungen

1 *Schulz*, Philipp W.: Die persisch-islamische Miniaturmalerei. Leipzig 1914, Band 2, Tafel 130 rechts.
2 *Stchoukine*, Ivan; *Flemming*, Barbara; *Luft*, Paul; *Sohrweide*, Hanna: Illuminierte islamische Handschriften (Verzeichnis der orientalischen Handschriften in Deutschland, Band XVI). Wiesbaden 1971, Tafel 6.
3 *Akimuškin*, Oleg F.; *Ivanov*, Anatolij A.: Persidskie miniatjury XIV–XVII vv. Moskva 1968, Abbildung 66.
4 *Kühnel*, Ernst: Miniaturmalerei im islamischen Orient. Berlin 1923, Abbildung 80. *Stchoukine*, Ivan: Les peintures des manuscrits de Shāh 'Abbās Ier à la fin des Ṣafavīs. Paris 1964, Tafel LXXII.
5 Vgl. Anm. 1, Band 2, Tafel 174 links. Bezeichnet als ›Kai Khosrau fährt über das Meer Sere‹.
6 *Robinson*, Basil W.: Persian and Mughal Art (Colnaghi). London 1976, Nr. 43, VI.
7 *Walter*, Wiebke: Die Frau im Islam. Leipzig 1980, Abbildung 36.
8 *Schmitz*, Barbara: On a special hat introduced during the reign of Shāh 'Abbās the Great. In: Iran, Band XXII, 1984. S. 103–112, Tafel 5b.
9 Vgl. Anm. 7, Abbildung 29.
10 Vgl. Anm. 2, Tafel 32.
11 *Dickson*, Martin B.; *Welch*, Stuart C.: The Houghton-Shahnameh. Cambridge, Mass 1981, Band 2, Tafel 85.
12 Vgl. Anm. 11, Band 2, Tafel 92.
13 *Duda*, Dorothea: Islamische Handschriften I: Persische Handschriften (Die illuminierten Handschriften und Inkunabeln der Österreichischen Nationalbibliothek, Band 4). Wien 1983. Tafel VIII.
14 *Rührdanz*, Karin: Orientalische illustrierte Handschriften aus Museen und Bibliotheken der Deutschen Demokratischen Republik. Ausstellung im Islamischen Museum. Berlin 1984. S. 103; vgl. Anm. 7, Abbildung 59.
15 Vgl. Anm. 11, Band 2, Tafel 103.
16 Vgl. Anm. 11, Band 2, Tafel 156.
17 *Welch*, Anthony: Shah 'Abbas and the Arts of Isfahan. New York 1973. Nr. 14b, S. 33.
18 *Hillenbrand*, Robert: Imperial Images in Persian Painting. Edinburgh 1977. Nr. 169, S. 74.
19 Vgl. Anm. 13, S. 215, Abbildung 274.
20 Vgl. Anm. 7, Abbildung 61.
21 Vgl. Anm. 3, Abbildung 65; *Kühnel*, Ernst: Arbeiten des Riżā 'Abbāsi und seiner Schule. In: Forschungen und Berichte, Band I, Berlin 1957. S. 126, Abbildung 6.
22 *Robinson*, Basil W.: Persian Paintings in the John Rylands Library. London 1980, Nr. 771, Tafel XII, S. 28.
23 Vgl. Anm. 2, Tafel 33.
24 Vgl. Anm. 11, Band 2, Tafel 199.
25 Vgl. Anm. 7, Abbildung 8; vgl. Anm. 1, Band 2, Tafel 174 rechts.
26 Ein solches Instrument besprochen bei *Farmer*, Henry G.: Islam (Musikgeschichte in Bildern, Band III, Lieferung 2). Leipzig o. J., S. 114f., Abbildung 108.
27 Ein ähnlich Gefesselter z. B. in der Wiener Nationalbibliothek. Vgl. dazu Anm. 13, S. 143, Abbildung 380.
28 Der Verfasser konnte in Multan (Pakistan) beobachten, daß die Esel dort noch heute lang aufgeschlitzte Nüstern haben. Nach Auskunft der Tierhalter soll diese Maßnahme den Tieren bei großer Hitze das Atmen erleichtern.
29 Vgl. Anm. 21: Arbeiten des Riżā 'Abbāsi und seiner Schule. S. 128f., Abbildung 8, 9, 10.
30 Vgl. Anm. 11, Band 2, Tafel 209.
31 Vgl. Anm. 7, Abbildung 41.
32 Vgl. Anm. 2, Tafel 7.
33 Vgl. Anm. 8, Tafel Va.
34 Pagen in europäischer Tracht. Vgl. dazu Anm. 18, Nr. 105, S. 51; Vgl. Anm. 13, S. 114f., Abbildung 355.
35 Vgl. Anm. 2, Tafel 8.
36 Vgl. Anm. 4: Les peintures des manuscrits de Shāh 'Abbās Ier à la fin des Ṣafavīs. Tafel 1.
37 Vgl. Anm. 14, S. 24.
38 Vgl. Anm. 8, Tafel Ib.
39 Das Fotoatelier Louis Held in Weimar (Katalog). Weimar 1982. S. 53.
40 Vgl. Anm. 26, S. 112f., Abbildung 107.

Zur Aussprache
persischer Wörter und Namen

ā, ē, ī, ō, ū bezeichnen lange Vokale;
gh bezeichnet einen dem norddeutschen r ähnlichen, aber etwas tiefer in der Kehle zu sprechenden Reibelaut;
q ist ein dem k ähnlicher, doch tiefer in der Kehle zu sprechender Verschlußlaut;
s ist immer, auch am Wortanfang, stimmlos zu sprechen, wie in englisch ›sun‹ gegenüber deutsch ›Sonne‹;
th wie englisches stimmloses th in ›thing‹;
z immer stimmhaft, wie s in deutsch ›Sonne‹;
zh wie französisch j in ›journal‹;
dzh wie englisch j in ›journal‹;
' bezeichnet einen Kehlkopfverschluß im Wortinneren.
Alle persischen Wörter und Namen tragen Endbetonung.

Ausgewählte Bibliographie

Zur Literaturgeschichte

Arberry, Arthur John: Classical Persian Literature. London 1958.
Bertel's, Evgenij Ėduardovič: Istorija persidsko-tadžikskoj literatury. Moskva 1960.
Browne, Edward Granville: A Literary History of Persia II. London 1906.
Hansen, Kurt Heinrich: Das iranische Königsbuch. Aufbau und Gestalt des Schahname von Firdosi. Wiesbaden 1954.
Nöldeke, Theodor: Das iranische Nationalepos. Berlin und Leipzig 1920².
Rypka, Jan: Iranische Literaturgeschichte. Leipzig 1959.
Warner, Arthur George; *Warner*, Edmond: The Sháh-náma of Firdausí I. London 1905.

Zur persischen Miniaturmalerei

Adamova, Adel' Tigranova; *Gjusal'jan*, Leon Tigranovič: Miniatjury, rukopisi, poemy ›Šachname‹ 1333 goda. Leningrad 1985.
Akimuškin, Oleg F.; *Ivanov*, Anatolij A.: Persidskie miniatjury XIV–XVII vv. Moskva 1968.
Arberry, Arthur John; *Blochet*, Edgard; *Wilkinson*, J. V. S.; *Robinson*, Basil W.: The Chester Beatty Library: A Catalogue of the Persian Manuscripts and Miniatures, 3 Bände. Dublin 1959 bis 1962.
Ašrafi, Mukaddima M.: Persidsko-tadžikskaja poezija v miniatjurach XIV–XVII vv. Dušanbe 1974.
Atil, Esin: The Brush of the Masters: Drawings from Iran and India. The Freer Gallery of Art. Washington, D.C. 1978.
Binyon, Laurence; *Wilkinson*, J. V. S.; *Gray*, Basil: Persian Miniature Painting. London 1933.
Blochet, Edgard: Les peintures des manuscrits orientaux de la Bibliothèque Nationale. Paris 1914–20.
–: Musulman Painting, XIIth–XVIIth Century. London 1929.
Bothmer, Hans-Caspar Graf von: Die islamischen Miniaturen der Sammlung Praetorius, München 1982.
Coomaraswamy, A. K.: Les miniatures orientales de la collection Goloubew au Museum of Fine Arts de Boston (Ars Asiatica, Band XIII). Paris et Bruxelles 1929.
Dachs, Karl (Hrsg.): Das Buch im Orient: Handschriften und kostbare Drucke aus zwei Jahrtausenden. Bayerische Staatsbibliothek. Wiesbaden 1982.
Dickson, Martin Bernard; *Welch*, Stuart Cary: The Houghton-Shahnameh. Cambridge, Mass 1981.
Duda, Dorothea: Islamische Handschriften I: Persische Handschriften (Die illuminierten Handschriften und Inkunabeln der Österreichischen Nationalbibliothek, Band 4). Wien 1983.
Falk, Toby (Hrsg.): Treasures of Islam. Published in Association with the Musée d'art et d'histoire. Geneva, London 1985.
Gjusal'jan, Leon Tigranovič; *D'jakonov*, M. M.: Iranskie miniatjury v rukopisjach Šach-name Leningradskich sobranij. Moskva-Leningrad 1935.
Gray, Basil: Persische Malerei. Genève 1961.
– (Hrsg.): The Arts of the Book in Central Asia, 14th–16th Centuries. London 1979.
Grohmann, Adolf; *Arnold*, T. W.: Denkmäler islamischer Buchkunst. München 1929.
Grube, Ernst: Miniature islamiche dal XIII al XIX secolo da collezioni americane. Venezia 1962.
Hillenbrand, Robert: Imperial Images in Persian Painting. A Scottish Arts Council Exhibition. Edinburgh 1977.

Inhalt

Werner Sundermann
Firdausī und das Schāhnāme
Seite 5

Volkmar Enderlein
Die Illustrationen des Schāhnāme
Seite 31

Bildtafeln
Die Miniaturen der Berliner Schāhnāme-Handschrift
mit Texten und Kommentaren
Erläuterungen zu den Bildtafeln
Seite 59

Zur Aussprache persischer Wörter und Namen
Seite 203

Ausgewählte Bibliographie
Seite 204

Fotonachweis:
Die Farbaufnahmen wurden mit freundlicher Genehmigung
der Deutschen Staatsbibliothek Berlin/DDR
von Eberhard Renno, Weimar, angefertigt.
Die Schwarzweißaufnahmen stellten zur Verfügung:
British Museum, London: Abbildung 3
Freer Gallery of Art, Washington: Abbildung 2
Staatliche Museen Preußischer Kulturbesitz, Museum für Islamische Kunst,
Berlin (West): Abbildung 4
Staatliche Museen zu Berlin/DDR, Islamisches Museum: Abbildung 1
Walters Art Gallery, Baltimore: Abbildung 8